木匠兄妹的青春輓歌

LITTLE GIRL BLUE

The Life of KAREN CARPENTER

凱倫・卡本特傳

藍迪・施密特 Randy L. Schmidt——著
迪昂・華薇克 Dionne Warwick——序
蔡丹婷——譯

Boulder Media 大石文化

Chris Tassin
2009

獻給卡姆林（Camryn）和凱莉（Kaylee）

謹此追憶

林黛・斯科特 （Lindeigh Scotte）

(1956–2001)

與

辛西婭・沃德（Cynthia G. Ward）

(1975–2005)

切勿錯失任何看見美麗事物的機會；
因爲美是上帝的筆跡——是路旁的聖禮。
在每張亮麗的臉龐、每片美麗的天空、每朵秀麗的花朵中領受，
並感謝上帝賜美爲福佑之杯。

——拉爾夫・沃爾多・愛默生（Ralph Waldo Emerson）

目錄

序

直到現在，每當聽到凱倫・卡本特的歌聲，我都情不自禁露出笑容。她澄澈的歌聲、對歌詞的處理，以及歌聲中隱隱透出的笑意，總是令我著迷。

大家都很熟悉她的熱門歌曲和各種表演，但我還有幸親近過她本人。她是一個天真甜美的女孩，擁有無比豐沛的能量，而且也十分樂於給予。她和她的哥哥給了我們能直達內心最深處的音樂，他們的音樂深受懷念。

第一次聽到她翻唱我多年前錄製的歌時〈出自百老匯音樂劇《諾言，諾言》（Promises, Promises）的〈知道何時離開〉（Knowing When to Leave），我很意外居然會有人挑戰這首歌，因為這首歌不但節拍複雜，音域也很廣，但她唱起來似乎不費吹灰之力，讓我非常驚豔！

我覺得一定要認識認識這位小姐，幸運的是她似乎也想認識我。我在他們錄製完〈靠近你〉（Close to You）之後，在A&E公司第一次見到她。多年後凱倫待在紐約的期間，我碰巧和她住同一間飯店；那時她正在接受神經性厭食症的治療。因為已經有很長一段時間沒見到她，老實說，看到她那麼消瘦，我實在是很震驚。

隔天我邀她到我的套房共進午餐。當時我根本不知道她對進食一點興趣也沒有，但她還是面帶笑容地接受了邀請。隔天她準時赴約，不打算吃東西，只想好好聊一聊。當時我並不知道我做到了其他人都沒能做到的事，我讓她吃下了一碗湯，又吃了幾片蘇打餅。那天下午我們聊了許多，她也終於向我吐露她待在紐約的原因。她顯然正苦於厭食症，也正在努力對抗。我聽了很心疼，告訴她我會永遠站在她這邊，也盡可能地鼓勵她。我們交換了電話號碼，也說好要保持聯絡。

最後一次見到她，是在一九八三年一月的葛萊美獎大合照。那是一次歡樂的重聚，她看到我之後，脫口而出的第一句話就是，「你看，我有屁股了！」我們大笑出聲，聲音大到其他人都忍不住看過來。我們倆都相信，她還有大好人生要過。

聽到她猝然離世的消息，我心中傷痛，就像少了一位家人一般。她還有那麼多事想做，出席她的葬禮讓人心痛，她的家人和眾多好友必定也是這種心情。是的，我會永遠記得我們相識的那一日，和在紐約的那一天，我也珍惜和她哥哥之間持續不斷的友誼。

——**狄昂・華薇克**

作者序

「我們從答案開始，最後得到問題。」凱倫一直很喜歡這則從歌手佩圖拉・克拉克（Petula Clark）那裡聽來的格言，她曾多次在面臨困難時向好友提起這句話。的確，不管凱倫的故事以多少種方式被敘述過，「答案」似乎總是只帶來更多問題。

一九八九年一月一日，《凱倫・卡本特的故事》（The Karen Carpenter Story）首播，我坐在電視前看得入迷。這部CBS的傳記片，開場就是一九八三年二月四日的騷動，也就是凱倫去世的那一日，衝擊的畫面在我年少的心裡留下難以磨滅的印象。看過電影後的幾週，凱倫・卡本特的影子始終在我心裡縈繞不去。電影配樂裡她的歌聲有時樂觀，但更多的是感傷，影片更將她的故事染上一層悲哀色彩，讓我深受吸引。或許是因為這部電影本來就偏向煽情，但更深層的原因，應該還是凱倫那深邃渾厚的歌聲。不管是什麼原因，我始終忘不了她。這部影片提供了許多答案，但我還是有許多問題——關於凱倫的生平、關於她的死亡，當然，還有關於她的音樂。我想知道更多，所以我花了許多年的時間尋找答案。

我把本書視為是一連串努力的延續。楔子中將會詳述巴利・莫羅（Barry Morrow）為《凱倫・卡本特的故事》編寫劇本的前因後果，他因為不能冒犯任一方而陷入困境。接著棒子交到雷・科爾曼（Ray Coleman）手上，他接下撰寫卡本特家授權傳記的艱巨任務。據我所知，這兩人到最後都因為不可避免的侷限而深感挫折（甚至是暴怒），兩人在一開始也都受到卡本特家友人的好心提醒，建議他們別自討苦吃。據凱倫・一氏・拉蒙（Karen "Itchie" Ramone）〔傳奇唱片製作人菲爾・拉蒙（Phil Ramone）的妻子〕說，「雷・科爾曼在編輯的時候真的吃盡苦頭。至於巴利・莫羅，別說了！我真心替他難過。沒過多久，雷就舉手投降。巴利則是到處被綁手綁腳。」

在這些忠告之下，我懷著幾分戒慎恐懼接近理查・卡本特（Richard Carpenter）。初次見到理查和他的妻子瑪麗（Mary），是一九九六年八月在他們在當尼（Downey）的家，之後也有幸又造訪了幾次。雖然理查始終很和善，但極少協助外部企畫，除非他能保有編刪權。不出所料，他拒絕接受本書的取材採訪。他當時的經理人大衛・艾雷（David Alley）解釋，說關於凱倫的私人生活，理查「想說的都已經說了」。但艾雷給予誠摯的祝福，甚至聲明他和理查都不會阻止其他人提供資料，在我看來這已經夠好了。

事實證明，沒能取得卡本特家的合作，不但沒有關閉，反而是打開了許多重要的情報渠道。在為本書進行取材採訪時，我漸漸發現，凱倫生平中的許多細節，之前從未有人報導過。事實上，在採訪過程中，有好些人都說對凱倫的故事被層層遮掩了這麼久而感到挫折。不同於之前獲得授權的傳記，我盡力讓這本書不帶任何目的，也不受卡本特家編刪。因為無需取得核可，我反而能挖掘得更深，探索表面之下的故事，讓凱倫親近的友人有充分的機會暢所欲言。

泰瑞・艾利斯（Terry Ellis）是凱倫的男友，同時也是蝶蛹唱片（Chrysalis Records）的共同創辦人。他之前只和傳記作家雷・科爾曼談話過，對其他企圖採訪他和凱倫關係的要求一概拒絕。「我從不覺得幫別人做一部關於凱倫的書或電影或電視節目，能有什麼好處，」艾利斯告訴我，「我總是對自己說，『這對她沒有半點好處，』我在乎的只是她。」他同意和我談話，但在接受採訪之前先好好盤問了我一番：「你想說什麼樣的故事？」他問道，我會怎麼敘述凱倫和理查之間的關係？我打算怎樣呈現她的病情？或是她與母親的關係？在我誠心誠意地回答完所有問題後，談話才得以繼續。

凱倫生命中更重要的層面——傳統研究方法永遠無法揭露的那一些——一天下午在比佛利山莊，在凱倫最好的朋友也是她最信賴的佛蘭達・富蘭克林（Frenda Franklin）家中，在我眼前揭開。「我希望你能知道和了解凱倫的許多層面，」佛蘭達告訴我，「她真的是一個非比尋常的人……認識她會讓你成為更好的人，沒有一個認識她的人不這麼想……她會改變你的人生。」

佛蘭達・富蘭克林比任何人都盼望，能有人不偏私地說出凱倫的故事，為她最好的朋友平反。在我們的採訪即將結束時，她輕快地抱住我並親了我一下，又拍拍我的背，低聲說，「為了凱倫好好寫。」不用說，這是一條非常特別的誡命，來自一個最親近、最了解凱倫，並深深關愛著她的人。我希望我做到了。

推薦序：天使曾經來過

瓦力　作家／音樂故事人

曾經，一個天氣晴朗的午後第一節，一位高中英文老師感到相當無力。眼前三十位學生，沒有人對他前夜備課了好久的單字和文法句型感到興趣。這裡彷彿被下了魔咒似地，他講得越是口沫橫飛，教室裡的學生睡意就越重，眼皮都快沉到地底下了……

然後他想起了那首歌。

「Let's listen to a song for a change.」他對早已睡得不省人事的學生，試圖進行最後一場瞌睡蟲的奮戰。

沒人理他。夏日炎炎正好眠。

老師不放棄教學的熱情，把教室喇叭調得比平常更大聲，出乎意料地，空氣傳來的不是海頓嚇死人不償命的《驚愕》交響曲，而是一段青春綻放的歌聲：

Such a feeling's coming over me
一種奇妙的感覺縈繞著我
There is wonder in most everything I see
所見之事物都充滿了神奇
Not a cloud in the sky
晴空萬里無雲
Got the sun in my eyes
眼中閃耀著陽光
And I won't be surprised if it's a dream
即使是夢我也不覺得訝異

如夢似幻的事情發生了。木匠兄妹的歌聲擊退了瞌睡蟲。彷若撥雲見霧般，學生從沉沉的睡眠中醒來，聽見〈Top of the World〉，彷彿自己站在世界的頂端，感受這一秒的不思議。午後的英文課變得一點也不無聊。凱倫・卡本特再一次拯救了世界。

青春的歌與愁

這就是我愛上木匠兄妹的開始。從一個討厭英文的傲少年，卻因一首經典老歌而愛上英文的 love story。

可惜這個 love story 並沒有美好的結局。早在我認識木匠兄妹之前，凱倫・卡本特的人生已經畫下了休止符。猶記得那個夏日午後，班上同學聽見〈Top of the World〉而心蕩神馳之際，有人舉起了手，問唱歌的人是誰。

老師的表情嚴肅了起來，寫下了 Carpenter 這個我不認識的單字，還丟下了一個若不是因為木匠兄妹我可能永遠也不會學到的專業名詞：anorexia nervosa（神經性厭食症）。

這麼多年了，烙印在腦海裡的印象，始終還是那麼清楚。老師談起木匠兄妹時，聲音帶著深切的惋惜。凱倫的名字和「神經性厭食症」從此重疊在一起，成為一抹青春的愁。

當年的老師和許多人一樣，以為「神經性厭食症」是奪去凱倫・卡本特生命的沉默殺手。但不吃東西、或是強迫進食後催吐的情況，只是凱倫生病的外顯徵候。真正讓凱倫失去生命熱情的，來自於一個脆弱的家庭網絡，而這正是這本《木匠兄妹的青春輓歌：凱倫・卡本特傳》所要爬梳的故事真相。

煙花易冷，倘若無愛

一九五〇年三月二日，凱倫・卡本特出生在美國康涅狄格州，她是家中第二個孩子。母親艾格妮絲對哥哥理查有著無微不至的呵護。提到理查總是「理查是天才」，「我們都要犧牲奉獻，好讓他有機會一展長才」。凱倫呢？卻像是個棄養的小孩。成長的過程中，凱倫想盡辦法獲得母親的關注，達成所有合理（與不合理的）期望，換來的卻是一次又一次的拒認與絕望。

心病沒有愛不會好。成名後的凱倫會絕食好幾天，之後又暴飲暴食，服用強力瀉藥以減重。體重是維持住了，但心中的黑洞永遠難以填滿。

讓情況雪上加霜的，是凱倫的一開始就泡在水中的婚姻。一九八〇年八月二十一日是凱倫和伯利斯結為連理的大喜之日。可是就在前夕，一直懷抱有養育子女夢想的凱倫，發現了伯利斯早就結紮並在交往過程刻意隱瞞這個事實。

感到背叛的凱倫打給母親艾格妮絲，希望解除婚約。然而母親卻在電話那頭說不可能，喜帖已經發出去了，親友都已經在路上了，何況婚禮的籌辦已經花了不少錢，怎麼能夠在最後關頭說不辦就不辦呢？聽到這裡，失去支持的凱倫已經沒法正常思考，腦袋一片空白。掛回話筒前的，凱倫只記得那頭傳來一句：

「一切都是你自作自受」。

就這樣凱倫被迫和伯利斯結婚。婚後不久，有一天凱倫在自家裡聽到有人來敲門，門外的人不斷吆喝，嚇得凱倫六神無主。打開門之後，恐怖的還在後頭，原來伯利斯婚前送給凱倫的車根本不是他的，用租來的，而伯利斯已經有二個月沒付租金了。伯利斯是個愛情騙子，為了凱倫的錢而想法設法接近她，自此昭然若揭。

Yesterday No More

重重打擊下，再堅強的靈魂，也熬不過絕望的深夜。

一九八二年在紐約，凱倫的前經紀人蕭文巴許正要穿越中央公園的時候，突然被人叫住。他定睛一看，無法相信在厚重衣服下的女孩是凱倫。那時她的體重只剩 36 公斤。

雖然狀況極不樂觀，一切尚未太遲。凱倫的厭食症諮詢師雷文克隆請卡本特一家人到他的診間，進行集體家庭諮商。

「我想凱倫真的很需要聽到你們說愛她。」大家都照做了，只有母親沒有。她有力氣憤怒地指責諮詢師，卻連一句能夠帶來奇蹟的「我愛你」都不肯說。

一九八三年二月四日，凱倫因神經性厭食症導致的心臟衰竭，離開人世。倒於父母懷中的她，享年僅三十二歲，美好的歌聲永存，繁華似錦的昨日已無法重現。

讀完本書，心中百感交集，思緒回到了多年前午後的那一首歌。謝謝作者藍迪・施密特費盡心思，捕捉了美麗靈魂的樣貌，讓我們理解凱倫・卡本特的生命掙扎、她歌聲裡的愛，和那愛裡滿滿的溫柔。從今以後，每當我們仰望星空，聽著這樣的歌，就會懂得即便世界寂寥如荒原，天使也曾來過。

楔子

雨天．《雨人》

「我要你知道，我沒殺我女兒。」

艾格妮絲．卡本特（Agnes Carpenter）對巴利．莫羅（Barry Morrow）說的第一句話就非常尖銳。莫羅原本就約好要來訪問這位卡本特家族的老夫人，她卻突然插到來應門的管家身前，嚇了莫羅一大跳。這突如其來的尷尬場面打斷了莫羅的自我介紹。他小心翼翼地回應：「好的，夫人。我能進門嗎？」

那是一九八四年。好萊塢製片人傑瑞・溫特勞勃（Jerry Weintraub），找來身為編劇的巴利・莫羅。莫羅不久前才寫出兩部大受歡迎的電視長片：榮獲艾美獎的《比爾》（Bill，一九八一，暫譯）以及《比爾：獨行》（Bill: On His Own，一九八三，暫譯），由米基・魯尼（Mickey Rooney）和丹尼斯・奎德（Dennis Quaid）主演。兩部長片都是基於莫羅與比爾・薩克特（Bill Sackter）的真實友誼而寫成，比爾有智能障礙，莫羅和他成為朋友，還把他從被關了四十四年的機構中救了出來。

從一九七六年就開始管理木匠兄妹合唱團事業的溫特勞勃，在十月十八日星期四請莫羅為一部即將開拍的電視長片編寫劇本，片名暫定為《給你的歌：凱倫・卡本特的故事》（A Song for You: The Karen Carpenter Story）。但莫羅對他說：「其實我不怎麼聽木匠兄妹的歌。」

莫羅聽過木匠兄妹的音樂，也記得前一年新聞報導了凱倫早逝的消息，但他不是特別喜歡他們的音樂。他說：「那是電梯音樂吧，我聽的是迷幻搖滾，像巴布・狄倫（Bob Dylan）和克羅斯比、史提爾斯與納許（Crosby, Stills and Nash）這種。」

溫特勞勃不打算放棄，開始對莫羅採取軟性攻勢：「你看這樣好不好，你不用做什麼。我給你三、四張專輯，和一瓶上等葡萄酒。你找個房間，關掉燈，一邊喝這瓶酒，一邊聽這些專輯。」

莫羅承認，當時的他連一瓶不錯的葡萄酒都沒喝過，更別說是上等酒了，所以他乖乖照辦。「我從來沒有真正聽她唱歌，沒有放下一切專心聽過，」他說。「我從未聽見她聲音裡的遺憾、哀傷和痛苦。我以為她唱到『我在世界之巔』時，她是真的那樣覺得。我從未聽出她歌聲裡潛藏的情感和層次。我聽到〈告別愛情〉（Goodbye to Love）中段的吉他獨奏時，我心想，等等，原來我根本不認識木匠兄妹啊！」

喝完那瓶酒後，莫羅告訴溫特勞勃：「我接了，如果你還想用我的話。」

巴利・莫羅對這個人家請他寫的故事幾乎一無所知，所以他的頭幾次採訪自然是從凱倫的哥哥理查・卡本特（Richard Carpenter）開始。但對於要在妹妹的傳記電影中具名，理查的態度表現得很曖昧。他知道這樣一部片有可能帶來痛苦，不只是對他，對他年事已高、仍為女兒的死而悲痛不已的父母來說更是如此。在頭幾次訪談中，莫羅發現理查的防衛心很重。他看得出來，木匠兄妹中還在世的這一位極力保護的不只是妹妹的形象，還有他自己的，甚至他更在意的是家人的形象。訪談過程挫折重重，有時甚至徒勞無功。這讓莫羅十分困惑，因為他知道這個拍片計畫是卡本特家發起且支持的。即使如此，他還是決心問一些單刀直入的問題，例如「凱倫怎麼會死？」

眼看進展有限，莫羅只能寄望其他人能提供更多資訊。他打算訪談凱倫的父母，他們仍住在女兒倒下的那間房子裡。莫羅敏銳地察覺到卡本特家的氣氛，知道他必須謹慎地慢慢來。但他怎麼也沒想到，艾格妮絲・卡本特會說出「我要你知道，我沒殺我女兒。」這樣的話。「我替她感到難過，她被逼到說出這種直接到令人震驚的話，而且還是見面的第一句話。我立刻明白這位女士防衛心極重，也許這是理所當然的。艾格妮絲還處在不願接受現實的階段，有親人過世的人，通常會經歷或逃避這種情況。他們不是故意自欺欺人，但就是這樣。」那天下午莫羅在客廳和艾格妮絲談了一小時後，凱倫的父親哈羅德・卡本特（Harold Carpenter）也過來了，但他說得不多。

莫羅漸漸明白，他也許永遠無法從卡本特家族那裡聽到凱倫真正的故事。或許艾德・萊夫勒（Ed Leffler）對他的警告有點道理。這位是木匠兄妹的多年友人兼合作伙伴，他聽到莫羅要幫這齣備受期待的長片寫劇本時說：「你根本不知道你給自己找了什麼麻煩。祝你好運！」

後來是萊夫勒的前妻佛蘭達・富蘭克林（Frenda Franklin）提供了主要資料，讓莫羅能在寫劇本前梳理凱倫的生活事件。最初幾次會面後，這兩人開始頻繁在電話上交談，有時甚至一談就好幾個小時。理查知道這件事時不太高興。多年來，凱倫的家人一直將佛蘭達視為威脅，分去了凱倫對家人的依賴。「理查知道我要寫什麼後，開始表達強烈的不滿，」莫羅說。

莫羅在一九八六年的春天把劇本的初稿交付審核。「初稿把錯全怪在我母親身上，」理查在一九八八年說，「我說，『我不能接受，不可能，因為這不是事實。』我媽的占有欲是強了一點，很多媽媽都是這樣，但她絕對不是初稿裡的那種人。我不同意。」

卡本特和莫羅再次碰面，審查第二版的劇本。為了要莫羅修改劇本，甚至完全刪去某幾個場景，理查開始和莫羅談判。做為交換，他願意透露更多私事，包括他對安眠酮（quaaludes）上癮，在一九七九年曾在位於托皮卡（Topeka）的梅寧格診所（Menninger Clinic）短暫住院一段時間。莫羅則必須淡化艾格妮絲的一些「鋒利面」。

一九八七年七月，CBS電視網審核通過莫羅的第三版劇本，拍片計畫正式啟動。《給你的歌：凱倫・卡本特的故事》進入前期製作階段，溫特勞勃請來艾美獎得獎導演約瑟夫・薩金特（Joseph Sargent）掌鏡。這時已身為本片執行製片人的理查還是對劇本不滿意。「這讓他的家人被放大檢視，」莫羅認為，「但這是免不了的。」一九八七年九月三十日再次修改的版本，還是無法讓理查放心。艾格妮絲那些刺耳傷人的字句依舊存在。「你根本就不懂打鼓，」劇中的艾格妮絲這麼對女兒說。「凱倫，親愛的，理查是音樂家……正經的音樂家。

你看不出差別嗎？」

莫羅堅持劇本中的場景都是有憑有據，全出自訪談所得的事實，而且這些訪談都是經由溫特勞勃娛樂集團（Weintraub Entertainment Group）同意並安排的。「巡演團的人都叫艾格妮絲『龍女士』，」他說，所以他不肯進一步美化她的角色。

一九八八年十二月，劇本的第四版出爐。CBS電視網要求第五次修改時，莫羅拒絕了，幾天後CBS就通知他，他們另外找了辛西亞・切爾巴克（Cynthia Cherbak），重頭修正他的劇本。莫羅的反應很平淡。「我忙得很，樂得去做其他事，」他說，「那時正是我意氣風發的時候！」（莫羅還寫出了《雨人》（Rain Man），由湯姆・克魯斯（Tom Cruise）和達斯汀・霍夫曼（Dustin Hoffman）主演，並因此在一九八九年獲得第六十一屆奧斯卡金像獎最佳原創劇本獎。）

即使是切爾巴克的文筆，也挽救不了艾格妮絲在劇中冷硬的性格，因為導演選了曾榮獲金像獎的露易絲・佛萊徹（Louise Fletcher）來飾演這個角色。佛萊徹因為演出一九七五年《飛越杜鵑窩》（One Flew Over the Cuckoo's Nest）中的角色而出名，佛萊徹唸的每一句臺詞，都透著一種冷暴力的調調。「選角跟我沒關係，」莫羅解釋，「是薩金特選了『護士長拉契特』！露易絲・佛萊徹就算是唸童謠都能讓人毛骨悚然。」

除此之外，約瑟夫・薩金特還極力說服CBS，起用二十七歲、沒沒無名的米契爾・安德森（Mitchell Anderson）來飾演劇中的「理查」。飾演「凱倫」的則是二十四歲的辛西雅・吉布（Cynthia Gibb），這位長相甜美的實力派演員曾在原創電視劇《名望》（Fame）中演出了三季。吉布加入劇組時，對片中故事幾乎一無所知，只聽過一些眾所周知的事。「我知道她和她哥哥是一個音樂組合，在世界各地都大受歡迎，我聽過他們的熱門單曲，」她說。「我也知道她有飲食失調的問題，而且因此病逝。我就只知道這些。」

一九八八年二月開始拍片後，幾乎每天都會當場改劇本，次數多到讓吉布鬱悶。「幾乎是每一天，我們都已經準備好要拍某幾幕，」她說，「結果總是被喊卡或要改寫。有爭議性的地方，不是被淡化就是被刪掉。他們家太重視這部片，所以把故事粉飾了吧。」

男女主角與理查密切合作，拍攝地點在卡本特夫妻家。他們穿著木匠兄妹的衣物，開著他們的車，很快就對凱倫的故事有了自己的結論。「如果你從外部看，很容易就能看出這家人出了什麼問題，」米契爾・安德森說，「但從理查和他母親的角度來看，就完全不一樣了。」

吉布認為，由於卡本特家深深參與其中，他們更難演出角色的複雜性。「我覺得凱倫受到的教養方式在某些方面導致了她的病情，」她說，「但她的家人從來不覺得她有情緒障礙，也不相信厭食症是情緒影響生理的一種病症。所以他們認為凱倫有的只是體重問題。我很難演出凱倫經歷的情緒挑戰，因為她的家人不認為有這種事。」

理查始終堅持，演藝圈的壓力和過度保護的家庭跟凱倫的厭食症毫無關係。「像她這樣的人，怎麼會中邪般把自己餓死呢？」他在一九八八年為《電視指南》（TV Guide）雜誌所寫的文章中這麼問。「有些人把它歸咎於事業壓力，或她想對生活有更多掌控權。我不這麼認為。我認為就算她是家庭主婦，還是會為同樣的問題所苦。」理查覺得厭食症是「天生的，就跟才華一樣，」在同一份刊物中的另一篇報導中，他對蘇珊・利特文（Susan Litwin）解釋：「我不知道，大家都想從我這裡得到答案。如果我知道，早就說了。」

電影中的其中一幕是一九八二年在凱倫的治療師史蒂芬・雷文克隆（Steven Levenkron）的紐約診療室，拍攝時的劇情已經比莫羅所寫的情節淡化許多，但在劇組人員心中仍歷歷在目。「你們曾經對她說過愛她嗎？」治療師問這一家人。

凱倫的父親試圖回應，但他緊張的聲音被凱倫的母親蓋過。「我們不用那一套。我們用表現的，不是老掛在嘴邊……你不了解我們家。」

吉布覺得這關鍵性的一幕，透露出這家人是多麼否認現狀，所以不能全心支持凱倫尋求康復。「她那時候已經有些進展了，然後家人來看她，」她說，「她所做的努力沒有得到任何支持。他們家比較老派，認為『正常的』家庭不需要治療，只有『瘋子』才需要。」

「卡本特太太，說啊，」治療師說著，鼓勵艾格妮絲把對女兒的愛說出口。

「看在老天爺份上，」她驚呼，「這太荒謬了！我們大老遠跑來就是為了做這種無聊事？」吉布的頭微微垂向一旁，她的角色似乎因為個人問題拖累了父母而感到難堪。劇中的母親沒注意到這一點，繼續反駁：「我們不需要向凱倫證明任何事。她知道我們愛她。」

這一幕的內容讓演出人員感到心痛詫異，但只能力求平穩，不讓聲音或表情洩露出心中感受。因為拍攝前已經修改過太多次，理查對現場的反應渾然不覺，甚至對成果相當滿意。「那家人和理查本人的反應，讓人覺得他們好像身在《陰陽魔界》（Twilight Zone），」米契爾・安德森回憶道。「我們在拍那一幕的時候都覺得『老天，艾格妮絲真討人厭！』可是我們拍完以後，理查卻很滿意，因為他覺得醫生才討人厭。」

不論再怎麼粉飾，莫羅的劇本仍然在字裡行間透露出真相，而且也在傳記片的限制內盡可能地貼近凱倫・卡本特生平的真實事件。「要說這個故事裡有個大反派的話，大概就是艾格妮絲・卡本特了，」羅恩・米勒（Ron Miller）在《聖荷西信使新聞報》（San Jose Mercury News）的影評中寫道。他描述這個角色是「一個強勢的女人，在女兒深受情緒困擾，甚至被診斷為病症，明顯威脅到生命的情況下，還是難以對女兒表達愛意。」

不過，在《凱倫・卡本特的故事》的最後一幕，劇中的艾格妮絲・卡本特終於軟化，幾近懺悔，足以讓觀眾暫時忘卻她前面九十分鐘的罪過。露易絲・佛萊徹飾演的「艾格妮絲」，真情流露地望向樓梯上方，最後一次凝視已長大成人的小女兒。

「凱倫啊，」她略帶躊躇地說，「我愛你。」

「媽，我也愛你，」凱倫回答，「晚安。」

令人遺憾的是，這名母親在女兒離世前夕的那句「我愛你」純屬虛構——是受CBS廣電規範容許，為戲劇效果所做的藝術變通手法。

1

加州夢

哈羅德・伯特倫・卡本特（Harold Bertram Carpenter）的童年遷徙不定，青少年時期的變動又更為劇烈。他在一九〇八年十一月八日誕生於中國南方的梧州市，桂江和西江在這裡交會。哈羅德是傳教士喬治・卡本特（George Carpenter）與奈莉（Nellie）的長子，數年後妹妹埃絲特（Esther）和弟弟理查（Richard）陸續出生。卡本特夫妻倆都彈得一手好琴，也經常在家中舉辦的正式晚宴上演奏給賓客聽。哈羅德很喜歡看爸媽表演，但他自己對演奏音樂卻沒什麼興趣，他曾被迫學了一陣子鋼琴，但始終痛恨練琴。在發現自己對欣賞音樂的興趣大過演奏後，哈羅德開始用家中音質優美的Victrola（維克多拉）唱機聽黑膠唱片，而且特別鍾愛古典樂。

哈羅德的母親很擔心孩子的教育問題，因為他們在中國無法接受正規教育，只能請家教。一九一七年，奈莉帶著孩子前往英國，並讓孩子進入寄宿學校就讀。四年後哈羅德的父親獲准休假，到英國與妻小重聚。哈羅德的母親在生下潔拉爾丁（Geraldine）和關妮薇（Guinevere）後不久，就帶著孩子搬到美國。他們在艾力斯島（Ellis Island）停留了幾個月，然後才搬到紐約州的韋爾斯維爾（Wellsville）依親。

哈羅德每天早上五點起床送報，然後去韋爾斯維爾高中上學，兩年後因為母親得了肺病，他不得不放棄學業去工作。他的舅舅法蘭克・斯多德爾（Frank Stoddard），在俄亥俄州密德鎮（Middletown）的一間紙箱公司擔任夜班主任，舅舅給他找了一份工作，於是哈羅德搬去與舅舅和舅媽葛楚德（Gertrude）同住。哈羅德跟著斯多德爾夫婦又搬了幾次家，最後終於落腳在馬里蘭州卡頓士維（Catonsville），這是巴爾的摩西邊的一個小社區，舅甥倆在這裡的一間印刷公司找到工作。一九二七年哈羅德的父母離異，不久後他的母親奈莉就死於胸膜炎，享年四十四歲。

艾格妮絲・路爾・塔圖姆（Agnes Reuwer Tatum）的童年沒有哈羅德・卡本特那麼動盪，也或許只是留下的記錄不多。她在一九一五年三月五日出生於巴爾的摩，也在那裡長大。她的父親喬治・亞瑟・塔圖姆（George Arthur Tatum）是內衣批發公司塔圖姆費茲與金史密斯（Tatum, Fritz, and Goldsmith）的合夥人，喬治與妻子安妮・梅（Annie May）生了四個女兒：珍妮（Jenny）、艾格妮絲、奧黛莉（Audrey）和伯妮絲（Bernice）。

艾格妮絲的運動神經發達，她讀的是巴爾的摩的西方高中（Western High School），是美國歷史最悠久的公立女子高中。她在高中時展現多種體育長才，其中表現最亮眼的是籃球。她很喜歡縫紉，後來也練出精湛手藝。塔圖姆家女孩的衣裙和外套有許多都是她做的，還有至今仍掛在巴爾的摩茂比利街一三一七號家中的厚重絲絨窗簾。

一九三二年，為了給女兒更安靜的環境，喬治和安妮搬到附近的卡頓士維。艾格妮絲的姊姊珍妮那時已經離家，不過在一位鄰居把二十三歲的哈羅德・卡本特介紹給她們時，家中其他三個女孩都在場。艾格妮絲對這位英俊的年輕人一見傾心，幾天後她和妹妹奧黛莉站在路旁，看到哈羅德開著閃亮的雪佛蘭過來時很是驚喜。他注意到她們兩人在等公車，所以停下來打招呼，並提議載她們一程。

艾格妮絲和哈羅德很快就開始約會，之後交往了四年。一九三五年四月九日，兩人在卡頓士維衛理堂（Catonsville Methodist Church）結婚。當時時局惡劣，只能一切從簡，既沒有結婚蛋糕，艾格妮絲還得自己縫製婚紗。唯一的新婚禮物，是新娘的姑姑米爾朵（Myrtle）和叔叔亞瑟（Arthur）送的奇異牌（General Electric）熨斗，他們恰好在奇異公司工作。這對新婚夫妻也沒有度蜜月，只是出門看了一場電影。

結婚後的三週，卡本特夫妻暫住在艾格妮絲的娘家，之後跟著哈羅德的舅舅法蘭克到另一間紙箱印刷公司工作，才搬到維吉尼亞州里奇蒙。兩個人的第一個家，是每週租金五美元、附簡單家具的公寓。一年後他們搬到里奇蒙高地公園區（Highland Park）芬多爾街（Fendall Avenue）另一間稍大的出租公寓。

艾格妮絲的姊姊珍妮和丈夫喬治・泰瑞爾（George Tyrell）離異後，覺得妹妹和妹夫應該能給她才十八個月大的女兒小瓊恩（Joanie）更安定的生活。於是艾格妮絲和哈羅德成了代理父母，不久他們就搬到里奇蒙東北邊的麥坎尼維爾（Mechanicsville），租了更大的房子以容納新成員。卡本特家在里奇蒙住了五年後，又回到巴爾的摩待了幾個月，最後在一九四〇年落腳在康乃迪克州新哈芬（New Haven）西德尼街（Sidney Street）的一間公寓。珍妮為了和女兒團聚而搬來和艾格妮絲及哈羅德一起住，一直住到一九四三年。

在為新哈芬紙漿紙板公司工作一段時日後，哈羅德已能熟練地操作公司的彩色印刷設備。艾格妮絲也開始外出工作，她在普惠馬達（Pratt-Whitney Motor Mounts）的分包商麥托勒兄弟（Mettler Brothers）操作螺紋銑刀機，一週工作六或七天，每天八小時。艾格妮絲一直在麥托勒待到一九四五年，二次世界大戰結束為止。

結婚超過十年後，艾格妮絲・卡本特終於懷孕了。為了迎接他們的第一個孩子，她和哈羅德開始看房子，最後選中了新哈芬較保守的東岸併地（East Shore Annex）郊區，霍爾街（Hall Street）的一棟新建物。霍爾街上景色宜人，對在二戰結束後期待建立家園的年輕夫婦來說，簡直有如童話。大小適中的殖民地風格房屋整齊排列在街道旁，幾哩外就是附設遊樂園的熱門海灘燈塔角（Lighthouse Point），海灘對面就是新哈芬港。

一九四六年八月二十七日，卡本特夫婦帶著已經十歲的外甥女搬進霍爾街五十五號，那是他們以八千九百美元買下的新家。不到兩個月後，他們的長子就在十月十五日於恩典新哈芬醫院（Grace New Haven Hospital）出生，並取名為理查・林恩（Richard Lynn），以紀念哈羅德唯一的弟弟。

漸漸長大的理查開始對父親的大量唱片收藏產生興趣。這些收藏風格多變，可以說是包羅萬象、不拘一格，從拉赫曼尼諾夫（Rachmaninoff）、柴可夫斯基（Tchaikovsky）和伯丁（Bourdin），到蘭尼・麥金泰爾（Lannie McEntire）、雷德・尼可斯（Red Nichols）和史派克・瓊斯與城市鄉巴佬（Spike Jones and his City Slickers）都有。還不會認字的小理查，就學會翻找這些唱片並聽上好幾小時，他只要摸一摸七八轉黑膠唱片的邊緣和溝紋，就能分出每一張唱片。三歲時理查要求買一張自己的唱片，是當時流行的牛仔歌〈騾車隊〉（Mule Train）。他的第一張四五轉唱片，是特雷莎・布魯爾（Theresa Brewer）帶有迪克西蘭爵士樂風（Dixieland）的〈音樂、音樂、音樂〉（Music, Music, Music），不久後他又要求買帕蒂・佩奇（Patti Page）的〈櫥窗裡的小狗多少錢?〉（How Much Is That Doggy in the Window?）。

一九五〇年三月二日星期四早上十一點四十五分，再三天就是三十五歲生日的艾格妮絲，產下一個小女嬰，就是凱倫・安（Karen Anne）。凱倫會說的第一個字是「拜拜」和「不要弄」，後面那句是被哥哥作弄的自然反應。

這一家五口住在四十二坪大乾淨整潔的兩層樓房裡，共用三間臥房和兩間衛浴。「他們的家具很漂亮，家裡整整齊齊、搭配得很好，東西都一塵不染、亮晶晶的，」鄰居黛比・庫提塞洛（Debbie Cuticello）回憶道，她是卡爾・沃索（Carl Vaiuso）與泰瑞莎（Teresa）夫婦的女兒，「他們家有裝潢好的地下室，有車庫，還有漂亮的前庭和後院，我們常在那裡玩。他們家後面還有採光房，草坪修得漂漂亮亮，還有造景。大家都以自己的社區為傲，門前停放的汽車也總是閃亮亮的。」

霍爾街上的房子都以一九五〇到一九六〇年代的居民姓氏來稱呼，這項傳統延續至今。五十五號是卡本特家，對街則是卡塔德家（Catalde），以此類推。「路費瑟家（LeVasseurs）

在一邊，他們還住在那裡，」庫提塞洛介紹道，「卡塔尼亞斯家（Catanias）在對街，他們也還住在那裡。隔壁是瓊斯家（Jones），再過去一兩間是夏納罕家（Shanahans）。就是一個很棒的一九五〇年代社區。」

法蘭克・博尼托（Frank Bonito）的父母在一九六〇買下霍爾街八十三號，據他說，「那裡是中產階級社區，大部分居民都有工作。我父親是肉商，自己開一間食品雜貨店。黛比的父母有一間農場，她父親沃索先生在隔壁鎮的布萊佛德（Branford）做農產品批發。我家是八十三號，黛比住七十七號。隔壁是迪馬尤家（DeMayo），迪馬尤先生在郵局工作。對街那家人的父親是耶魯教授，他們姓米爾史東（Millstone）。他們隔壁是迪維塔家（DeVitas），那是一對老夫妻，沒有小孩，先生是個牙醫。」

新哈芬區住了不少義大利移民，所以當地有好幾家美味的披薩店。附近的內森海爾堡公園（Fort Nathan Hale Park）則是全家野餐和小孩遊玩的好去處，小孩可以在裡面游泳、釣魚、放風箏，冬天時還可以滑雪橇、丟雪球。

博尼托、沃索和卡本特家的小孩，經常到彼此家玩。黛比和她哥哥都把艾格妮絲和哈羅德當成自己的叔叔嬸嬸。「我哥喬伊（Joey）和理查玩，我和凱倫玩，」她說，「我們的爸媽價值觀相近，也都信奉勤奮工作的美國道德觀。我們小時候很少看電視，能待在戶外就待在戶外……打籃球、玩棒球、溜冰、玩呼拉圈、在後院玩耍。大家都處得很好……我們不怎麼有錢，他們也不怎麼有錢。」

為了多賺點錢，艾格妮絲和哈羅德開始做洗車生意，而且對自己的工作成果相當自豪。他們到府取車再送回的服務在鄰里間大受歡迎，讓這對節儉但又想給孩子更舒適生活的夫妻嚐到成功的滋味。而且這項工作非常適合艾格妮絲，她對保持家中乾淨是出了名的吹毛求疵，常常有人看到她站在窗前拿著牙刷刷窗栓。「媽媽的車庫是全康乃迪克州最乾淨的，」凱倫在一九七一年時回憶道，「我的天啊，就算你用拖把去拖，拖把也不會髒！」

據法蘭克・博尼托說，艾格妮絲「非常愛乾淨，幾乎是到有強迫症的程度……她要所有東西都一塵不染。我還記得有一次她跑到隔壁家，擦鄰居家面對他們家那邊的窗戶，因為她看了難受。她是很好的人，但總是很緊繃，好像壓力很大。」

哈羅德・卡本特在家中地下室的椽條上掛了鞦韆，一旦天氣冷到不能在外面玩耍的時候，這裡就成了附近小孩最愛逗留的地點。這裡也是理查的音樂天堂，他甚至貼了一個招牌，上面寫著「理查的音樂角落」，取自這家人最愛去的當地唱片行的名字。附近小孩會來地下室盪鞦韆，聽著理查從他的唱片收藏中挑選的音樂，這些唱片都分門別類擺放，還依字母排序造冊。「理查有一套聲音優美的音響系統，」博尼托回憶道，「那時候叫 hi-fi。他會放音樂，凱倫和我就盪鞦韆、寫功課。」

如同她大半的人生一樣，凱倫跟隨著理查的喜好，音樂成了他們的共同愛好，兩個人會盪著鞦韆聽音樂，一聽就是好幾個小時。「理查做什麼我就做什麼，」在一九八一年的一次採訪中凱倫說道，「他聽音樂我就聽音樂，那是下意識的，因為我很崇拜他……我們聽過的每一張唱片都深印在我腦海。」他們喜愛納金高（Nat “King” Cole）、蓋・米歇爾（Guy Mitchell）和派瑞・寇摩（Perry Como）的歌聲，也一起著迷地聽著萊斯・保羅與瑪麗・福特（Les Paul and Mary Ford）疊錄的歌聲，他們尤其喜歡這對雙人組的名曲〈月兒高高〉（How High the Moon）。據理查說，凱倫會唱萊斯・保羅的所有單曲。凱倫要求買的第一張唱片，是由 RCA-Victor 發行，艾迪・費雪（Eddie Fisher）的〈現在就需要你〉（I Need You Now）。兄妹倆也很喜歡聽廣播，最喜歡的是 WMGM 臺，還有艾倫・弗里德（Alan Freed）在 WINS 臺的前四十名排行榜節目〈1010 頻道〉（1010 on Your Dial）。

凱倫喜歡跳舞，四歲就開始學芭蕾舞和踢踏舞。如果有成果發表會，大家就會看到她穿著全套綴著亮片的緞面禮服，戴著大大的帽子，腳踩踢踏舞鞋，在家門外的人行道上邊唱邊跳。那時的凱倫矮墩墩的，一頭暗金色頭髮剪成齊瀏海、耳下齊平的西瓜皮髮型。黛比・庫提塞洛承認，自己很敬仰大她兩歲的凱倫：「她是我最好的朋友，她做什麼我都會努力跟著做。她比我大，小的時候兩歲就差很多了。理查年紀更大，我也敬仰他，但不是把他當小頭頭那種，只是他是年紀最大的那個。他和凱倫都很愛對方……他們兄妹之間也會吵架，你捏我一下，我掐你一把那種，但這很平常，沒有什麼奇怪或特別的地方。」

黛比和喬伊・索沃就讀的是當地的天主教聖伯爾納德學校（St. Bernadette School），凱倫就讀的則是湯森街（Townsend Avenue）的內森海爾學校（Nathan Hale School），從霍爾街轉個彎就到了。「凱倫比我們小一歲，」法蘭克・博尼托說，「她是班上年紀最小的，但也是最優秀的。我們在六、七、八年級時非常要好，總是一起讀書。」凱倫和法蘭克每天早上走路上學，午餐時間會回家一趟。「那個年代的婦女不出門工作，所以我們會回家，」博尼托說，「那時候學校也沒有餐廳什麼的，所有小孩都會回家吃午餐。回程的時候我會去凱倫家接她，一起走回學校，沿路再接其他朋友。」

就像大部分在一九五〇年代長大的小女孩一樣，凱倫也有理想玩具公司（Ideal Toy Company）出品的貝西威西娃娃（Betsy Wetsy），但她更喜歡玩她的史努比狗狗，或是她最愛的玩具機關槍，又或是玩各種體育活動。她最喜歡玩的是威浮球（Wiffleball），這種改良版的棒球遊戲用的是有風孔的塑膠球，發明人就住在三十哩外的費爾非（Fairfield）。凱倫是投手，有時也當一壘手。「我是超級棒球迷，」她後來說，「早在我學會認歌詞之前，就已經背下所有的打擊率了。洋基隊是我的最愛。」她每天早上都會去送《新哈芬紀事報》（New Haven Register），有時候為了多賺點錢週末還會多送幾處。

青少年時的理查高高瘦瘦、笨手笨腳，肢體好像不太協調，不像凱倫那麼愛運動。他大多時間都待在室內聽音樂。「是有點丟臉，」他回憶道，「凱倫的棒球打得比我好，每次大家分隊打球，選人的時候她都第一個被挑走。」學校的惡霸有時候會嘲諷作弄他，這讓他變得喜怒無常，而且很容易被激怒。理查的怒火短暫，通常是以他衝回家把自己關起來收場。艾格妮絲鼓勵他反擊，但她同時也把看著哥哥的責任交給凱倫。「她可以照顧自己和理查，」艾格妮絲在一九七二年解釋道。「他們還小的時候，她都會保護他。她會擋住那些皮孩子，不讓他們去煩理查。」

卡本特家的鋼琴放在餐廳，所以那裡是全家人最常聚集的地方。鋼琴是在理查八歲時，由當時是青少女的表姊瓊恩買的。在嚴厲的佛羅倫絲・裘恩（Florence June）女士手下學了一年鋼琴後，備感挫折的理查對鋼琴失去興趣，家長和老師都認為這孩子既沒天分又沒興趣，再學也沒用。

三年後理查自己靠聽的學彈琴，把裝飾音和琶音學得尤其出色。他父母決定再試一次，讓他跟著哈特福（Hartford）的一名學生亨利・威爾・威奇史基（Henry "Will" Wilczynski）學習。這次理查的興趣被點燃，才華也逐漸顯露。「夏天門窗大開的時候，就能聽到理查在練琴，」黛比・庫提塞洛說。「那一家總是傳出音樂聲。」

鄰居比爾・卡塔德對卡本特家孩子的看法也和霍爾街其他居民的看法一樣。「在我們這裡，向來只把他們看成好同伴，沒別的。那時大家都還小，誰都沒想過未來的事，可能除了理查以外吧。」

凱倫很崇拜理查的音樂天分和直覺，所以理查開始跟亨利・威爾上手風琴課時，她也要求要上。威爾成了卡本特家的常客，而且很快就開始追求瓊恩。雖然凱倫喜歡上課，但她更喜歡探索其他嗜好，她對畫畫尤其著迷。她在內森海爾就讀期間拿過海報比賽獎項，也說過想當藝術家或護士。

眼看兒子這麼有天分又進展飛快，艾格妮絲和哈羅德斥資買了一架黑色的 Baldwin Acrosonic（鮑德溫頂音）鋼琴。十四歲時理查就已經確定，他的人生將以音樂為中心。理查學得太快，就連在一九五九年取得哈特福大學音樂學位的亨利・威爾都覺得自己快比不過這位年輕的鋼琴家了。於是他推薦理查到附近的耶魯音樂學院（Yale Music School）試奏，不久後他就開始接受西摩・芬克（Seymour Fink）教授的指導。

哈羅德・卡本特長年抱怨新英格蘭地區寒冷的冬季，因為得鏟雪，汽車還要上雪鏈才能開上結冰的路面。他看著每年電視轉播的玫瑰花車遊行（Tournament of Roses Parade），渴望著能搬到陽光普照的南加州，享受宜人的氣候和棕櫚樹。早在一九五五年，他就一度打算搬家，因為一位先前搬到西部的朋友，問他要不要到加州的美國容器公司（Container Corporation of America）工作。但他為搬家存的錢，被拿去支付更緊急的乳突骨手術了。

一九六〇年，這家人的儲蓄已經夠讓哈羅德、艾格妮絲和理查到洛杉磯度假，他們也趁機會找房子準備搬家。凱倫待在伯妮絲阿姨和保羅姨丈家，因為她不想長途勞頓。除了天氣溫和之外，卡本特夫妻也覺得加州——尤其是好萊塢——能讓理查成為名鋼琴家的夢想更有機會實現。為了存錢搬家，艾格妮絲在一九六二年重返職場，後來更成為新哈芬一家整流器製造商伊達爾工業（Edal Industries）的頂尖機器操作員。

一九六三年塵埃落定。一天晚上，哈羅德召集全家，宣布他們馬上就要離開霍爾街和新哈芬。三年前和父母造訪過南加州的理查非常興奮，但凱倫卻不太高興。「她不想離開朋友，」法蘭克・本尼托說，「而且她都已經拿到本地私校的獎學金了。」在離開新哈芬之前，凱倫從內森海爾學校的八年級畢業了。「雖然只是中小學的畢業，他們還是大肆慶祝，」本尼托說，「我們辦了一個小舞會，凱倫和我做了舞會卡。」在一次二〇〇〇年班級時光預言裡，法蘭克被預言會當上月球某一城市的市長，凱倫則會成為他的妻子。「我想這些預言是錯了。」他說。

一九六三年六月，卡本特一家人把車子塞到快滿出來，卻還是只能帶走一小部分家當。接著他們揮別好朋友與好鄰居，也留下了在同年和亨利・威爾結婚的表姊瓊恩。「我還記得他們開著亮晶晶的車子離開的那一天，」黛比・庫提塞洛。「那一天我記得很清楚，因為我很失望、很難過。失去最好的朋友讓我非常沮喪，而且她搬得那麼遠，我都沒辦法去找她，加州就像是在世界的另一端。我走過去道別，還送了她滿滿一盤通心麵。」

那個夏天的早上，比爾・卡塔德也在場目送卡本特一家開車離去。「我記得凱倫和我以前還暗中約定有一天要結婚，」他說。「我想凱倫早就不記得那麼久以前的誓言了，但現在回想起來，如果真能實現，也許我們兩個都能過得比現在好得多吧。」

2

筷子鼓棒和高腳椅鼓

搬到加州當尼市（Downey）後，哈羅德就到位於附近的弗農市（Vernon）的美國容器公司，做起平板印刷員的工作，而且他還上兩輪班好多賺些錢養家。雖然離開新哈芬的朋友讓凱倫很沮喪，但卡本特一家從沒後悔過搬家。加州在許多方面來說是都充滿了機遇，而且正如這家人所願，搬家後兩週內理查就開始忙碌了起來。當尼也讓卡本特家可以維持安靜的中產階級郊區生活，和在新哈芬時差不多。

「沿著聖安納公路（Santa Ana Freeway）往南開，在聖加布里艾爾（San Gabriel）下交流道，右轉一兩次，就到了當尼市，大洛杉磯地區裡一處低調的右翼郊區。」據英國記者克里斯・查爾斯沃茲（Chris Charlesworth）說，「那裡的房子乾淨整齊，小孩高中畢業後會上大學，他們也踢足球，因為那帶來的瘀傷對往後的人生有好處。那裡的爸爸媽媽每週一次參加彼此的雞尾酒派對，會邊看第九頻道的百萬電影（Million Dollar Movie）節目邊吃電視餐。很安穩的地方。」

在等新哈芬的房子賣出的期間，卡本特家光繳東岸的貸款就很吃力，所以只能在西岸租公寓住。「他們就跟大多數人一樣要努力工作求生活，」維塔・迪森（Veta Dixon）說，他負責管理當尼街一二〇二〇號的休吉複合公寓，那裡一共有四十三套公寓。「卡本特是很好很好的一家人，一見就讓人喜歡，孩子也很可愛。他們住在樓上右邊的二十二號房。」

等對門稍大的公寓一空出來，卡本特家立刻搬進二十三號房。樓下住的是一位當尼市的警察，當音樂的震動傳到樓下，他立刻向經理抱怨樓上傳來的聲響。「難道我得不分日夜地聽到鋼琴聲嗎？」他問。

「沒錯，」迪森宣稱他是這麼回答的。「不喜歡的話你可以搬出去！以後你還得付大錢才能見到他們，聽他們的音樂。」

一個晴朗的下午，卡本特一家開車逛著當尼市，哈羅德在來福斯街（Rives Avenue）的佛曼公園（Furman Park）停車問路。一位名叫尼普（Nip）的公園管理員，注意到他們的車牌來自康乃迪克州，就問他們是不是剛來當尼。艾格妮絲開始說起自己的天才兒子，還有他的才華怎麼引得一家人來到南加州。凱倫和理查為母親的自吹自擂感到難為情，只能盡量縮在後座。尼普告訴卡本特夫婦，佛曼公園每週日下午都會在涼亭舉辦才藝表演。理查立刻報名參加，並表演厄尼斯特・高德（Ernest Gold）榮獲一九六一年葛萊美獎年度歌曲的〈出埃及記〉（Theme of Exodus）以及蔡茲・康佛利（Zez Confrey）在一九二三年的作品〈跳動的手指〉（Dizzy Fingers），他還和凱倫一起唱了〈世界末日〉（The End of the World），這首史琪特・戴維絲（Skeeter Davis）在一九六三年春天唱紅的歌曲。凱倫唱著清亮乾淨的頭聲（head tone），她那時的音質輕靈，和其他同齡的女孩差不多，而不是後來那種飽滿而有磁性的低音（alto）。

那天理查下臺後，凡斯・海耶斯（Vance Hayes）找上他。海耶斯是當尼衛理堂（Downey Methodist Church）的唱詩班指揮，正在尋找臨時的管風琴手，他覺得以理查的表現來看，應該可以勝任這份工作。理查沒彈過幾次管風琴，所以不太敢答應，但海耶斯不容他拒絕。隔週六理查開始以每場十五美元的價格為兩場婚禮伴奏，在為教會的禮拜伴奏時，理查要負責前奏、奉獻禮和禮拜結束後的獨奏。他經常即興改編最愛的披頭四歌曲做為旋律，甚至改編較短的快歌，像〈從我到你〉（From Me to You）或〈我所有的愛〉（All My Loving）。用他的話來說就是「改成教會風」。那時候凱倫一直跟在哥哥身邊，不是待在教堂後方，就是加入唱詩班一起唱，一邊辨認海灘男孩（Beach Boys）、披頭四和伯特・巴卡拉克（Burt Bacharach）的旋律。

當地報紙《當尼現場傳真》（Downey Live Wire）的一名記者，在當尼衛理堂聽到理查的演奏，覺得這故事會是不錯的人物特寫報導，於是帶著攝影師造訪卡本特家，拍下理查站在那架黑色鮑德溫鋼琴旁的照片，那是夏天時這家人一定要從東岸運來的少數大件家具之一。

一九六三年秋天，十三歲的凱倫進入當尼的南方初中（South Junior High）就讀。再過幾天就滿十七歲的理查，則是進入當尼高中成為三年級，並加入了學校樂隊。樂隊指導老師布魯斯・吉福德（Bruce Gifford）問他：「你會什麼樂器？」

「鋼琴，」理查回答。

「玩具的還是平臺式的？」

兩人一起笑了，吉福德解釋說樂儀隊不需要鋼琴手。理查回家後挖出多年前在拍賣會上用四美元買的小號，並試著吹奏，但效果不太好。幸好，在理查秀了一手出色的鋼琴琶音後，被轉移注意力的吉福德並沒有要求他試吹。除了教學之外，吉福德也和弟弟雷克斯（Rex）組了一個夜總會樂團。理查有段時間獲邀成為這個樂團的鋼琴手，在舞會、俱樂部和婚禮上演奏。他覺得這個樂團的音樂會讓人想起路易斯・普里瑪與山姆・布特拉（Louis Prima with Sam Butera），還有見證者（Witnesses）。

一九六四年十一月，卡本特家在新哈芬的房子終於售出。忍受了一年多擁擠的公寓生活後，他們立刻打包，搬到當尼市費德勒街（Fidler Avenue）一三〇二四號那棟有如出自故事書的房屋。為了貼補買新房的費用和南加州較高昂的生活支出，艾格妮絲・卡本特重返職場，在北美洛克威爾公司（North American Rockwell Corporation）的倉庫操作數臺油印機。這家飛機組裝廠是當地最大的雇主，也負責生產為阿波羅太空船計畫設計的系統。

搬到在費德勒街的新家後，理查終於有空間可以放大一點的鋼琴。靠著教鋼琴和在教會彈管風琴賺得的錢，再加上父母的贊助，他把原來的小型立式鋼琴換成了一百九十公分高的鮑德溫 L 款平臺式鋼琴。他曾有一段時間在南加州大學修讀鋼琴。

一九六四年秋天，凱倫進入當尼高中時才十四歲，比大多數同學小了整整一歲。凱倫雖然喜歡運動，卻不喜歡練習，更討厭每天早上都得跑操場。所以她去找了樂儀隊的指導老師布魯斯・吉福德，那時吉福德已經是他們家的友人了，他證實如果參加樂隊就可以抵體育課學分。凱倫還成功地退掉幾何學課，改為參加學校的合唱團。吉福德把鐘琴和琴槌交給凱倫，就讓她加入樂儀隊演奏，她屬於打擊樂隊，正好走在鼓樂隊旁邊。凱倫很快就覺得鐘琴過於笨重，而且音調也讓她感到困擾，因為她察覺鐘琴比樂隊的其他樂器都高了四分之一音。

在和打擊樂隊一起排練的過程中，凱倫對同學法蘭基・查維斯（Frankie Chavez）和其他鼓手的演奏愈來愈好奇。就和卡本特家一樣，在查維斯家，音樂也是日常生活的一部分。「他三歲就開始打鼓了，」凱倫說，還說他是「巴迪・瑞奇（Buddy Rich）迷，他甚至跟巴迪・瑞奇吃一樣的食物！」但查維斯否認這項指控。「沒有，」他說，「我沒有跟巴迪吃一樣的食物。」但他承認巴迪・瑞奇確實影響了他的演奏方式。

凱倫在樂儀隊敲鐘琴敲了兩個月，這時她已經明顯看出，查維斯是樂隊裡唯一真正熱愛打鼓的鼓手。「那時候我在行進隊伍中一邊敲那笨鐘琴，一邊看法蘭基賣力打鼓，」她後來說，「我突然想到，我可以跟男子鼓樂隊十分之九的人打得一樣好，法蘭基除外。」

凱倫找樂隊指導老師吉福德商量，說她想換樂器，加入鼓樂隊。「我只能拚命說服他，」她回憶道，「那時候沒有一間學校的樂儀隊鼓樂隊有女生，」說吉福德的反應平平還是客氣的了。「『女生不能打鼓，』他這麼說，『這不合常情。』

「大家都說『女生不能打鼓』，」凱倫後來回憶道，「這句話都被用爛了，但我管它的呢。我拿起鼓棒，那感覺再自然不過了。」

凱倫把吉福德的冷待當成挑戰。「那就讓我試試看，」她對吉福德說。

雖然吉福德並不看好，但還是同意讓凱倫換到鼓樂隊。一開始他叫凱倫拿鈸，雖然這不符合凱倫的目標，但至少更接近查維斯和其他鼓手了。查維斯負責編寫鼓樂隊的鼓終止式，希望能營造好玩的氣氛，讓聽眾跟著動起來。「都是放克風格和切分節奏，滿有感染力的，」

他說，「我們打得太開心了，讓凱倫也想跟鼓樂隊一起敲鼓終止式，所以她就拋棄了鈸，改來打次中音鼓。」凱倫向來不是退而求其次的人，她渴望能在遊行和橄欖球賽中場表演時打小鼓。據查維斯說，「最精采的部分都是分給小鼓，她最後也爭取到了，這就是打鼓的過程。」

凱倫一接觸小鼓就覺得非常自在，她開始在上學前後花大量時間練習。在家的時候，她就拿廚房的高腳椅加上幾個鍋盤當成是鼓組，父親的筷子則充做鼓棒。凱倫開始跟著LP唱片打鼓，像是戴夫・布魯貝克四重奏（Dave Brubeck Quartet）的〈超時再超時〉（Time Out and Time Further Out），裡面有許多困難的拍號，像是八九拍或四五拍。「他們喜歡演奏爵士樂，」查維斯回憶道，「理查最喜歡戴夫・布魯貝克，我和凱倫則是喜歡喬・莫雷洛（Joe Morello）。從布魯貝克到披頭四，他們什麼都喜歡。我記得有一次去他們家，那時候披頭四的《橡皮靈魂》（Rubber Soul）才剛出，我還記得我們坐在一起聽〈挪威的森林〉（Norwegian Wood），然後說這張唱片做得真好，這些歌有多棒。凱倫和理查很認真研究這種藝術形式。」

凱倫也尋求法蘭基的指導，而且她可能暗戀著法蘭基。「我這邊的話絕對不帶男女之情，」查維斯說，「但我始終覺得她那邊可能有一點。那時候我已經有女朋友了，所以凱倫和我只是好朋友。」凱倫在高中時代唯一穩定交往的男朋友，是名叫傑利・凡斯（Jerry Vance）的單簧管手。雖然他們交往了幾年，但在大多數人看來，這段感情並不那麼認真，兩人比較像「死黨」，而不是在談戀愛。

至於凱倫和查維斯，他們也一直「只是好朋友，」查維斯說，「她的個性有點像男孩子，講話的方式又像披頭族（beatnik），我喜歡她說話的方式，就像爵士樂手一樣。我們最後成為很好的朋友，一樣喜歡打鼓和音樂。她放學後會過來跟我談打鼓的事，她總是有一大堆關於演奏的問題，我們會談怎麼握鼓棒最有效，是傳統握法（traditional grip）還是對稱握法（matched grip），還有鼓棒的控制、演奏技巧、打鼓風格。我們會談論不同的鼓手，一起聽爵士唱片和大樂團。凱倫學得很快，打鼓對她來說好像非常自然。她也展現出很高的天分，拍子抓得很準，而且一直在進步。很快她就成為鼓樂隊裡頂尖的小鼓手了。」

有鑑於凱倫以前學習樂器的紀錄不良，她的父母心存懷疑，認為這一次應該也是三分鐘熱度。再說，理查新買的鮑德溫鋼琴，已經讓他們支付得很吃力了。但多虧了理查在一旁敲邊鼓，他們終於答應為凱倫買一套基本款鼓組。凱倫很愛Ludwig（洛德威格）的聲音，想買這個品牌，因為她最愛的兩位鼓手，喬・莫雷洛和林哥・史達（Ringo Starr），都只用這個品牌。艾格妮絲徵詢理查的意見，他說Ludwig的鼓會是不錯的投資，因為如果要轉手賣出，價格會比其他品牌來得高。

一個週日下午，這家人開車前往聖弗南多谷（San Fernando Valley），去找一位兼職賣樂器的音樂教師，法蘭基・查維斯也跟著去了。最後他們買了一套入門款鼓組，鼓身暗綠色，中間一圈黃色。這套鼓要價三百美元，凱倫也拿了一些零用錢出來補貼。「Ludwig是很棒的產品，」查維斯說，「選得很好。」買了鼓後，查維斯也成了凱倫的第一位打鼓老師。雖然才初學打鼓，但拍子記號、鼓點、過門，這些對凱倫來說都輕而易舉，她想學更多。「很多東西她一學就會，都是因為她聽了很多唱片，」查維斯解釋道，「只要她對演奏的某一部分有疑問，我就會盡我所能解釋其中的概念，回答她的問題。」

凱倫很快就到好萊塢聖摩尼加大道（Santa Monica Boulevard）的鼓城（Drum City）學打鼓，接受比爾・道格拉斯（Bill Douglass）的指導。道格拉斯是知名的爵士樂手，和他合作過的包括班尼・古德曼（Benny Goodman）和阿特・塔圖姆（Art Tatum）等人。「比爾很受敬重，也是很棒的老師，」查維斯說，他也跟著道格拉斯學了八年。「我們常用練習板練習，也會讀音樂會的樂譜。比爾要凱倫讀很複雜的材料，所以她的讀譜能力提升了不少。」這些課程持續了一年半。

學鼓才兩個月，凱倫就認為她的第一套鼓組已經不夠用了，趁著聖誕節來臨，她好不容易說服了父母，換購另一套和喬・莫雷洛一模一樣的表演用鼓組——一九六五年 Ludwig Super Classic（洛德威格超級經典款），鼓身是亮銀色搭配雙落地鼓（double floor toms）。她還要求買頂級款的全鉻製 Super Sensitive Snare（超敏感小鼓）。起先她父母偏向買較經濟的 Supra-phonic 400（超音 400），但拗不過她，還是買了超敏感小鼓。不停向朋友誇耀兒子鋼琴天分的艾格妮絲替理查爭取到在當地的音樂劇擔任鋼琴手的工作，劇目是弗蘭克・羅瑟

（Frank Loesser）的《紅男綠女》（Guys and Dolls）。凱倫帶上新買的鼓組，第一次和理查一起登臺演奏樂器，讓這場音樂劇出現別開生面的鋼琴與鼓二重奏。

凱倫很快就成為二加二樂團（Two Plus Two）的鼓手，這是當尼高中的學生組成的女子樂團，成員包括琳達・史都華（Linda Stewart）和艾琳・馬修斯（Eileen Matthews）。「我們只收女生，因為那時候的女子樂團非常少，」史都華解釋。她和馬修斯每個星期會帶著吉他和音箱到學校，再轉搭公車到卡本特家排練。凱倫推薦朋友南西・魯巴（Nancy Roubal）擔任貝斯手。「南西加入了，但她沒有電貝斯，」史都華說，「她只能用六弦吉他的低音弦代替。聽起來的效果沒有那麼好，但我們努力補救。另一個問題是我們的音箱太小，所以凱倫只能放輕力道。我們比較偏向衝浪樂團（surf band），但凱倫最愛演奏的是披頭四的〈遠行的車票〉（Ticket to Ride）。那時我們都不唱歌，所以我從來沒聽過凱倫的歌聲，但她是我那時見過最棒的鼓手了。」排練幾次後，凱倫問史都華和其他女孩，可不可以讓理查加入。「我說不行，」史都華回憶道，「因為我只想要女子樂團，不要男生。」終於有人請這群女孩到當地的一場泳池派對表演，但馬修斯的母親拒絕讓女兒前往，史都華因此灰心喪志。「我太沮喪了，就把樂團解散了。」

一九六四年高中畢業後，理查進入附近的加州州立大學長堤分校（California State University at Long Beach）就讀。隔年六月他認識了威斯・雅各（Wes Jacobs），雅各來自加州棕櫚谷（Palmdale），主修低音號，同時也是出色的立式電貝斯手。「我們在理論課上認識，」雅各在二〇〇九年的一場訪談中回憶道，「我覺得他顯然是個天才，從第一天起，不管老師說什麼他都一聽就懂，也都能寫出來……他想做爵士樂……我們第一次一起彈奏後就成了好友。因為我也很常玩鍵盤，所以我看他手的動作就知道他在做什麼。我可以像在讀譜一樣跟他合奏，我們在風格上可以說是一拍即合。我們很快就覺得應該一起做點音樂，但又不知道該做什麼。後來他說，『我要叫我妹去學打鼓，這樣我們就能組三重奏了。』不到三個星期，她的鼓就打得比學校裡的任何人都好。」

事實上，那時凱倫已經學了好幾個月的鼓。她和理查及雅各組成理查・卡本特三重奏（Richard Carpenter Trio），這個演奏性爵士樂團是鋼琴、貝斯和鼓的經典組合。理查負責全部的編曲，到那年夏天尾聲時，他們已經是天天排練，甚至練到深夜。

因為買了鋼琴和鼓組，再加上音樂課的費用，艾格妮絲和哈羅德幾乎要入不敷出。現在這個新組成的三重奏，又想要音箱和麥克風，而且理查還想買一臺新的電子琴，好讓他們的演出更方便。但最要緊的還是要先買一臺卡式錄音機，這樣他們才能錄試聽帶。理查存了好幾個月的錢，才能支付索尼TC-二〇〇立體聲卡式錄音機（Sony TC-200 Stereo Tapecorder）的頭期款。一九六五年的夏天，這個三重奏組合在卡本特家位於費德勒街的家中客廳，錄製了最初的幾次錄音。

一九六五天的秋天，理查在合唱團認識主修小號的丹・費伯格（Dan friberg），兩人修了幾堂一樣的課，包括音樂史和對位法。後來他們的三重奏如果在週末演出時需要小號手，理查就會找費伯格幫忙。「凱倫是鼓手，她完全不唱歌，」費伯格回憶道。「她都聽路易斯・貝爾森（Louie Bellson）和巴迪・瑞奇，那些是她的偶像。我還記得有次去她房間看，牆上都是這些偉大鼓手的照片。她的目標就是要和他們一樣厲害，在我看來，她那時候已經很出色了，但她自己覺得還不夠好。」費伯格漸漸成為理查・卡本特三重奏的固定班底。「我們有個女主唱叫瑪格麗特・沙諾（Margaret Shanor），」他回憶道，「那時候凱倫只專心打鼓，主唱是瑪格麗特。」

直到一九六六年，凱倫的聲線才發展完成。雖然她唱歌從不走音，但她不會抖音，音色也缺少深度和張力，大多是輕柔的假聲，而且低音和高音之間有明顯的斷裂。「我不記得為什麼開始唱歌了，」凱倫在一九七五年說，「就是自然而然的吧。但我一直到十六歲才發掘出你們現在認識的這個聲音——低音。我以前都用比較高的聲音去唱，但我自己也不喜歡。我覺得不自在，不太想唱歌，因為覺得自己不夠好，當時也的確如此。」

凱倫一開始非常討厭自己在錄音帶裡的聲音，但還是繼續試驗自己歌聲能有什麼可能性。「現在再回頭聽有點不好意思，」她回憶道。「我們有一份原始錄音，是我唱理查寫的歌，但那首歌的音域很廣，我要從低音唱到高音。雖然沒走音，但高音部分很薄弱，跟現在很不一樣，你一定聽不出來是我。然後有一天，我現在這個聲音就突然出現了，就是自然出現的。」

理查很快就把凱倫介紹給他大學合唱團的指導老師法蘭克・普勒（Frank Pooler），後來凱倫開始每週六早上跟著普勒上聲樂課。這也是凱倫唯一上過的正式聲樂訓練。「每堂聲樂課是半小時到四十五分鐘，」普勒說，「她總是把鼓帶在車上，之後理查會載她去好萊塢上比爾・道格拉斯的課。」普勒在課上教古典聲樂也教流行樂。古典樂部分學的是貝多芬、舒曼和其他作曲家的藝術歌曲，流行樂的部分凱倫會唱理查寫的新歌。「凱倫是天生的流行樂歌手，」普勒說，「她對其他部分不太有興趣，但為了入學不得不學。」

理查會不斷練習，但凱倫不一樣，上完普勒的課後幾乎從不練習。凱倫的父母擔心這筆學費花得不值得，所以找普勒問了凱倫的進展。「這對父母很支持自己的兒女，但他們不是什麼有錢人。我收的費用是一堂課五美元，最後他們還是來找我，想知道凱倫是不是在浪費錢！」

普勒告訴凱倫，她的聲音「有藝術性」而且「自然」，不建議她接受大量的聲樂訓練。「他聽到這個聲音後，不想去動它，」凱倫在一九七五年說，「他說我不應該訓練它……我唯一跟他學的是發展我的高音，好讓我擁有完整三個八度的音域……另一個我沒想過的問題是要把音唱得準，幸好我天生就會！這方面我從沒煩惱過，我唱歌時不會去想音調是怎樣，我就是唱。」

理查對凱倫的歌聲愈來愈有信心，也開始讓她在表演中擔任主唱，因此就比較少找瑪格麗特．沙諾了。他們的曲目也從爵士樂，漸漸轉為理查偏流行樂風的原創曲，以及歷經時間考驗的經典歌曲，像〈退潮〉（Ebb Tide）、〈情人樹〉（The Sweetheart Tree）、〈天長地久〉（The Twelfth of Never）和〈昨日〉（Yesterday）。不管被要求唱了多少歌，凱倫還是認為自己主要是鼓手，只是恰好會唱歌而已。

大約在這個時候，艾格妮絲．卡本特認識了伊芙琳．華勒斯（Evelyn Wallace），伊芙琳也在北美航空（North American Aviation）工作。一次艾格妮絲和另一名同事激烈爭吵後向伊芙琳哭訴，兩人就成了密友。後來伊芙琳升到實驗部門，為阿波羅計畫進行測試，艾格妮絲接替了她原本的職位。「你要不要來我家，聽聽我家小孩的演奏？」艾格妮絲經常這麼邀請伊芙琳，「他們每天放學後都會練習。」

但伊芙琳總是能找到藉口。「我以為她說的是小小孩，」她回憶道，「後來我又以為是迷幻搖滾，我受不了那種音樂，但實在拒絕太多次，不好意思再拒絕了。」伊芙琳無奈地答應到卡本特家用晚餐，之後再聽凱倫和理查排練。艾格妮絲很得意終於抓到一個聽眾，就對坐在鼓組後的女兒喊道，「唱吧，凱倫，」她說，「大聲唱！」

伊芙琳聽得入迷。「我這輩子從沒聽過那樣的聲音，」她說。「她的聲音好美好美，她唱完後我對她說：『你唱得真好，凱倫。』她還以為我只是在客套。」

小號手丹・費伯格跟許多音樂系的學生一樣，週末時會到教會兼任唱詩班指揮賺外快。在霍桑（Hawthorne）的一間教會，他認識了唐・查克林（Don Zacklin）。「我幫他寫簡要總譜（lead sheet），」費伯格回憶道，「週日那天，他會把他錄製的不同樂手的錄音帶拿給我，讓我幫他寫簡要總譜，他再寄出去申請著作權。」查克林鼓勵費伯格分享他的原創曲，再找他的朋友喬・奧斯本（Joe Osborn）錄音，查克林和奧斯本一起創了一個小型唱片廠牌，叫魔燈唱片（Magic Lamp Records）。

喬・奧斯本是一九六〇年代西岸流行樂界最著名且搶手的錄音室貝斯手，他經常與鼓手哈爾・布萊恩（Hal Blaine）和鍵盤手賴瑞・克奈赫特爾（Larry Knechtel）合作，這個三人幫又被人叫做拆遷工（Wrecking Crew）。一九六〇年代末期，許多知名流行樂手的暢銷金曲都有這三人的伴奏，包括海灘男孩和媽媽與爸爸樂團（the Mamas and the Papas）。「我們這群人都穿 Levis 牛仔褲加 T 恤，」布萊恩說，他和喬・奧斯本最早的合作是《強尼・瑞佛斯在威士奇阿哥哥》（Johnny Rivers at the Whiskey a Go Go）現場版專輯。「那些穿著三件式西裝和藍色襯衫的老牌音樂家，在好萊塢打滾了一輩子，他們說，『這些年輕人會壞了這一行。』所以我就開始說我們是拆遷工。」

一九六六年春季學期快結束時，費伯格在校園看到理查，就跟他說過之後要去找奧斯本試奏。「有人想聽聽我寫的曲子，但我需要鋼琴伴奏。」他說。

理查答應替費伯格的這場非正式試奏伴奏。「一切的開端，就是命中注定的那一夜，在奧斯本家牆上貼著雞蛋紙盒的車庫，」費伯格說。那時是一九六六年四月，凱倫和理查陪著費伯格和他年輕的妻子一起前往奧斯本位於聖弗南多谷埃塞爾街（Ethel Avenue）七九三五號的家。試奏和錄音時間定在凌晨一點，因為奧斯本通常每晚都要工作到半夜。

凱倫和理查並不知道，唐・查克林也請費伯格推薦了學校裡其他有才華的同學到魔燈試奏。所以凱倫和理查出現時，查克林和奧斯本以為他們也是來試奏的。這對兄妹就一臉糊塗地照做了。「那天晚上凱倫唱歌了，」費伯格說，「她一唱歌，就沒我的事了！不管是之前或之後，我都沒聽過那樣的聲音，非常獨特。我看著她坐在鼓後面那麼久了，卻從來不知道她會唱歌。現在想起來事情的發展也是很奇怪，他們的一切可以說就是從那一晚開始的。如果理查當時說『我很忙』，我也許就會找別人幫忙，他們就不會遇見喬了。」

奧斯本對凱倫磁性而不加矯飾的聲音十分中意，就拉著他的樂手朋友鼓手米奇・瓊斯（Mickey Jones）一起到當尼去看這個「小胖妞」表演。「我們到一間餐廳聽凱倫唱歌，」瓊斯回憶道。「我很震驚，我從沒聽過那麼純淨的聲音。」再次聽到凱倫的歌聲讓奧斯本下了決定。他告訴米奇・瓊斯，他打算聯絡這女孩的父母，要為她灌唱片。這當然是好消息，但艾格妮絲・卡本特卻難以接受。她打從心底認為會成為知名音樂家的是她兒子，畢竟他們從東岸搬到西岸，就是希望理查能進入音樂界。如今他卻因為自己的妹妹──一個音樂新手──而被冷落在一旁。「我知道艾格妮絲對這件事非常非常生氣，」伊芙琳・華勒斯回憶道。「很多鋼琴手都極度出色，但說老實話吧，鋼琴的聲音聽起來都差不多。歌聲就不一樣了。」

一九六六年五月九日，奧斯本簽下十六歲的凱倫・卡本特，成為魔燈旗下一眾樂手之一，其他還包括強尼・柏內特（Johnny Burnette）、詹姆斯・波頓（James Burton）、米奇・瓊斯、詹與迪恩（Jan and Dean）中的迪恩・托倫斯（Dean Torrence）和文斯・愛德華（Vince Edwards），愛德華最為人所知的角色是電視上的班・凱西醫生（Dr. Ben Casey）。因為凱倫還不到法定年齡，所以是由艾格妮絲和哈羅德代簽。兩天後，魔燈的出版部門點亮音樂（Lightup Music），簽下理查做為作曲者，以平息艾格妮絲對奧斯本一開始忽略她兒子才華的不悅。「喬覺得理查麻煩得要死，」米奇・瓊斯回憶道，「理查不但想彈鋼琴，還什麼都想插手。喬不想在幫凱倫錄音時有他在場，就叫理查在工作室外面等。」

不過隨著凱倫、理查和威斯・雅各開始在奧斯本的錄音室一待數小時，理查和奧斯本兩人之間的不快也迅速地在新建立起的友誼中化解了。那個夏天凱倫錄製了幾首理查的原創曲，包括〈分道揚鑣〉（The Parting of Our Ways）、〈別告訴我〉（Don't Tell Me）、〈尋找愛〉（Looking for Love）和〈我會是你的〉（I'll Be Yours）。她也擔任這些曲子的鼓手，奧斯本為她彈奏電貝斯，有時還加上威斯・雅各的立式貝斯，理查彈鋼琴或 Chamberlin Music Master（柴伯森音樂大師），這是 Mellotron（美樂特朗）的改良版，兩種都是當時流行的類比合成器，能提供預錄的弦樂和木管樂聲。奧斯本用 Scully（史卡利）四軌錄音器和 Neumann U87（紐曼 U87）電容式麥克風來錄製。再透過 Altec 604（亞塔克 604）監聽音箱回放。等四軌都錄製完成，再送回或「來回」他的 Scully 二軌錄音器，將多聲軌合成雙軌甚至是單軌。這樣的過程可以釋出聲軌，以疊加其他人聲或樂器聲。

〈尋找愛／我會是你的〉（ML 704）是凱倫・卡本特為魔燈唱片灌錄的第一支單曲，也是唯一一支。這支單曲一共發行了五百份，大多數都被分送給親朋好友了。「就我所知是沒有進行分銷，」米奇・瓊斯說，「那主要是用來避稅的。」如同許多小型唱片廠牌，魔燈缺乏管道推廣他們出的單曲，一九六七年公司就收起來了。

一九六六年的夏天，在凱倫和理查・卡本特的人生中立下了許多里程碑。加入魔燈唱片後不久，理查・卡本特三重奏打入第七屆年度樂團大賽（the Seventh Annual Battle of the Bands）的決賽，這場在好萊塢露天劇場（Hollywood Bowl）舉行的重量級才藝競賽，由洛杉磯郡公園娛樂部（County of Los Angeles Department of Parks and Recreation）贊助，被稱為「星空下的音樂對決」。參賽者必須是二十一歲以下的非職業樂手，數百個團體分別在洛杉磯郡的五個地方進行預賽。入圍者很快就縮減到每一大類各三個團體，這五大類分別是：舞蹈樂團、學校樂團、爵士組合、聲樂獨唱以及聲樂團體。

六月二十四日星期五晚上，理查・卡本特三重奏表演的曲目，是理查以多拍子重新編曲安東尼奧・卡洛斯・裘賓（Antonio Carlos Jobim）的〈伊帕內瑪姑娘〉（The Girl From Ipanema），以及採全音音階的原創爵士華爾滋曲目〈冰茶〉（Iced Tea），這個曲子讚頌他們最愛的飲料，並由威斯・雅各吹奏低音號。在比賽主持人傑瑞・德克斯特（Jerry Dexter）

介紹他們出場後，還沒開始演奏，他們就已經抓住了全場觀眾的注意力。看到把長髮高高梳起的凱倫坐在鼓組後面顯然是件新鮮事。「我記得我們到露天劇場的時候，節目表上排了二十個團體，那時候我才剛學鼓沒多久，」凱倫後來向雷・科爾曼（Ray Coleman）解釋道，「我花了一點時間才把鼓架好。那時候我們才剛組團六個月吧，更搞笑的是我抬不動鼓，也搬不動，只好請其他人幫我把鼓搬到臺上，我再把鼓組裝起來。其他男鼓手都要笑死了。」

〈冰茶〉中段的鼓手獨奏，讓凱倫有機會展現她的技巧，熱情的觀眾爆出如雷的掌聲、歡呼和口哨聲，一度淹沒了當晚錄下的音樂聲。「那時候她已經從節奏感強、拍子穩定——這些都是很重要的基礎——成長為出色的鼓手。」法蘭基・查維斯回憶道，「她可以引得一些男鼓手站起來行注目禮，事實上她也比其中一些人打得更好，就是那麼厲害。她在短時間內進步很多，這也證明了她的音樂天賦。」

雖然理查當晚不得不以簡陋的立式鋼琴來演奏，但他還是贏得得了最佳演奏獎。除了贏得爵士組合大獎外，他們還以最高總分拿下總冠軍，擊敗了紳士（Gentlemen）和長號公司（Trombones, Inc）。「他們贏了！」樂團大賽結束後，隔天艾格妮絲・卡本特打電話給法蘭克・普勒，驕傲地向他宣告，「那是我這輩子見過最大的獎杯了。老天爺，他們一定是很棒！」

當晚的大賽評審有格拉德・威爾森（Gerald Wilson）、卡爾文・傑克遜（Calvin Jackson）、傑瑞・高史密斯（Jerry Goldsmith）、比爾・霍爾曼（Bill Holman），以及《洛

杉磯時報》（Los Angeles Times）的爵士評論總主筆倫納德・費瑟（Leonard Feather）。「當晚最令人驚豔的音樂，來自理查・卡本特三重奏，」費瑟寫道，並形容團長是「出色的創作型演奏者，他還贏得了最佳演奏獎，並帶領團員拿下爵士組合大獎。在鋼琴一旁的是他的妹妹凱倫・卡本特，才華洋溢的十六歲鼓手，貝斯手威斯・雅各在吹奏低音號時也相當有趣且自信。」後來這場比賽在洛杉磯 KNBC 第四頻道以彩色重播。

「好萊塢露天劇場的那場比賽是非常好的曝光場合，」查維斯說，「到場的觀眾裡經常有重量級人物，能讓選手從此出道。很高明的一步。」贏得大獎後要回車上時，一名男子接近理查，先恭喜他們得獎，然後問他們有沒有興趣灌唱片。理查告訴對方他們已經和別人簽約了，但還是收下了名片。等理查發現這人原來是尼利・普倫布（Neely Plumb），是 RCA-Victor 唱片公司西岸 A&R（artists and repertoire，藝人與製作部）的重量級人物，他立刻解釋那只是凱倫和魔燈的歌唱合約。普倫布〔他的女兒伊芙（Eve）後來在經典電視劇〈脫線家族〉（The Brady Bunch）中飾演珍（Jan）〕認為搖滾低音號會是未來的潮流，想主打威斯・雅各。

理查・卡本特三重奏在一九六六年九月和 RCA-Victor 簽約，很快就錄製了十一首曲目，包括〈午夜的陌生人〉（Strangers in the Night）和披頭四的〈每件小事〉（Every Little Thing）的演奏版。他們還錄製了音樂劇《紅男綠女》中的〈我從未陷入愛河〉（I've Never Been in Love Before），以及理查的原創曲〈平板巴洛克〉（Flat Baroque）。雖然理查很高興能和大唱片公司簽約，但他也對普倫布直言，他覺得搖滾低音號這個方向沒有什麼發展潛力，RCA 的高層也這麼認為。理查向他們提起凱倫的好歌喉，以及之前她簽過歌手合約的事，但他們試聽後的反應是：「不就是民謠搖滾嘛。不用了，謝謝。」RCA 最後決定不發行理查．卡本特三重奏的音樂，三人不久後就離開了 RCA，只拿到幾百美元，一張唱片也沒錄製。他們認為自己在藝術上成功，但在商業上失敗了。「其實我們演奏得很棒，但沒有什麼亮點，」威斯．雅各回憶道，「凱倫沒唱歌，低音號又賣不了唱片，大家都很有才華，但卻沒有方向。」

理查回到加州州立大學長堤分校的校園後，花了許多時間待在音樂系的練習室，專注於自己的音樂。他偶爾會向法蘭克．普勒請教，這次他問的是要怎麼安排假期演出的曲目才好。「我們真的受夠〈白色聖誕〉（White Christmas）和〈平安夜〉（Silent Night）了，不想每天晚上都彈一樣的曲子。」他這麼對普勒說，並尋求他的意見。

「我不知道有什麼新的聖誕歌，」普勒回答道，「但我很久以前寫了一首。」

普勒年輕時寫下了〈聖誕快樂，親愛的〉（Merry Christmas, Darling），事實上，他是在一九四六年寫下原曲，正好是理查出生那一年。二十年後的一九六六年十二月，普勒把〈聖誕快樂，親愛的〉交給理查．卡本特。「〔理查〕那時也在譜曲，」普勒說，「我知道不管他譜出什麼曲子，都會比我原來的好，所以我就沒把原曲交給他，只給了他歌詞。」理查說他來配新的旋律，結果十五分鐘後就完成了。〈聖誕快樂，親愛的〉這首歌由隔了一個世代的兩位年輕人合作而成，也是凱倫在理查・卡本特三重奏時期最早唱的歌之一，後來也大受歡迎。

凱倫在一九六七年春天從當尼高中畢業，並榮獲蘇沙樂隊獎（John Philip Sousa Band Award），這是頒發給高中樂隊成員的最高榮譽，肯定卓越的音樂才能及傑出的奉獻。「一開始我並不覺得她的音樂天分特別高，」樂隊指導老師吉福德事後回憶道，「但現在我已經學會先等一段時間再評斷天分。」

凱倫在她的音樂導師法蘭克・查維斯的畢業紀念冊上，寫了一段離別感言，除了讚美他的鼓技，也感謝他啟發指引她的天分：

法蘭基：

聽著啊，難以置信，但我們做到了。總之，這一切都超棒的。說真的，沒有

你的話，事情絕對沒這麼瘋狂。謝謝你讓我對打鼓發生興趣，我從你那裡學到很多，這一點我永遠感激……這個嘛，該是說再見的時候了，記得在演出空檔保持聯絡。

愛你，

凱倫，一九六七

3

力爭上游

約翰・貝帝斯（John Bettis）來自聖佩德羅（San Pedro），是一名困窘的政治系學生，經常睡在自己的旅行車上在校園裡過夜，他早已放棄母親要他成為國際律師的夢想。進入加州州立大學長堤分校後，這位蓄長髮的民歌手因為幽默感和創造力而出名。他對音樂理論幾乎一無所知，最後卻加入了法蘭克・普勒的學院合唱團做為選修課。此外，他在寫詞上極有天分。

「約翰以前常會遞紙條給我，」普勒回憶道，「上面寫著一些小詩，有他對排練的觀察，有他對我的觀察。我覺得挺美的，別出心裁。」

貝帝斯開始把他的觀察集結成〈阿卡貝拉音樂〉（A Cappella Music），據普勒的說法，那根本不能算是歌。「那是清唱劇！」他叫道。約翰很確定，等大家聽完最後的成品，他就會被踢出合唱團，因為他在歌裡介紹了合唱團的不同聲部，又對他們大開玩笑。合唱團全員聽著貝帝斯用稀稀落落的吉他伴奏演唱〈阿卡貝拉音樂〉。「兄弟，你需要鋼琴手！」理查喊了一句，就來解救貝帝斯。普勒有種預感，這對年輕人的才華可以相輔相成。「我覺得他們會是很棒的組合，所以我說『你們應該一起合作。』」

理查和約翰・貝帝斯同樣熱愛音樂、汽車和女孩，兩人很快就成為好友。艾格妮絲・卡本特沒那麼快接納新面孔進卡本特家的圈子，尤其是像貝帝斯這種像吉普賽人的傢伙。後來理查和貝帝斯開始一起表演，艾格妮絲得知理查把演出收入和貝帝斯平分的時候非常憤怒。她提醒理查，大部分音樂工作都是他在負責，兩人中也只有他懂得音樂理論，她認為不論是看做的事或資歷，貝帝斯都沒資格拿走一半的收入。

透過兩人的共同友人道格・斯特羅恩（Doug Strawn），理查和約翰得知迪士尼樂園的美國小鎮大街可樂角，有一個散拍爵士（ragtime）鋼琴與斑鳩琴表演的空缺。他們去應徵了一九六七年的夏季演出，錄用後每天工作八小時。一百八十美元的音樂人聯盟週薪，對這兩個大學生來說是一筆財富，但他們明智地把賺來的錢投資在樂器和音響設備上。

迪士尼樂園的娛樂總監維克・古爾德（Vic Guder），經常會在園區內巡視，他會手拿對講機四處視察園內的各項演出，確保所有表演者的服裝和表現都符合園方規範。當他走到可樂角時，他以為會聽到上世紀末的歌謠，像〈雙人腳踏車〉（A Bicycle Built for Two）、史考特・喬普林（Scott Joplin）的〈楓葉拉格〉（Maple Leaf Rag）和〈娛樂家〉（The

Entertainer）。結果卻發現這兩人應現場觀眾要求，唱起了更當代的歌曲，像〈點燃心火〉（Light My Fire）和〈昨日〉（Yesterday）。古爾德溫和地指正了幾個月後，兩人和迪士尼的合作終於畫下句點。「他們對園區裡什麼能做什麼不能做，有很嚴格的規定，」貝帝斯回憶道，「理查和我因為在園區裡梳頭而被開除。當然，在那之前我們就已經做了很多他們不喜歡的事，不過我們被開除的理由是這個。」

據古爾德說，他們兩個不是被開除，只是那一季到期了。「不是的，他們沒有被開除，」他說，「我們說好的是夏季演出，秋季時理查就回學校了，也沒打算轉正職。可樂角只是夏天的兼職工作。如果晚上的私人派對要用到可樂角鋼琴手的話他們就會回來，那不是全職演出。」

這兩人在被解雇後寫了一首歌，打算用音樂來報復。「我們都快寫到連接段了，結果沒繼續寫下去，因為我覺得這樣不太好，」貝帝斯說，「可是理查還是很生氣，也很喜歡那段音樂，所以他就繼續寫出連接段，完成了那首歌。」如同他們早期的許多音樂合作作品，〈古爾德先生〉（Mr. Guder）被擱置一旁，直到數年後才重見天日。

凱倫跟著哥哥的腳步，在一九六七年秋天進入加州州立大學長堤分校主修音樂。雖然她新發展出的胸音十分優美，但還是得用頭音，因為那比較適合聲樂學生要唱的古典藝術歌曲。每學期末她都要在由教授組成的評分委員會前演唱，嚴格的審查就連學有所成的音樂家也會感到壓力巨大。在音樂系主任賴瑞・皮特森（Larry Peterson）和其他幾位聲樂組教授面前，凱倫唱了幾首預先準備好的曲目，普勒卻突然說，「噯，這些都太嚴肅了，」他對其他教授說，「其實這女孩很多才多藝，你們想不想笑一笑？」普勒鼓吹凱倫來一個她常在課堂上表演的模仿秀，他還指明要「痙攣的兔唇歌手」。

「他們會把我踢出學校，」凱倫抗議道。

老師的要求讓她意外又尷尬，而且又是在這麼重要的場合上。「凱倫最讓我喜歡的一點，」普勒回憶道，「就是她對一切事物的幽默感，還有她很會模仿，她的聲音可以千變萬化。」

普勒在合唱音樂界算是有點特立獨行，作品和風格都帶點古怪，向來難以預測——至少在音樂上如此。除了向阿卡貝拉合唱團的成員敞開大門外，普勒也讓學生提議要讀的音樂文獻和風格。有人建議黑人靈歌。「我不想唱太方外的題材，」普勒這麼告訴團員。雖然他對以外國語演唱的音樂很熟稔，靈歌和福音樂卻是陌生領域。

「你不會的話，那就我來。」一個聲音說道，接著汪達・佛里曼（Wanda Freeman）就走了出來，她是團內少數的非裔人士，她轉身面對整個合唱團，開口唱了起來。

「我從來沒唱過靈歌或黑人音樂，」普勒說，「我對那沒感覺，但她有。她出色極了，帶出了後來團裡的許多一流福音音樂家。」

不同於當地其他大學合唱團只以單一風格取勝，普勒的合唱團會嘗試各種風格。「法蘭克很勇於創新，」佛里曼回憶道，「我們唱的東西很前衛，是別的合唱團都沒唱過的，像是只有人聲的歌等等，他對福音音樂的態度也很開放。」

血汗淚合唱團（Blood, Sweat and Tears）唱紅的〈當我死時〉（And When I Die），也是這個合唱團演唱過的當代暢銷歌曲之一。福音歌的編曲需要二重唱，普勒選了一對看似奇特的組合，汪達・佛里曼和凱倫・卡本特。「凱倫的女低音很好聽，」佛里曼回憶道，「我之前並沒有很注意，但她的聲音很清澈。我們在唱〈當我死時〉，她才真的敞開了，她也很想唱這首歌。」

普勒經常讚美凱倫是萬能歌手，甚至舉她做為其他合唱團學生的榜樣。「她的音域非常廣，」他回憶道，「她可以唱得比任何人都高，但又能唱得比任何人都低。那時她的聲音還是像大多數青少年的聲音，從最高音到最低音並不是完全調合，但她可以做到。」

一九六七年威斯・雅各離開洛杉磯，前往茱莉亞音樂學院（Juilliard）修讀古典低音號，也因此離開了理查・卡本特三重奏。貝斯手離開後，理查開始探索新的音樂可能性。他一直很喜歡人聲團體，像高低音（Hi-Lo's）、四新生（Four Freshmen）和海灘男孩，還有他從小就喜歡的疊錄先鋒萊斯・保羅與瑪麗・福特和諧交疊的歌聲。但影響他和凱倫最深的，還是法蘭克・普勒的合唱風格，他的哲學強調人聲調合、母音咬字和精準的起音和釋放。這些都奠定了後來木匠兄妹的歌曲獨樹一格的基礎。

理查第一次試組人聲團體，是在凱倫高三時組了一個五重唱。最初的團名叫做夏日鈴聲（Summer Chimes），但很快就改成光譜（Spectrum）。他們第一個找來的是約翰・貝帝斯，讓他唱歌兼彈節奏吉他。之後的幾個月，貝帝斯、凱倫和理查辦了多次非正式甄選尋找新成員。蓋瑞・西姆斯（Gary Sims）也是當尼人，他和凱倫一樣，入團時還只是高中生。「他以前彈的是原聲吉他，比較像民謠歌手，」貝帝斯回憶道，他和理查一起去看西姆斯演出，「他的男中音很好聽，後來他加入做為吉他手。」最後一個入團的是丹・伍德漢斯（Dan Woodhams），他是男高音兼任貝斯手，雖然他「根本不會彈貝斯，」據貝帝斯說，「他是拉小提琴的，所以理查還得教他彈貝斯。丹是最後一個加入的，這就是最初的光譜成員。」

「嘟啫」萊絲莉・強森（Leslie "Toots" Johnston）在一九六七年加入後，這個團體成了六重唱。「約翰・貝帝斯和蓋瑞・西姆斯是我朋友，」強森回憶道，「蓋瑞是卡本特兄妹的鄰居，他們想找另一個女生入團。他們聽了我唱歌，我的歌聲是流行樂風格，理查想找能和凱倫配合的人，而我做得很好。」強森也是學校合唱團的一員，每天下午排練時，強森就在女低音部裡坐在凱倫旁邊。「我們會互開玩笑，相處得很愉快，」她說，「凱倫是很棒的音樂家，但她讀譜的功力沒有我好，所以她會聽我讀。我們也成了朋友。她有種冷面笑匠的幽默感，很搞笑，她覺得我也很搞笑。她的女性朋友不多，所以我想凱倫也很高興多了一個女生陪她。」

光譜排練的地方，是費德勒街上卡本特家的車庫，而且永遠少不了艾格妮絲・卡本特出名的冰茶——以完美比例調合立頓即溶茶粉和冰鎮檸檬水。「每次排練桌上永遠放著一大壺，」強森回憶道，「那是大家的指定飲料。」

進入大學後的第一年，凱倫開始愈來愈在意自己的外表。她從小就有點肉肉的，事實上，理查常常叫她阿胖（然後她會回敬一句「四眼！」），當然這只是大多數兄妹常見的互相取笑而已。身為十七歲的妙齡少女，凱倫身高一六三公分，體重六十六公斤，身材則是經典的沙漏型，這在她的家族裡很常見，她母親和伯妮絲阿姨也都是這種體型。「我以前比較胖，」

凱倫在一九七三年的採訪中說。「老實講，大概比現在重九公斤。我實在不再想胖下去，所以就開始節食……我找到一件以前高中穿的毛衣，老天爺，大概裝得下三個現在的我。真不知道我以前怎麼擠過門口的。」

在法蘭基・查維斯的記憶中，凱倫在高中時期只是微胖，但就算她那時就已經有身體形象的問題，他也從沒注意到。在他們密切相處的那段期間，也沒出現任何警訊。「看不出來她有因為微胖而感到困擾，」他說。「她看起來一直都很有自信，在我認識她的時候，她應該從來沒想過要節食。在演奏方面，凱倫始終力求完美，她給自己訂的標準非常高，但完全看不出來她有任何困擾。」

一九六七年的夏天，艾格妮絲帶凱倫去看他們的家庭醫師，對方推薦當時流行的史帝曼喝水減重法。這是當年由艾文・麥斯威爾・史帝曼醫師（Dr. Irwin Maxwell Stillman）提出的飲食法，方法是限制攝取碳水化合物及高脂肪食物，並將每日飲水量增加到八杯。凱倫討厭喝水，但採取這種方法後短短六週她就瘦了十一公斤。她決心保持新體態。每次光譜排練到深夜，團裡的每個人都飢腸碌碌地去吃晚餐，這時凱倫就會覺得很煩。「男生都想去吃『可可家』，」她說，「我卻只能吃漢堡排加茅屋起司，結果男生都點超大起司漢堡加超大聖代。」從一九六七年夏天到一九七三年初，凱倫的體重都維持在五十二到五十四公斤之間。

一九六七年初，理查接到艾德・蘇爾哲（Ed Sulzer）的來電，蘇爾哲是當地歌手，理查在一九六三年曾和他一起演出過。蘇爾哲聽說光譜在喬・奧斯本的車庫錄音，就向理查提議要幫他們將試聽帶推銷給洛杉磯的唱片公司。蘇爾哲很快就成為光譜的演出經紀人。蘇爾哲對光譜獨特的歌聲極富熱情，但他找上的唱片公司和表演場所卻是反應平平，只有極少數人認同。「他們聽了我們的作品，現在聽起來是很自然，」約翰・貝帝斯解釋道，「但在當時，不管是我們的唱法或歌詞，都完全和主流背道而馳，他們也這麼告訴我們。」

萊絲莉・強森形容光譜的聲音是圓潤渾厚而緊密的和聲，但她覺得光譜的創作和大多數聽眾不同調。「我們是聲音優美的中間路線團體，但當時不是硬式迷幻搖滾，就是電梯音樂。我們有很棒的聲音；好聽是好聽，但不能讓人跳舞。來到吟遊詩人（Troubadour）夜總會的星探一直跟我們的經紀人說，『他們棒極了，但要怎麼定位？』電臺也不敢放我們的音樂，因為我們對一部分人來說太溫和，但又不夠老派。那時我們受了很多打擊，也覺得很灰心。其實我們就是唱片團體，應該專心做唱片就好了。」

蘇爾哲為光譜在聖安納的聯合錄音室（United Audio Recording Studio）約到了一個時段，他們在那裡錄了幾首原創曲目的試聽帶，包括〈我能做的〉（All I Can Do）、〈我這一生〉

（All of My Life）、〈另一首歌〉（Another Song）、〈有什麼用〉（What's the Use）、〈糖果〉（Candy）。〈糖果〉後來改成〈一份愛〉（One Love），收錄在一九七一年的《木匠兄妹》（Carpenters）專輯裡。格蘭・佩斯（Glen Pace）是聯合錄音室的擁有者兼工程師，光譜來錄音時他幫忙調整麥克風，這時他注意到一名年輕女孩在組裝 Ludwig 鼓組。「唉呀，你男朋友把你訓練得真好。」他對房間另一端的女孩喊道。

「什麼意思啊？」凱倫問道。

「他把你訓練得很好啊，你都來幫他組裝鼓了。」

她尷尬地笑了笑，說：「我就是鼓手。」

「這是我第一次見到女鼓手。」佩斯解釋道。

因為負擔不起更多的錄音時段，光譜把錄音工作轉移回卡本特家的客廳。他們用理查的索尼牌錄音機在家錄唱片，還把浴室當成回音室。艾德・蘇爾哲為光譜安排了一連串現場演出，所以光譜來到位於西好萊塢傳奇的吟遊詩人夜總會，那裡每週一都是火熱之夜。數十個表演團體在巷子裡排隊，希望能搶到一個表演時段。「你得跟著一大群人排隊等演出，」凱倫在一九七二年向《洛杉磯時報》解釋道，「我經常站著和其他年輕人聊天，還有傑克遜・布尼（Jackson Browne）和布爾與席普利合唱團（Brewer and Shipley）這些人。」理查向正宗灰塵樂團（Nitty Gritty Dirt Band）的傑夫・漢納（Jeff Hanna）買了一臺 Wurlitzer 140-B 電子琴，而且出於對玩車的熱情，他還在琴身貼上426 HEMI引擎的防水貼紙。光譜的團員每次都要把設備搬下旅行車，再拖著新電子琴、鼓組、其他樂器和音箱，走過巷子穿越人群，然後表演十五到二十分鐘。接著他們又要收拾，拉著所有東西再次穿越人群回到車上。「你真該看看我們穿著團服和藍色天鵝絨外套的樣子。」萊絲莉・強森說。

新克利斯提詩（New Christy Minstrels）的團長蘭迪・史巴克（Randy Sparks），在吟遊詩人聽到光譜的演唱後，邀請他們到他在韋斯特伍德大道（Westwood Boulevard）的雷德貝特（Ledbetter's）夜總會表演一星期。這是他們第一個有錢拿的大型表演邀約。「他們比較像是沙發表演團體而不是民歌團體，」史巴克說，「那正好是我的店專門的音樂風格。凱倫是很棒的歌手，他們的聲音很悅耳——不是熱鬧的那一種，我的客人會比較懂得欣賞。」史巴克認為凱倫和理查都展現了極高的才華，遠遠超出光譜的其他成員。「在我看來，他們團裡的其他人幾乎是隱形人。」隨著光譜在雷德貝特一連登場數週，史巴克親眼見證他們在每一次成功演出後的成長。「我開店就是為了這個，雷德貝特就是要讓樂手有地方表演、實驗、排練，去學著和聽眾互動。」

接下來，蘇爾哲為光譜安排到威士奇阿哥哥（Whisky a Go-Go）表演，他們要為常青藍鞋（Evergreen Blue Shoes）開場，後來常青藍鞋的貝斯手斯基普・巴汀（Skip Battin）加入了飛鳥樂團（Byrds）。威士奇（常被誤拼成Whiskey）是日落大道區（Sunset Strip）的熱門夜總會，羅根斯與梅西納（Loggins and Messina）有一首〈威士奇〉，歌詞裡這麼說：

在威士奇別搞抒情
在威士奇別唱美聲
不然的話，你的音樂保險最好有給付

光譜大部分時候都很抒情，音樂也毫無疑問屬於美聲，所以他們毫無勝算。「客人都坐著聽我們唱歌，」凱倫談起在那裡的演出，「但那不是店家要的，客人坐著的話就不會跳舞，不跳舞就不會口渴，不口渴就不會花錢，所以我們就被踢出去了。」

凱倫還回憶起在由大型倉庫改裝成的夜總會藍色法（Blue Law）為荒原狼（Steppenwolf）開場，「一開始觀眾很躁動，」她說，「我們還以為會被噓下臺，但還是繼續唱，後來大家就閉嘴開始聽了。」同樣地，這不是夜總會經理樂見的。

「荒原狼？我的老天，我那時候覺得超級丟臉的，」萊絲莉・強森說，「我們和荒原狼在同一個化妝間，他們完全就是硬式搖滾。其實我很喜歡荒原狼，但我們超氣艾迪這樣安排。我們在那裡唱了兩晚吧，我超想死的，觀眾都是來聽搖滾樂，要來跳舞的，他們是沒噓我們，但看我們的眼神就像在看瘋子。我們的歌聲美妙飽滿，但荒原狼大概在化妝間裡狂笑吧。」

蘇爾哲費盡心思，想幫光譜安排適合的場所做現場演出，而團員卻把目光放在爭取唱片合約。在吟遊詩人演出時，兩大唱片公司 Uni 和 White Whale（白鯨）在同一天提出簽約，讓團員都振奮不已，但理查後來拒絕了，因為他發現這兩家要求的分成都太高了。光譜的團員深感灰心，不久後就分崩離析。有另一個團體請萊絲莉・強森去當主唱，一起巡迴表演。「我答應了，」她說，「因為都沒其他動靜啊！」

凱倫和理查繼續到喬・奧斯本的錄音室（免費）錄音，並著手錄製新的試聽帶。他們通常是在週末錄音，或等到奧斯本正常的工作時段結束後的深夜，據凱倫說，「因為編曲和選材都是理查在弄，演奏和唱歌也是我們自己來，理查就說，『乾脆我們自己來就好了，用疊錄的。』……那聲音就這樣突然出現了。」在喬的錄音室錄出的音質讓她讚嘆不已，「那個車庫錄音室的聲音，我們之後都比不了，宏大又飽滿。」

在以阿卡貝拉編曲的〈祈禱〉（Invocation）中，他們從兩部和聲開始，接著變成四部，最後是八部。他們的八部和聲又疊了三次，所以總共是二十四聲部。「哇，成果讓我們不敢相信，」凱倫後來回憶道，「突然之間，這個超重量級的作品就誕生了。這不可能出錯！」

他們的試聽帶裡還收錄了理查原創的〈別害怕〉（Don't Be Afraid），以及另一首他和約翰．貝帝斯合寫的〈你的精采遊行〉（Your Wonderful Parade）。雖然編曲和光譜唱的一樣，但凱倫和理查的聲音交疊後，這兩兄妹的和聲格外特別。正式成為二重唱後，凱倫和理查把團名定為木匠兄妹（Carpenters，前面沒有the），他們覺得這樣簡單又時髦，就像水牛春田（Bufflo Springfield）或傑佛森飛船（Jefferson Airplane）。

隨著錄音占去他們愈來愈多時間精力，凱倫和理查逐漸把加州州立大學長堤分校的學業往後排。他們經常把《告示牌》（Billboard）和《錢櫃》（Cashbox）雜誌帶到課堂上，藏在教科書後偷看，也難怪凱倫的心理學被當了兩次。她也痛恨生物學：「生物學對我有什麼用？」凱倫在一九七〇年的一場訪談中反問道：「在舞臺上那根本沒用，不是嗎？生物系學生就不用修音樂課。」法蘭克．普勒多次力保凱倫，為她持續缺席某些課堂而辯護。「有些無聊的課她沒去上，」他說，「我還記得為了她去找過校長。我說：『嘿，有些人需要特殊考慮。再說，是我也不會去上那些課。』」

一九六八年夏天，理查聽說有一個新的全國性節目叫《全美學院秀》（Your All-American College Show），由廣電傳奇人物溫德爾．尼爾斯（Wendell Niles）製作，並由高露潔－棕欖公司（Colgate-Palmolive Corporation）贊助播出。這個節目匯集了全美各地大學校園的頂尖音樂人才。兄妹倆加上新招攬的貝斯手比爾．西索耶夫（Bill Sissoyev）組成三重奏，他們的演出在甄選時反應不錯，最後成功參加電視競賽。凱倫腳踩華麗的白色戈戈舞靴，頭戴白色寬頭帶，以無比的活力熱情，飆出靈感來自爸爸媽媽合唱團的〈手舞足蹈〉（Dancing in the Street）。她的鼓聲張力十足，歌聲沉穩有力。那一年他們以三重奏的身分亮相了好幾次，最後贏得了三千五百美元。

光是《全美學院秀》帶來的知名度，就讓這三人興奮不已，此外，溫德爾・尼爾斯和他的公司，還表達了想簽下他們的意思。明星評審約翰・韋恩（John Wayne）要凱倫到他即將開拍的電影《大地驚雷》（True Grit），試鏡邊境女孩瑪蒂・羅斯（Mattie Ross）的角色時，大家都很意外。最後這個角色給了金・達比（Kim Darby），凱倫則繼續探索其他的音樂機會。在理查的祝福下，她還去甄選過肯尼・羅傑斯（Kenny Rogers）的團體第一版（First Edition）中的女歌手位置。自從歌手泰爾瑪・卡馬喬（Thelma Camacho）因為缺席太多次排練和表演而被開除後，這個位置就空了下來。令人意外的是，凱倫落選了，很可能是因為他們不是用錄音方式甄選，而凱倫的歌聲魅力要透過麥克風才更能呈現。後來這個位置是由卡馬喬的室友瑪麗・亞諾（Mary Arnold）補上，這位來自愛荷華州的歌手後來嫁給了「公路之王」羅傑・米勒（Roger “King of the Road” Miller）。

在艾德・蘇爾哲的協助下，凱倫和理查繼續努力把試聽帶送給好萊塢的各家唱片公司。哥倫比亞唱片（Columbia Records）旗下有蓋瑞・帕克特與聯合差距（Gary Puckett and the

Union Gap）唱紅了〈年輕女郎〉（Young Girl），還有鮑比・金特里（Bobbie Gentry）的〈比利喬的頌歌〉（Ode to Billie Joe），所以他們想找類似的聲音。無獨有偶，華納兄弟唱片（Warner Brothers Records），也問卡本特兄妹，他們能不能聽起來像哈潑時尚（Harper's Bizarre），但他們沒興趣模仿他人。理查有信心，他們的疊聲和凱倫的歌聲具有商業價值，遲早會受到認可。凱倫則是覺得向來注重藝術性的 A&M 唱片（A&M Records），會願意好好地聽他們的音樂，但就連門口的警衛都趕他們走。別擔心，艾德・蘇爾哲這麼安慰他們，他有個朋友認識一個小號手叫傑克・多赫帝（Jack Daugherty），他也許能把他們的試聽帶拿給 A&M 的創辦人赫伯・阿爾伯特（Herb Alpert），這聽起來很迂迴，但凱倫和理查同意了。

在此同時，洛杉磯知名的廣告短曲歌手約翰與湯姆・巴勒兄弟（John and Tom Bähler）來電，他們在《全美學院秀》上看到卡本特兄妹的演出，並邀請他們參加「The Going Thing」的廣告甄選，這是廣告行銷商智威湯遜（J. Walter Thompson）為福特汽車打造的廣告活動。巴勒兄弟在紐約甄試了約兩百組人，又在好萊塢的日落之聲錄音室（Sunset Sound）甄試了另外兩百組人，最後選中了凱倫和理查。兄妹倆到廣告公司簽下個人合約，並得知他們要協助一九七〇年的福特 Maverick 上市。雖然這不是他們一直想要的唱片合約，但簽約後兩人可以各拿到五萬美元，還可以任選一輛全新的福特汽車。

4

撒下月塵

A&M唱片和西岸其他唱片公司都不一樣。國會大廈（Capitol）、華納兄弟和其他公司都經過多次改組，愈來愈像龐大冷漠的大型集團。A&M則是「家族」廠牌，由小號手赫伯・阿爾伯特，和他在製作與推銷方面的伙伴傑利・摩斯（Jerry Moss），在一九六二年時寒酸成立的小廠牌。當時兩人各出了一百美元，成立了嘉年華唱片（Carnival Records），後來才知道這個名字已經有別的唱片公司用了，所以就改成兩人的姓氏縮寫。A&M唱片推出的第一支單曲，是阿爾伯特和堤華納銅管樂團（Tijuana Brass）一起錄製的〈孤獨的公牛〉（The Lonely Bull）。堤華納銅管樂團、巴哈・馬林巴樂團（Baja Marimba Band）和塞吉歐・曼德斯與巴西六六（Sergio Mendes and Brasil '66）的唱片，讓A&M能勉強支撐到一九六〇年代末期。A&M唱片簽下的藝人還包括里昂・羅素（Leon Russell）、喬・科爾克（Joe Cocker）和伯特・巴卡拉克。巴卡拉克寫的〈這傢伙愛上你了〉（This Guy's in Love with You），讓赫伯・阿爾伯特在一九六八年衝上排行榜第一名，這也是A&M的第一支暢銷金曲。

A&M唱片的場地就和這個廠牌本身一樣獨特。錄音室在一九六六年啟用時，只有三十二名核心職員，地點是好萊塢北拉布雷亞大道（North La Brea Avenue）一四一六號，再往北就是卓別林的電影工作室曾座落的日落大道。作詞人保羅・威廉斯（Paul Williams）在一九六七年來到這個年輕而有活力的公司，他說，「光是這個地點就很有歷史感，看起來就很迷人，充滿了好萊塢的氣息。我去的時候是開著偷來的車，那時我是失業演員，不小心進了作詞這一行。他們在找人幫羅傑・尼可斯（Roger Nichols）寫詞，結果我就此展開事業。這就是那種美好的意外，當一扇門關了，會有另一扇門開啟。」

羅傑・尼可斯記得A&M是一家對藝人很友善的公司，他也認為A&M早期的成功，大多要歸功於赫伯・阿爾伯特與堤華納銅管樂團錄製的唱片。「多虧了他們，A&M賺了一些錢，」他說，「他們沒錢可燒，但有把事情做好的錢。他們待人和善，是當時萬中選一的唱片公司，能待在那裡很幸運。公司上下充滿創意活力，而且你想做什麼都可以。A&M請我去錄製唱片的時候說，『隨你想做什麼唱片都行』，這很特別，現在已經沒有這種事了。他們對產品管得不多。」

尼可斯和A&M的其他人，都和傑克・多赫帝相熟，多赫帝是來自辛辛那堤州的樂手，當時在當尼的北美航空公司工作，負責簡報公司為阿波羅計畫所做的工作細節。多赫帝也兼職做製譜師，空閒時也會寫對位法練習和合唱歌曲。他在北美航空工作時，收到一份木匠兄妹的試聽帶。「我把試聽帶放在手邊有兩個月吧，」他在《高傳真》雜誌（High Fidelity）的專訪中回憶道，「每隔幾天我就會拿出來聽，這就是很好的證明了。」

多赫帝幾乎每週都會去A&M的出版辦公室，把寫好的簡要總譜拿給查克・凱伊（Chuck Kaye），凱伊是A&M的出版部門亞默／艾文音樂（Almo/Irving Music）的負責人。「你一定要聽聽看這個團體，」多赫帝對羅傑・尼可斯說，「他們是一對兄妹，團名叫木匠兄妹。」但最後真正把木匠兄妹的試聽帶交給赫伯・阿爾伯特的是多赫帝的朋友，也是堤華納銅管樂團的吉他手約翰・皮薩諾（John Pisano）。「我把帶子放來聽，一下子就被凱倫的歌聲給迷住了，」阿爾伯特在一九九四年說道。「我深深被打動，那和當時市場流行的東西完全不同，但這一點令我更加觸動。我覺得時機到了。」

經紀人艾德・蘇爾哲告訴理查，阿爾伯特聽了他們的試聽帶，很喜歡他們的音樂，希望把木匠兄妹納入A&M唱片旗下。這份制式的唱片合約載明他們可分得唱片總銷售額百分之七的版稅，預付額為一萬美元。凱倫和理查欣喜若狂，但這個時間點卻有些麻煩。幾天前他們才和智威湯遜簽了福特的「The Going Thing」廣告合約。雖然他們很感激能入選也深感榮幸，但還是要求解約，並答應退回各自拿到的五萬美元和那臺新車，畢竟和A&M唱片這樣的大廠牌簽唱片約，顯然更有長期發展的潛力。約翰與湯姆．巴勒兄弟明白他們的難處，就幫忙說服了智威湯遜讓凱倫和理查解約。

赫伯．阿爾伯特和傑利．摩斯深以自家的藝人為傲，「鼓勵他們盡情發揮創意，」多年後他們在 A&M 唱片完整的作品集《從銅到金》(From Brass to Gold) 中這麼寫道，「我們要找的是在音樂方面有強烈自我意識的藝人，再提供他們環境和助力，讓他們能表達出自身獨特的才華。」阿爾伯特在考慮是否簽下新人時，最重視的是對音樂的誠實和真誠，而不是能賣出多少唱片。「不管他們是爵士樂手、古典樂手、饒舌或流行樂，」他解釋道，「我認為真正的衡量標準是你在做的時候是不是發自內心。木匠兄妹做的音樂，完全是發自內心。理查以前是，現在也是，真正認真研究唱片這一行的人。他知道怎樣是好歌，知道要在哪裡錄製，他也瞭解樂手。凱倫有獨一無二的歌聲，他們兩個加起來恰到好處，很能打動人心。」

一九六九年四月二十二日星期二正午，傑利．摩斯正式將木匠兄妹簽入 A&M 唱片。「你們覺得我們能見到赫伯嗎？」艾德．蘇爾哲問道。阿爾伯特走了進來，向剛招進來的新人打招呼，並說「希望我們能做出暢銷金曲！」

A&M 唱片不會嚴密掌控藝人，就算對最年輕的新人也是如此。他們非常尊重旗下藝人，經常放手讓他們去探索和創造。雖然如此，阿爾伯特還是建議簽下傑克・多赫帝當木匠兄妹的製作人。如此一來，多赫帝就得離開他在北美航空年薪兩萬美元的工作，改為 A&M 唱片效力，他只希望木匠兄妹能成功，值得他換工作。在多赫帝的樂團裡擔任小號手的奧利・米契爾（Ollie Mitchell）說，「傑克很幸運能和理查一起工作，每次錄音大部分的製作工作都是理查在做。」

大多數人都同意，真正為木匠兄妹的專輯編曲製作的人是理查。多赫帝比較像 A&R 的角色，「羅傑・尼可斯和我都認為，傑克很『使用者友善』，」保羅・威廉斯回憶道，「他把大伙兒介紹給木匠兄妹，他很注重細節，不害羞但很保守，有時候給人一種『鄉紳』的感覺，他人不錯。」

木匠兄妹很快就獲得許可，能使用錄音室和所有設備。他們簽約後才一週就開始錄音了，當時八軌錄音設備是標準配備，這是理查第一次能隨心所欲地操作高級錄音室。在初次錄製時，理查選擇錄製一九六五年披頭四《救命！》（Help!）專輯中，藍儂和麥卡尼（Lennnon and McCartney）的〈遠行的車票〉抒情版本。一九六七年凱倫就錄過披頭四的〈無名之人〉（Nowhere Man）做為試唱帶。那次的錄製把原本快節奏的歌曲改編為傷感的鋼琴伴奏抒情曲，主唱的聲音也滿懷憂傷。〈遠行的車票〉也採用這種悲情風格，搭配接連不斷的鋼琴琶音和弦。

木匠兄妹並沒有向外尋找或寫新材料，而是選擇錄製既有的作品，其中大多數都是在光譜時期寫的。在和A&M唱片簽約之前，這張專輯就已經在理查的心中成形，甚至有幾首曲子是選自在喬・奧斯本的錄音室錄製的試聽帶。〈你的精采遊行〉換了新主唱，並加入弦樂，而〈我能做的〉則是先前錄製的試唱帶版本，阿爾伯特在試聽帶裡聽到的〈別害怕〉則完全重新錄製。他們請來奧斯本在專輯中彈奏他標誌性的貝斯滑音，而且此後木匠兄妹的專輯都少不了他。在奧斯本的指導下，凱倫也在兩首曲目中彈奏了貝斯，分別是〈我這一生〉和〈伊芙〉（Eve）（原版專輯的錄音混音中可以聽到凱倫彈奏的貝斯聲，但近期由理查重新混音的合輯，都換成奧斯本更老練的貝斯演奏聲了。）

在這張出道專輯中，後來成為木匠兄妹標誌性風格的幾項元素都已具備。例如，和約翰・貝帝斯合寫的〈有一天〉（Someday），是理查最細膩的旋律之一，也讓凱倫對哀傷歌曲的詮釋有了絕佳的發揮餘地。在出道專輯中，有一半的歌曲是由理查主唱，但每成功推出一張專輯，理查獨唱的部分就愈來愈少，直到完全消失。

一九六九年的夏天，木匠兄妹出道專輯的錄製結束，原定在八月發行，但因為還需要再混音而延期。A&M的專職攝影師吉姆・麥克利（Jim McCrary）為這張專輯拍攝封面照片，他載著凱倫和理查到高地大街（Highland Avenue），讓他們在路邊擺姿勢。最後的封面照片是兩兄妹面無表情地捧著一束向日葵，理查一直不滿意這張照片，但封面是赫伯・阿爾伯特選的，他們也不打算力爭到底。

一九六九年十月九日《奉獻》（Offering）終於發行。法蘭克·普勒記起專輯開賣的那一晚。「連鎖折扣店白色陣線（White Front Stores）是這裡最早開賣他們專輯的店家，」他說，「他們那天晚上有幾家分店，從午夜開始播放整張專輯，所以大家都熬夜了，我們一定要聽到整張專輯播放才行。」當尼的《東南新聞報》（The Southeast News）報導，當地的白色陣線「架上的專輯擺放不及……走訪本地其他店家後，可看出這張專輯在本地區十分暢銷。」

據音樂記者湯姆·諾蘭（Tom Nolan）說，「《奉獻》偏向當時許多搖滾樂評家在推的那種專輯：後民謠、軟迷幻、南加州迷你神劇（minioratorio）。」這張出道專輯引發不少關注，甚至登上《告示牌》雜誌的〈告示版選曲〉（Billboard Pick），文中寫道「原創的新鮮概念……如果有電臺節目推波助瀾，木匠兄妹應該能擁有暢銷金曲。」

出道單曲〈遠行的車票／你的精采遊行〉在十一月五日發行，比LP唱片晚了近一個月，成績算中等。翻唱之前的熱門歌曲並稍加改編，是許多藝人得以打入排行榜中段的作法，這一點也在凱倫和理查身上得到印證，而且對新人來說，就算只是登上排行榜尾段，也是一大成就了。這支單曲在排行榜上待了六個月，最高名次是一九七〇年四月的第五十四名。

《奉獻》的最終製作費用是五萬美元左右，木匠兄妹的第一張專輯其實是讓A&M賠錢了。這張專輯的製作費用不低，僅一萬八千張的初期銷售額，讓凱倫和理查有點擔心會被掃地出門。一九六九年對A&M是艱難的一年，也許是公司史上最困難的一年，但即使旁人不看好，阿爾伯特依舊相信木匠兄妹有潛力，也不打算叫他們離開，因為他覺得聽眾遲早會「趕上他們」，欣賞他們的獨特與執著。

阿爾伯特沒有讓木匠兄妹直接灌錄新專輯，而是建議他們先錄幾首歌，從中挑選發行單曲。「第一張專輯的成績和我預想的差不多，」他後來回憶道，「大眾需要一點時間才能接受新的藝，還有他們試圖傳達的頻率和訊息。市場反應不熱烈我並不意外，這只是時間的問題，等他們在對的時間找到對的歌，情況就會反轉。〈遠行的車票〉把大家熟悉的旋律以另一種形式呈現，也獲得不少回響，雖然不是他們大賣的唱片，但絕對引起了不少關注。」

木匠兄妹挑了幾首歌做為單曲候選：〈愛是臣服〉（Love Is Surrender），一首當代基督教歌曲，配上改寫的非宗教性歌詞；狄昂・華薇克（Dionne Warwick）錄過的〈我再也不戀愛了〉（I'll Never Fall in Love Again），但還未以單曲形式發行；以及披頭四的〈救命〉（Help!）。

凱倫和理查常說有三個B，對他們的流行音樂影響重大，那就是海灘男孩、披頭四和伯特・巴卡拉克。木匠兄妹第二支單曲的誕生有點曲折，開端是一九六九年十二月他們參演了電影《我愛紅娘》（Hello, Dolly!）在好萊塢首映後舉辦的慈善音樂會。木匠兄妹以伯特・巴卡拉克的〈我再也不戀愛了〉開場，但他們並不知道這位著名的作曲家也在場。凱倫和理查下臺後，巴卡拉克正等著恭喜他們，並邀請他們為瑞斯戴維斯診所（Reiss-Davis Clinic）的慈善演出開場，這場演出的時間是一九七〇年二月二十七日，地點在世紀廣場飯店（Century Plaza Hotel）。後來巴卡拉克又多次邀請兩人參與演出，甚至指名要理查挑選、編曲並表演以巴卡拉克－大衛的歌曲串成的組曲。

隨著木匠兄妹一頭栽進A&M的音場（soundstage）反復聽歌，這首組曲逐漸成形，這時赫伯・阿爾伯特拿來一張簡要總譜，是巴卡拉克－大衛較少人知道的歌曲，歌名是〈他們渴望靠近你〉（They Long to Be Close to You），最初是由「基爾代爾醫生」李察・張伯倫（Richard "Dr. Kildare" Chamberlain）在一九六三年錄製。隔年又由巴卡拉克編曲，收錄在《為狄昂・華薇克讓路》（Make Way for Dionne Warwick）專輯中。阿爾伯特前幾年就收到這首曲子，做為〈這傢伙愛上你了〉之後的單曲備選，但他不喜歡「撤下月塵」這樣的歌詞，所以就擱置一旁。理查認為阿爾伯特是很棒的A & R，但覺得這首歌不適合他要編的組曲。最後他選的歌曲是〈如果有一天〉（Any Day Now）、〈寶貝是你〉（Baby It's You）、〈知道何時離開〉（Knowing When to Leave）、〈別為難自己〉（Make It Easy On Yourself）、〈總有什麼提醒我〉（There's Always Something There to Remind Me）、〈我再也不戀愛了〉、〈輕輕走過〉（Walk

On By）以及〈你知道要怎麼去聖荷西嗎〉（Do You Know the Way to San Jose）。

〈他們渴望靠近你〉的簡要總譜在理查的 Wurlitzer 電子琴上放了好幾週。雖然這首歌不適合編入組曲，但理查覺得做為單曲應該會很不錯，在阿爾伯特的催促下，理查也著手為這首歌編曲。阿爾伯特手上有一張華薇克唱這首歌的唱片，但他不讓理查聽。除了連接段結尾的兩個鋼琴五連音之外，他不想讓更多片段影響理查的概念。

最後〈他們渴望靠近你〉錄了三個編曲截然不同的版本。第一個版本中凱倫的唱法類似哈利・尼爾森（Harry Nilsson），聽起來過於刻意，而且太過強調「你」字。在第二次錄製時，阿爾伯特建議請來鋼琴手賴瑞・克奈赫特爾和鼓手哈爾・布萊恩。「我是赫伯在堤華納銅管樂團時期的鼓手，」布萊恩解釋道，「他對我很有信心。」阿爾伯特覺得凱倫的鼓聲缺少能衝進排行榜前四十名的力道，他知道布萊恩能讓錄音聽起來更有力度，但艾格妮絲・卡本特不這麼認為。未滿二十歲的凱倫和快要二十四歲的理查還住在家裡，艾格妮絲也始終密切注意兄妹倆的活動，於公於私都是如此。她聽說凱倫被布萊恩取代時，立刻讓布萊恩知道她的不滿。「我在電視上看過很多鼓手，」艾格妮絲這麼告訴他，「凱倫絕對不輸他們。」

「凱倫是很出色的鼓手，」他解釋，「問題是她不像我們有那麼多錄音室的經驗。」

這樣的說詞還是不足以讓艾格妮絲息怒。出於防衛心，她立刻大加稱讚自己的女兒，但布萊恩並不在意兩兄妹父母的態度。他知道凱倫很歡迎他加入錄音室，這對他來說才是最重要的。「她很尊重我，」布萊恩說，「我們在專業上一見鍾情，因為她完全了解我做了什麼，她也很喜歡我在他們錄音時的演奏。」

布萊恩在這次和之後許多的木匠兄妹唱片中都繼續擔任鼓手，但克奈赫特爾的鋼琴演奏，對這首歌的情境來說力道過強。理查重拾鍵盤，嘗試第三個也是最後一個版本的編曲。「等等，理查，」布萊恩在第一次和木匠兄妹配合時打斷他們，「你這節奏是怎麼回事？」理查愣住了，因為他早已習慣在錄音室裡發號施令。

「你說什麼？」他問。

「這個是開頭的節奏，還是中段，還是結尾？你在前奏之後就亂跑了。」

試了幾次都是同樣結果後，傑克・多赫帝插進來問道，「那該怎麼辦？」

布萊恩建議用節拍音軌，基本上就是在樂手的耳機裡發節拍器的聲音提示時間。木匠兄妹和許多樂手一樣，覺得節拍音軌太刻意，會讓音樂變得過於機械化。布萊恩解釋說，這只是參考用的節奏，不是在歌曲中的每時每刻都要照著做，最後他們終於勉強接受。「在那之後，」布萊恩說，「他們每次錄音都要用節拍音軌。」

赫伯・阿爾伯特對第三個版本的〈他們渴望靠近你〉很滿意，隨著唱片逐漸成形，對新作品的興奮也傳遍 A&M 公司上下。A&M 的職員無視錄音規範，打斷錄音時間，推開錄音室C的大門問道，「這是什麼？」當工程師雷・格哈特（Ray Gerhardt）把監聽音箱放到他所謂的「興奮級」音量時，所有人都發出讚嘆。「幸好那首歌不適合收進組曲裡，」凱倫回憶起這首歌時說，「歌一錄好我們就知道穩了，真的很誇張。」

雖然成果令人滿意，但他們也同時考慮，要不要把理查主唱的〈依然愛你〉（I Kept on Loving You）放在A面。凱倫和理查把兩首歌都放給法蘭克・普勒的合唱團團員聽，在大學同學之中做了一次非正式的民調。「他們兩首都放，看大家比較喜歡哪一首，」普勒說。〈依然愛你〉比較適合電臺播放，風格也比較像當時的流行歌，而〈靠近你〉的風格跟排行榜前四十名都不一樣。普勒解釋道，所以「合唱團團員覺得〈依然愛你〉比較好。」

〈依然愛你〉也是尼可斯－威廉斯合寫的曲子，當時這個寫歌二人組的作品經常放在B面，所以他們很希望這首歌能成為木匠兄妹的第二支單曲，也就是放在A面。「要是我們到死都沒名氣，沒有一支歌能紅，那簡直是笑話。」威廉斯說，「我一心只想讓〈依然愛你〉被選為單曲，直到我聽到〈靠近你〉才死心。我們的歌被放在B面，結果卻搭上了有史以來最成功的順風車。兩首歌都錄得很好，但事實證明〈靠近你〉真的不同凡響。」

一九七〇年初，廣告人哈爾・里尼（Hal Riney）邀請海灘男孩的作詞人托尼・艾舍（Tony

Asher），為加州克羅克銀行（Crocker Bank of California）寫一首廣告歌。後來艾舍因為滑雪意外摔斷手臂，就推薦羅傑・尼可斯和保羅・威廉斯接手。「那次很特別，」威廉斯回憶道，「當時幾乎所有的廣告裡都有推介，他們也有自己的文案，像『來我們的銀行』之類的。但那次他們只打算放一部短片，是一對新婚夫妻開著車駛向夕陽，他們要我和羅傑寫一首一分鐘的歌搭配短片。」預算只有三百美元，而且兩週內就要寫好並錄製完成，里尼好歹還提供了一點靈感——他為這則軟銷售廣告設計的標語：「前方還有很長的路要走，克羅克銀行樂於成為您的助力。」

尼可斯和威廉斯當時還有別的案子在忙，就把這件事擱在一旁，直到截止日前一天。「那天早上我一到就開始譜曲，」尼可斯說，「保羅比我晚來一點，可是不到十分鐘他就寫出第一段歌詞了。」威廉斯抓了一個信封，在背面寫上：

We've only just begun to live
White lace and promises
A kiss for luck and we're on our way
我們才剛開始生活
白色蕾絲與誓言

不到半小時，他們就寫完了一支兩分鐘的廣告歌。在原版廣告播送之後，克羅克銀行的高層想把這首歌錄成唱片送給員工，就請他們把原曲寫成完整的一首歌。「我們是後來才想到要把它寫成完整的歌，」威廉斯說，「我們把所有的文案連起來，再加上連接段就完成了。你可以看出來第三段歌詞的韻腳有點瑕疵，有些地方沒押好韻，『grow』和『begun』沒押韻，因為那是第二支廣告的第一段。」

理查・卡本特在晚上的錄音工作結束後，才看到克羅克銀行的電視廣告。他聽出主唱的聲音是威廉斯的，就猜這應該是尼可斯 - 威廉斯的曲子。「我們立刻就接到兩通電話，」威廉斯說，「第一通是馬克・林賽（Mark Lindsay）打來的，第二通就是理查。」

理查立刻前往 A&M 的出版部，取得這首歌的試聽帶，拿到巡演經理人的辦公室播放。聽到連接段和第三段時，他興奮極了。接著排練時他就拿著這首歌的簡要總譜，和工作團隊一起編曲。「原本是在講借錢的，但老天爺，那點子真不錯，」凱倫在一九七〇年的訪談中說起，「我要讚美克羅克銀行能這麼貼近現實情況。」

木匠兄妹完全被〈我們才剛開始〉（We've Only Just Begun）折服，甚至考慮延後發行〈靠近你〉。〈我們才剛開始〉給人一種肯定會大賣的感覺，而〈靠近你〉就比較難說了。但〈我們才剛開始〉還在萌芽階段，根本還沒開始錄音，所以〈(他們渴望)靠近你〉還是依原定計畫在一九七〇年五月做為單曲發行。理查覺得原本的歌名太長，所以選了這個加括號的版本。

「你覺得成績會怎麼樣？」兩人坐在A&M錄音室外的階梯上時，阿爾伯特這麼問理查。

「照我的看法，」理查說，「不是第一名就是石沉大海，不會是中間。」

5

成功之路

〈（他們渴望）靠近你〉一進入〈百大熱門榜〉（Hot 100）就衝上第五十六名，是一九七〇年六月二十日為止，當週新進榜歌曲的最高名次。隨著歌曲排名不斷上升，從第三十七名、第十四名、第七名，再到第三名，木匠兄妹也開始著手籌組固定班底的「真人」樂團，以方便之後到各地現場演出。威斯・雅各不久前才獲選為底特律交響樂團（Detroit Symphony Orchestra）的低音號首席，他權衡了這兩個大好機會的得失。他可以和木匠兄妹一起演奏流行音樂，或是繼續追求自己的夢想，在知名樂團吹奏低音號。「（理查）打電話給我，基本上就是說能賺很多錢……」雅各回憶道，「但我後來想到，跟著木匠兄妹巡迴演出，我可能一年兩百場都是一樣的演出，但在交響樂團的話，是一年兩百場不一樣的音樂會。所以我選了交響樂團。」

凱倫和理查也找上以前光譜的團員，希望能召集原班人馬為他們和聲。「我們沒辦法唱六聲部，」他們解釋，「你們願意回來嗎？」

「不了，謝謝。」萊絲莉・強森說，她那時仍然是另一個團體的主唱。「我知道跟著木匠兄妹，我永遠只會是背景，」她解釋。「就算他們再出名，我也不會有名氣！」

光譜的前貝斯手丹・伍德漢斯倒是接受了邀請，成為巡迴樂團的一員，蓋瑞・西姆斯在服完陸軍預備役後也回歸了。興緻勃勃的大學同學道格・斯特羅恩，也答應來吹奏多種簧樂器，他也能唱歌，而且因為在不同的理髮師四重奏（barbershop quartet）團體待了幾年，細膩的和弦讓他養成出色的耳力，他待過的團體之一是戴普丹斯（Dapper Dans），也在一九六八年登上過《全美學院秀》。團員中最內向而年長的成員鮑伯・曼森傑（Bob Messenger），精通貝斯吉他、薩克斯風和長笛。每一位團員都多才多藝，也都一心想讓凱倫和理查滿意。後來他們發現這並不容易，但依舊全力以赴。

約翰・貝帝斯原本在舊金山管理一間叫做巴比倫（Babylon）的俱樂部，一名常客拿《錢櫃》雜誌給他看，上面寫著〈靠近你〉是第三名，而且氣勢如虹。他立刻回到洛杉磯，但不是想和他們一起唱歌，而是以七十五美元的週薪，和亞默出版簽約成為作詞人。之後幾年，他一週六天一年五十二週待在 A&M 公司。他把那比做巔峰時期的米高梅（Metro-Goldwyn-Mayer），只是小了一點。

新樂團花費數月在A&M的音場每日排練，微調每一處細節，力求讓麥克風和樂器的聲音達到最佳比例。在歌手方面，純淨、高而統一的母音和咬字，則是達成理想效果的重中之重。每一個和弦都被單獨挑出來微調，每一個小節都以阿卡貝拉排練，每一位歌手都試唱不同聲部，直到完全和諧。早期的演出多半只有一晚，出租汽車加一輛萊德（Ryder）卡車就是他們標準的交通工具，每次演出凱倫、理查和團裡的男生，都要一起卸貨、架設、表演、拆卸和裝車。卡本特家請友人伊芙琳・華勒斯幫忙做帳，記錄演出的收入和支出，於是伊芙琳開始在卡本特家工作，負責製作表單和付帳，再把盈餘分給凱倫、理查和整個樂團。

木匠兄妹繼續擔任伯特・巴卡拉克一系列演出的開場嘉賓，包括在紐約市的威斯特柏立音樂節（Westbury Music Fair）的演出，以及在洛杉磯希臘劇院（Greek Theater）的整週演出。「這個五人團體最擅長的是以耳語般的歌聲，唱出他們的暢銷金曲和披頭四的〈遠行的車票〉，」《洛杉磯時報》的樂評人羅伯特・希爾本（Robert Hilburn）寫道，「像〈買不到愛〉（Can't Buy Me Love）之類的快歌，他們的表現就沒那麼出色了，觀眾的反應平平。」

〈靠近你〉的成績就絕對不只是「平平」了，這首歌在排行榜上一路往上衝，而且廣獲肯定。電視節目的邀約蜂湧而來，大衛・佛斯特（David Frost）、艾德・蘇利文（Ed Sullivan）和強尼・卡森（Johnny Carson）都請木匠兄妹擔任嘉賓。大學同學丹・費伯格在一九七〇年的夏天，在《唐諾茲秀》（The Don Knotts Show）的首錄看到凱倫和理查時，才明白這兩人的名氣多大。「那時候我才知道他們有多紅，」他說，「就算之前不知道，那時候我肯定也明白了。」錄製結束後，費伯格走到後臺，凱倫在走廊上喊他，兩個人擁抱了一下，「我們剛發現上第一名了！」她驚嘆道。

不到兩個月，單曲〈靠近你〉就衝上〈百大熱門榜〉的第一名，在那裡停留了四週，唱片也迅速賣出兩百萬張。「一切似乎都朝我們夢想的方向前進，」凱倫在一九七〇年的訪談中說道。「唱片狂賣，我們都樂壞了，不過是在沒人看到的地方就是了。我很開心……我覺得目前為止最棒的事，就是做出一張全國第一的唱片，而且賣出超過兩百萬張，成為 A&M 唱片最成功的單曲。這是全世界最棒的感覺了……我真的不知道我們五年後會是什麼樣子，希望還是這樣。」

接下來最重要的任務，就是選出最適合在〈靠近你〉之後推出的單曲。或許〈靠近你〉會是他們唯一一支熱門歌曲，這樣的念頭也曾閃過凱倫和理查的心上，但他們對已錄製完成、可以準備發行的〈我們才剛開始〉深具信心。一天下午，傑克・多赫帝在 A&M 欣喜若狂地對羅傑・尼可斯說，「羅傑，你一定要聽聽這首歌，」他說，「我想一定會大賣。」

尼可斯記得被他的熱情嚇了一跳。不就是銀行廣告歌嗎？他和威廉斯從沒想過這歌能有多紅。「我第一次聽到時差點昏倒，」他說。「我到現在還是認為，那是最棒的唱片之一，我說的不只是歌，而是唱片本身。那張唱片很特別，我聽到的時候超失態，真的太厲害了。」〈我們才剛開始〉完全展現木匠兄妹的聲音特質和藝術才能。年僅二十歲的凱倫，展現的技巧有如天生歌手，樂句的處理也十分老練。她一口氣不斷地唱出「我們才剛開始生活」，大多數唱過這首歌的歌手都不知道要這樣唱，再不然就是懶得這麼唱。她的唱腔充滿感情，詮釋方式也令人信服。「凱倫的歌聲最特別的地方在於奇異地揉合了天真與性感，」威廉斯解釋道。「她唱那首歌的聲音就像個新娘，既天真又性感。」

一九七〇年八月，單曲〈我們才剛開始〉和《靠近你》專輯同時推出，不到八週就登上《百大熱門榜》的第二名。這首歌在第二名停留了四週，始終無法把傑克森五兄弟（Jackson Five）的〈伴你左右〉（I'll Be There），或鷓鴣家庭（Partridge Family）的〈我想我愛你〉（I Think I Love You）擠下第一名的寶座。不過從大方面來看，不管是第一名或第二名都差距不大。〈我們才剛開始〉確立了木匠兄妹不是「一曲歌手」，而且成為一九七〇年代整個世代新婚夫妻的結婚歌曲。

馬克・林賽錄製的〈我們才剛開始〉其實早於木匠兄妹，但也只是專輯裡的一首歌。「馬克的版本也很好，」保羅・威廉斯說，「可是大家一聽到凱倫唱，就覺得那首歌是屬於她的，那是她的歌。」

《靠近你》專輯的聲勢漸起，木匠兄妹的知名度愈來愈高，專輯中還收錄了三年前以迪士尼的那位主管為原型所寫的〈古爾德先生〉，這首歌終於也傳到了這位古爾德先生的耳裡。維克・古爾德剛從內華達山脈（High Sierra）健行度假回來，正要處理堆積如山的信件。他拿起一份業內報紙，看到關於《靠近你》的評論，裡面提到〈古爾德先生〉。他立刻打電話給祕書，「你們了解這件事嗎？」

「還不清楚，我們在等您看過。」她說。

「我要聽聽這張唱片！」

拿到 LP 唱片後，古爾德關上辦公室的門，把唱針放到黑膠唱片上。

Mr. Guder, say, Mr. Guder
Someday soon you may realize
You've blown your life just playing a game
Where no one wins but everyone stays the same
古爾德先生，我說，古爾德先生
總有一天你會知道

這種遊戲只是浪費你的人生
沒人能贏，每個人都還是老樣子

「一開始我們很震驚，」古爾德說，「但這一行就是這樣，不管是為迪士尼或公眾公司工作……就是有可能遇到這種事。不過我們完全沒有把這當成值得擔心的負面事件。那是個反體制的年代，這算是他們的小把戲。歌詞裡也反映出迪士尼的形象：『西裝領帶』、『擦亮皮鞋』。這些都是迪士尼堅持的，歌詞寫得很巧妙。」

理查後來承認〈古爾德先生〉是在氣憤之下寫出來的。「現在回頭看，實在是有點莽撞了……」他解釋。「那時候我們有點叛逆，最後被開除就寫了這首歌。但過了這麼多年再回頭看，這樣做真的不太好，畢竟那只是他的職責所在。」

「古爾德先生，兩位。」維克・古爾德和妻子在紐波特比奇（Newport Beach）的餐廳等候入座時，服務生這麼叫道。彷彿是接到信號般，現場的樂隊開始演奏這首曲子。「我們就坐在那裡欣賞，」古爾德回憶道，「然後好好地享用晚餐。」

赫伯・阿爾伯特知道木匠兄妹對音樂產業還很生疏，也費盡心思請來最信任的朋友和熟人為他們保駕護航，其中有許多都是從他成功初期就認識且敬重的人。他對旗下所有藝人都很關心，但似乎特別保護凱倫和理查。阿爾伯特把 A&M 唱片視為家族廠牌，電臺主持人迪克・比昂迪（Dick Biondi）也這麼認為，在一九七〇年訪談凱倫和理查時，比昂迪曾說 A&M 唱片是「白色摩城（White Motown）」。「任何可能的方向，我們都要等赫伯點頭我們才會去做，」數年後凱倫解釋道，「我只能說，有赫伯・阿爾伯特真好，因為他在每一方面都保護著我們。願意這麼做的人其實不多。」

一九六九年木匠兄妹進入公司後不久，阿爾伯特就寄了一張他們的《奉獻》專輯給他的經理人，BNB 經理公司（BNB Management）的蕭文・巴許（Sherwin Bash），建議他聽聽看，考慮一下代理這個團體。「不管是和聲、架構、想法和歌曲都非常優秀，」巴許回憶道，「但有一點我覺得非常非常特別，就是我從來沒聽過這樣的女聲，之後也沒再聽見過。現在這個世界上有很多人都很棒……但很棒在我們這一行已經不夠了。這個聲音非常獨特，辨識度非常高。第一次聽到這個聲音，我就知道就算是廣播也無法掩蓋它，或被誤認成別人。不管過了再久，電臺一播放這聲音，就是能被認出來。」

凱倫和理查和蕭文見了面，雙方同意由 BNB 代表他們的專業事業。艾德・萊夫勒前往卡本特家擬定合約，公司指派他照顧木匠兄妹。這讓凱倫格外高興，因為她對這位英俊的男士有點著迷。萊夫勒同樣心動，不過是對凱倫的才華。「我很久很久沒見過他那麼興奮了，」艾德・萊夫勒當時的妻子佛蘭達・富蘭克林說。「艾德回家後說，『我的老天，你一定要聽聽這個，你絕對不敢相信！』」

一天傍晚，萊夫勒夫婦開車到聖摩尼加的一間小俱樂部，看木匠兄妹表演，佛蘭達對凱倫的歌聲同樣著迷。「他們登上一個小舞臺，」她回憶道。「突然間，傳來這個聲音，我當場呆住。很神奇，她的歌聲就是能讓人入迷。」

但和凱倫見過面後，佛蘭達對她的個性就沒那麼好的印象了。「我不太喜歡她，」她說。「我覺得她像個被寵壞的屁孩，她對我也不太友善。但這一點我很習慣了，演藝圈大多是這個樣子。凱倫是團裡唯一的女生，我還記得當時心想：『老天，她還真粗魯！』她簡直是個男人婆，其實說『男人婆』還是客氣的了。她總是掛著這種偽裝，讓人無法看透她的內心。」

到了一九七〇年秋天，木匠兄妹已經成為唱片界最炙手可熱的團體，擁有兩支暢銷單曲，以及一張排名仍不斷上升的暢銷專輯。A&M 唱片乘勢將木匠兄妹的出道專輯《奉獻》換了封面，改名為《遠行的車票》重新發行。改版後的唱片銷售一飛沖天，迅速突破二十五萬張。

從一九六九年十二月到一九七〇年十二月之間，木匠兄妹的出場費從三位數大漲到五位數。這時他們也拿到了A&M唱片發的第一張版稅分成支票，面額是五萬美元。「我從來沒見過這麼巨額的支票，」凱倫說，「吃晚餐時全家都一直盯著那張支票看。這時候你也開始注意到一些變化。內裡還是一樣，你還是一樣的人，但以我們小時候的家庭經濟情況來看，這筆錢真的超級多。」

雖然木匠兄妹已經擁有三張金唱片——單曲〈靠近你〉、《靠近你》專輯和單曲〈我們才剛開始〉，但他們依舊住在當尼市費德勒街以二萬七千美元買下的房子裡。為了尋找新房，艾格妮絲、伊芙琳・華勒斯和房地產仲介貝佛莉・諾加斯基（Beverly Nogawski）花了好幾天，開車在當尼市東北邊的住宅區繞來繞去。凱倫和理查唯一的要求是新房子一定要大，而且要有游泳池。看房的三位女士特別喜歡聖蓋博河（San Gabriel River）附近一條囊底路上的新成屋，雖然前院沒有放置「出售」告牌，也沒有任何跡象顯示這間占地廣闊的錯層式度假屋要出售，諾加斯基還是上前敲門，厚著臉皮問屋主是否願意賣屋。「我的客戶有興趣，」她這麼說道。這間房子的屋主恰好也是建商，他當時正在和妻子談離婚。討論了許久後，屋主同意出售。

一九七〇年的感恩節，哈羅德、艾格妮絲、理查和凱倫搬離了當尼市南區的房子，住進紐維爾街（Newville Avenue）九八二八號，價值三十萬美元的新房地產投資。和之前的住處相比，這個有五間臥房的新房算是很大了，但和木匠兄妹將來的名氣比起來，這樣的房子仍然相當低調。《富比士》（Forbes）雜誌報導了他們的這筆投資，並稱之為木匠兄妹的「郊區夢想房」。一九七一年 A&M 唱片發布新聞稿，詳細介紹「卡本特寓」的細節。

在室內設計師的協助下，他們親自規畫整間房子的裝潢，希望營造出舒適放鬆的環境，更要能契合他們喜愛的休閒活動。客廳是靜謐優雅的堡壘，主色調是白、藍、綠等冷色調，以天鵝絨、水晶和玻璃營造出奢華感。餐廳是享用加州風餐點的絕佳地點：最引人注目的是玻璃桌面搭配優雅木雕桌腳的餐桌。呈現西班牙風情的休閒室，以黑、紅及豹紋織品傳達出熱情風格，房裡還擺著一張撞球桌，凱倫和理查經常在這裡俯身推桿。為了讓木匠兄妹能從事另一項他們喜愛的運動，家中還附設了大型泳池，他們還打算建造魚池。對凱倫這樣的廚房高手來說，新家的廚房就像是美夢成真：各種便利的廚房用品都有，從垃圾壓實機到「會射出冰塊的冰箱」。

凱倫選了樓上四間臥房中的一間，但覺得原本俗豔的壁紙很恐怖，就以黃色和黑色調重新裝潢。鋪著黑絨床罩的特大雙人床上，擺著多到滿出來的玩偶。「他們都有名字，」一年後她這麼告訴《青春》（Teen）雜誌，「那是咕嚕豬，那是馬許菲爾德。」她指著一隻格紋豬和一隻超大粉紅狗說。

理查想要樓下的大主臥室，但艾格妮絲反對。「不行，這是你買給我們的，」她說，「你說會買一棟房子給我們，所以這是我們的，主臥要給我們。」他只好選了凱倫房間對面的兩間房，打掉牆壁連成一個大空間。

許多木匠兄妹在音樂界的熟人都覺得很奇怪，這兩個剛剛嶄露頭角的超級巨星為什麼還住在家裡，他們大可自己搬到更靠近好萊塢的地方，享受辛苦得來的成果。「在這裡我們可以過正常生活，」凱倫在一九七二年解釋道。「隨便晃，想做什麼都行。這裡的人都認識我們，不會輕易來打擾。有時候會有車子慢慢經過，也有些人會探頭探腦，但這樣還好。這裡有我們學生時代的朋友——理查的大學同學，和我的高中同學。」

凱倫和理查還義正詞嚴地說，他們大多時間都在外巡迴演出，屋子空著也是浪費。事實上是待在家事情會比較簡單，沒人想動搖局面。因為一路走來少不了父母的大力支持，他們倆都覺得虧欠父母很多。幾年前艾格妮絲被北美航空遣散，哈羅德還在做他的印刷工作，直到確定孩子的成功能夠持續下去，他才退休。凱倫用針繡了「是你們送我們踏上成功之路」幾個字送給父母，圖樣則是一條通往翡翠綠美元符號的黃磚路。

為了讓新居保持整潔，大家好不容易說動艾格妮絲請一個女管家。貝佛莉・諾加斯基推薦她的員工芙洛琳・艾利（Florine Elie），艾利就住在附近的康普頓（Compton）。芙洛琳的細心和勤快，就連艾格妮絲都點頭認可，接下來二十五年，她每週為這家人工作五天。即使如此，她還是坦承不是很欣賞木匠兄妹的音樂：「我是五旬節教派的教徒，我只聽福音音樂。」

經理人蕭文・巴許和艾德・萊夫勒很快就發現木匠兄妹的會計紀錄有許多不當之處。他們發現艾格妮絲・卡本特一手掌控孩子的財務，基本上只發零用錢給凱倫和理查。據巴許說，「雖然他們已經賺進數十萬美元，卻還是被他們的父母——尤其是他們的母親——當成還住在家裡的小孩一樣，只能領零用錢。零用錢的部分我不在意，但沒有足夠專業的人來處理金錢、稅務和合約，這就很令人擔心了。我知道這一塊會成為他們兩個的大問題。」

在翻看過蕭文所說「裝滿銀行存簿的書房」後，他們發現艾格妮絲在當尼市各處和附近地區的銀行開了無數帳戶。她很小心不讓存款金額超過政府存款保險的上限，一旦某個帳戶的金額到達保險上限，她就會到另一間銀行再開一個帳戶。伊芙琳・華勒斯手上有多達五本不同的支票簿，同時還要設法留下足夠的錢繳稅，但又不知道該留多少，她只好把多出來的錢先放著，希望到時候能足夠繳稅。這份工作很快就超出她的負荷，所以她要求木匠兄妹另請一位專業會計師，但艾格妮絲極力反對，因為她聽過太多經理人和會計師捲款潛逃的傳聞，覺得孩子的錢還是由她來管最安全。

蕭文和艾德最後找來凱倫、理查和他們的父母一起開會，解釋他們的財務確實急需更專業且謹慎的處理。「等你們開始賺進數百萬美元，絕對需要專業協助。」他們這麼說。

於是艾瑞與曼拉法律事務所（Law Offices of Irell and Manella）的律師兼財務顧問維爾納・沃芬（Werner Wolfen）登場了。沃芬為赫伯・阿爾伯特管理投資多年，深受推薦。「他讓大家知道他是老大，」伊芙琳回憶道，「他說保證會讓凱倫和理查變有錢人，我們只要照著他的話去做就行了。」第一次和沃芬開會時，艾格妮絲離席了。她拒絕和沃芬說話，只透過手寫的紙條溝通。「花了一些工夫，」巴許回憶道。「艾格妮絲把這看成是對她的攻擊，不明白這是為了所有人好。幸好最後她還是讓位給專業律師和會計師了。」

格爾凡德、雷納特與費爾德曼（Gelfand, Rennert, and Feldman）會計事務所接下了整理這團財務爛帳的艱巨任務。幸好伊芙琳雖然對記帳完全外行，但至少全都好好地記錄了下來。雖然不再需要負責會計工作，但伊芙琳還是繼續擔任卡本特家的祕書，協助哈羅德・卡本特篩選回覆如雪片般飛來的歌迷信件。到了一九七一年底，木匠兄妹歌迷俱樂部已經有超過一萬名成員。

維爾納・沃芬開始提出其他理財建議，協助木匠兄妹管理剛賺進的大筆財富，並投資房地產。凱倫和理查的合資公司紐維爾房地產公司（Newville Realty Company）成立，在貝佛莉・諾加斯基的協助下，準備買下當尼市東五街（East Fifth Street）八三五三號和八三五六號的兩間公寓，那裡是以前的當尼醫院。屋主兼建商泰斯・麥艾利斯特（Tex McAlister）的母親，幾年前在舊當尼醫院過世，所以他把這兩間公寓依母親的名字取為吉妮瓦，以紀念母親。「卡本特家問我介不介意他們把名字改成『靠近你』和『才剛開始』，」我說，「當然不介意，那是你們的房子了，你們想怎麼處置都行。」泰斯和妻子在這次交易後和卡本特家成為好友，不久後就在紐維爾街的卡本特家對面蓋了自己的房子。

一九七〇年十一月，木匠兄妹開始尋找下一支單曲。剛好他們到多倫多準備為英格伯・漢普汀克（Engelbert Humperdinck）三週的表演開場，蕭文・巴許建議他們出門走一走，享受最後一個悠閒的夜晚。「暫時別去想這些事，」他說，「去看個電影吧，我之前看了一部叫《情人與陌生人》（Lovers and Other Strangers）。」

看電影時，其中一段配樂旋律引起理查的注意，是為電影中婚禮場景所寫的〈我們都知道〉（For All We Know）。理查立刻打電話回 A&M，說他一回洛杉磯就要看到這首歌的簡要總譜。雖然詞曲作者寫的是佛萊德・卡林（Fred Karlin）、羅伯・威爾森（Robb Wilson）和亞瑟・詹姆斯（Arthur James），但威爾森和詹姆斯其實是筆名，他們的真實身分是流行樂團麵包合唱團（Bread）的羅伯・羅耶（Robb Royer）和詹姆斯・格里芬（James Griffen）。

木匠兄妹其實還收到電影《愛的故事》（Love Story）裡的〈（從何說起）愛的故事〉（(Where Do I Begin) Love Story），但對於連錄兩首電影主題曲有點遲疑，所以就放棄〈愛的故事〉，只發行了〈我們都知道〉，〈我們都知道〉後來贏得奧斯卡金像獎最佳原創歌曲獎。雖然〈我們都知道〉的高知名度，多半來自木匠兄妹演唱的進榜單曲版本，但依照金像獎的規則，木匠兄妹不能到現場演出，因為他們從來沒有參演過任何電影，最後這首歌是請佩圖拉・克拉克（Petula Clark）演唱。

一九七一年三月，又來了另一部電影主題曲的邀唱。那天他們在 A&M 的錄音室裡錄音，工程師雷・格哈特按下通話鈕說，「理查，史丹利・克萊瑪（Stanley Kramer）打電話找你。」

「是喔！」理查對凱倫做了個嘲諷的表情，就出了錄音室接起電話，結果發現真的是這位傳奇導演〔《紐倫堡大審》（Judgment at Nuremburg）和《誰來晚餐》（Guess Who's Coming to Dinner）〕來電。他想請木匠兄妹為即將上映的《保佑野獸和孩子們》（Bless the Beasts and Children）錄製電影原聲帶裡的主題曲。克萊瑪同意在拉斯維加斯和凱倫及理查見面，他們要在那裡為喜劇演員唐・亞當斯（Don Adams）在沙城（Sands）的演出開場，這也是他們最後一次擔任開場嘉賓。理查其實很擔心要和史丹利・克萊瑪見面這件事，因為他的歌不太可能適合木匠兄妹的風格。沒想到貝瑞・德・沃森（Barry De Vorzon）和小斐瑞・波特金（Perry Botkin Jr.）寫的歌，讓他和凱倫頗為滿意，就接受了邀請，並在幾天內錄製完〈保佑野獸和孩子們〉，以趕上克萊瑪的期限。

木匠兄妹拿到的第一座音樂大獎，是一九七一年三月十六日，第十三屆的葛萊美獎。這也是首屆透過電視轉播的葛萊美獎盛會，地點在好萊塢帕拉丁音樂廳（Hollywood Palladium）。凱倫和理查贏得最佳新人獎，更激動地抱回第二座獎項，最佳當代演出雙人／團體獎，當年入圍的還有傑克森五兄弟、賽門與葛芬柯（Simon and Garfunkel）、芝加哥（Chicago）和披頭四。

一九七一年初，為了尋找下一支熱門歌曲，理查坐在A&M唱片的出版部門亞默艾文音樂的辦公室裡，拿了一大疊試聽帶在聽。羅傑・尼可斯和保羅・威廉斯的又一支曲子，引起他的注意。雖然試聽帶裡的音樂伴奏稀稀落落，理查卻深受重點句的吸引。

Hangin' around

Nothin' to do but frown

Rainy days and Mondays always get me down

閒晃著

無事可做，只能皺眉

下雨天和星期一總讓我低落

再聽一次，理查就有十足的把握，這首歌非常適合凱倫，特別是那憂傷惆悵的旋律。開頭的第一句——「自言自語，感嘆年華老去」——靈感來自威廉斯的母親。「她常常會自言自語，」威廉斯說，「她是一個有點年紀的可愛太太，每天晚上都會抽根菸、喝點小酒。她會在房間裡走來走去，有時還低聲咒罵。我就問她：『媽，你怎麼啦？』她會說：『噢，你不懂啦，你還太小，我只是老了，我覺得老啦。』這歌詞的開端和木匠兄妹就是差得那麼遠，出自我遙遠的過去。」

威廉斯和羅傑・尼可斯，一起到錄音室去聽木匠兄妹錄製〈下雨天與星期一〉（Rainy Days and Mondays）的過程。他們聽著鮑伯・曼森傑吹奏薩克斯風獨奏的部分。「我頭皮發麻到臉都要掉下來了，」威廉斯說。「那是我的歌錄得最好的一支了。從前奏的口琴聲到最後一個音符，都讓我超級激動。你可以從凱倫的歌聲裡聽出那種哀傷寂寞。對我來說，聽到她唱這首歌，就好像搭了一座橋，從當代回到這種情緒的根源，回到比莉・哈樂黛（Billie Holiday）的時代。非常經典。」

雖然〈下雨天與星期一〉很棒，但尼可斯說凱倫比較喜歡已經錄好的另一支他和威廉斯的曲子。她比較想以〈讓我成為那個人〉（Let Me Be the One）當成木匠兄妹的下一支單曲。在聽到他們對〈下雨天與星期一〉的編曲後，尼可斯懇求了，「〈下雨天與星期一〉，拜託！」他希望木匠兄妹能按下〈讓我成為那個人〉，至少暫時地。

一九七一年夏天，保羅・威廉斯帶母親到歐洲旅遊。他記得母親當時不太喜歡德國的一片荒涼，所以在跨境進入法國時，看到家家戶戶窗上盛放的美麗美朵時格外驚喜，這時車上的廣播傳出了〈下雨天與星期一〉這首歌。「那是我們第一次在廣播上聽到這首歌，我母親聽到後哭了起來，」他說，「我聽到凱倫唱『自言自語，感嘆年華老去』，而給了我這句歌詞的人——養育我長大的那個人——正毫不知情地坐在我身後。我告訴她之後，她笑了，然後說，『噢，我才沒有自言自語，你亂講！』」

〈下雨天與星期一〉停在排行榜第二名，因為卡洛爾・金（Carole King）的雙 A 面單曲〈太遲了〉（It's Too Late）和〈我感到大地震動〉（I Feel the Earth Move）牢牢占據榜首。也許同時收錄〈下雨天與星期一〉和〈讓我成為那個人〉的雙A面單曲，能把木匠兄妹送上第一名，不過〈讓我成為那個人〉從未以單曲形式發行。據威廉斯說，〈讓我成為那個人〉雖然知名度高，但不是熱門歌曲。「很多人都翻唱過這首歌，但從來沒有發行成單曲。一九七六年ABC-TV用過一陣子。『讓我們成為你的後盾／讓我們成為你的後盾／當你需要一個後盾／讓我們成為那個人』。後來變成一首廣告歌了。」

抱著能寫出另一首歌讓木匠兄妹唱紅的希望，威廉斯自發地為凱倫和理查量身打造了一首歌。這首歌確實也進了排行榜前十名，但不是作為木匠兄妹的歌，而是出自三狗之夜樂團（Three Dog Night）。「我的〈老派情歌〉（Old Fashioned Love Song）是為木匠兄妹寫的，」他說。「那時我聽說我的另一首歌又上榜而且拿到金唱片，我就跟當時的女朋友說：『那兩個孩子又唱紅一首老派情歌了』。我坐到她的鋼琴前面，只用了二十分鐘左右，就寫出了〈老派情歌〉。很簡單的歌。我衝進公司錄了試唱帶，然後寄給理查，我想那時候他應該連聽都沒聽完吧。他們不像我想像的那麼喜歡這首歌，所以我就寄給三狗之夜了。」也許是事後又想起他們錯過了這首歌，一九七二年凱倫和理查在卡蘿爾・伯內特（Carol Burnett）的節目中，把〈老派情歌〉串入組曲中和伯內特一同演奏。

一天晚上，在結束了在A&M唱片的錄音工作後，凱倫和理查比平常早了一點回家。凱倫回寢室休息，理查則坐下來看強尼・卡森的《今夜秀》（The Tonight Show）。當晚的音樂嘉賓是新人貝蒂・米勒（Bette Midler），她唱了一首歌，歌詞是一個追星迷妹渴望能和她的搖滾明星再次幽會。原歌名叫〈追星族〉（Groupie），一開始是麗塔・古利奇（Rita Coolidge）給了作詞人里昂・羅素歌曲的主軸概念。古利奇隨同羅素和合寫這首歌的邦妮・布拉姆萊特（Bonnie Bramlett）〔德萊尼與邦尼（Delaney and Bonnie）〕，參加喬・科爾克的《瘋狗與英國人》（Mad Dogs and Englishmen）巡迴演唱，並演唱這首歌。等巡迴接近尾聲時，歌名已經改成簡單又響亮的〈超級巨星〉（Superstar）。

凱倫之前在《瘋狗與英國人》的現場專輯的宣傳版上聽過〈超級巨星〉，但米勒的演唱是理查第一次聽到這首歌，他立刻聽出這首歌的潛力。歌曲輕描淡寫，只以鋼琴伴奏，就像經典失戀歌的當代版本。他特別喜歡這首歌的重點句，也許比〈下雨天與星期一〉的還要朗朗上口。

Don't you remember you told me you loved me baby
You said you'd be coming back this way again baby

Baby, baby, baby, baby, oh, baby
I love you, I really do
你忘了說過愛我嗎，寶貝？
你說過會再回來的，寶貝
寶貝、寶貝、寶貝、寶貝、噢、寶貝
我愛你，真的愛你

米勒的〈超級巨星〉還沒唱完，理查就跑出客廳衝上樓。「我找到那首曲子了，」他對凱倫說。

「還可以，」凱倫聽了歌之後說。

「還可以？」

這是少數幾次凱倫公開反駁理查為她選的歌，但就算是這次，她最後還是同意錄製〈超級巨星〉，只不過有些不甘願。等到她聽到錄製完成的作品後，才明白理查早就在心中勾勒出的歌曲全貌。據法蘭克·普勒的說法，「理查是木匠兄妹背後的軍師，凱倫只是聽命行事。」

凱倫在〈超級巨星〉中的聲軌出自第一次錄製，也就是讓其他樂手熟悉這首歌的「第一錄」。不只如此，她在錄音時看的歌詞，還是理查抄在餐巾紙上的。木匠兄妹知道以原來的歌詞「我等不及想再和你同床共枕」，這首歌永遠不可能被前四十大的電臺接受，所以他們改用較適合電臺的「再和你共處」。歌曲的發行商很高興他們改了歌詞，還告訴理查，就是那句歌詞讓好多藝人都不肯錄這首歌。

凱倫歌聲中的情緒張力讓許多人以為她是個「老靈魂」，或是過於早熟。在一九七二年的一次訪談中，她解釋是怎麼處理自己其實沒經歷過的題材，才能有說服力地詮釋像〈超級巨星〉這樣的歌。「我看過很多徘徊不去的追星族，也能察覺到那種寂寞，即使他們通常沒有表現出來，」她解釋道。「我其實不是真的了解他們，但我試著去同理，我想這種心情就傳達在歌裡了吧。」

據法蘭克・普勒說，「凱倫唱歌時，你會覺得她好像都經歷過那些。但她不可能全部都經歷過，因為她太年輕了。當歌手和擁有好歌喉之間是有差別的，關鑑就在於傳達力，而她具備這種能力。你會覺得她是第一次唱這首歌，而且是只為你而唱。」

這次是洛・史都華（Rod Stewart）的單曲〈瑪姬梅／相信的理由〉（Maggie May/ Reason to Believe）霸住了第一名，讓〈超級巨星〉只能坐二望一。〈超級巨星〉在第二名停留了兩週，這個名次讓凱倫和理查很挫折，但也逐漸習慣。B面的〈保佑野獸與孩子們〉的成績也還可以，是第六十七名，而且入圍奧斯卡金像獎的最佳原創歌曲獎。

不過貝蒂・米勒似乎對〈超級巨星〉被木匠兄妹唱紅心有不甘，畢竟是她讓木匠兄妹發現了這首歌，所以她開始在現場演出時取笑凱倫的乖乖牌形象。「她白到都隱形了！」她會說這類的話。但凱倫大方以對，說這是一種讚美。再說，如同她指出的，反正〈超級巨星〉的金唱片是掛在木匠兄妹的牆上，不是在貝蒂的牆上。

一九七四年從木匠兄妹手中接過葛萊美獎最佳新人獎的時候，米勒故意向凱倫行屈膝禮，說：「我和凱倫小姐耶！」她驚嘆道。「多好玩！我很意外她居然沒有拿著獎座往我頭上夯下去！」

兩人在葛萊美獎的會後酒會中交談。「我們處得不錯，」凱倫在之後的一次採訪中回憶道。「貝蒂說：『現在我們成了朋友，我就不知道該怎麼辦了。』她超級搞笑的……她喜歡拿我開玩笑，但我想那對她來說只是表演的一部分。」

貝蒂隔年回到葛萊美獎擔任頒獎人。她在開場白裡回憶這件事：「一年前凱倫・卡本特才頒了年度最佳新人獎給我，」她對觀眾說。「如果這不算死神之吻，親愛的，那真不知道什麼才是了。」

木匠兄妹不再需要為其他歌手開場了。一九七一年五月十四日，他們在紐約市傳奇的卡內基大廳（Carnegie Hall）擔綱演出的演唱會門票銷售一空，他們也演唱了一連串大家耳熟能詳的暢銷金曲。〈下雨天與星期一〉和〈我們都知道〉獲得觀眾的熱烈回響，人人都對歌詞倒背如流。「凱倫・卡本特的歌聲如有魔力，」南西・厄里希（Nancy Erlich）在《告示牌》雜誌的演唱會樂評中寫道，「流行樂界的女聲，大概只有三位能只用聲音就直達聽眾心底。歌詞和音樂都是次要，這種特質遮掩不住。」

這場演唱會有點像是返鄉之旅，新哈芬的親朋好友都來參加了。對大多數人來說，這是他們在八年後首度與這兩人重聚。表姊瓊恩和她丈夫威爾為凱倫和理查辦了一場派對，原本只邀請了一些人，但隨著木匠兄妹返鄉的消息傳開，親友小聚演變成一場盛會。最後活動只能移到戶外，以容納超過百位的來客。「我從來沒有真的把凱倫看成名人，」那天也去拜訪凱倫的法蘭克・博尼托說，「就算是我去他們的演唱會、也看得很開心，不過我更開心的是在開場前的後臺時間，還有結束後的派對。我們坐著聊彼此的近況。凱倫從來沒有炫耀過自己的財富和地位，事實上她還盡量淡化，而且總是真心想知道我過得如何。她也會問起以前的同學和老師，她還是像從前一樣，有種孩子般的特質。」

木匠兄妹的同名專輯經常被稱為棕褐專輯（Tan Album）〔也許是向披頭四的白色專輯（White Album）致敬〕，在卡內基大廳演唱會的同日發行，這是木匠兄妹一連串「載金」（ship gold）專輯中的第一張，在當時是指預售就超過百萬張的榮耀。但就像之前卡洛爾・金把〈下雨天與星期一〉擋在《告示牌》〈百大熱門榜〉第一名門外，這次卡洛爾・金的經典作品《織錦畫》（Tapestry），在專輯榜上同樣讓《木匠兄妹》卡在第二名。

回到洛杉磯後，凱倫和理查在一九七一年五月的最後一週開始為NBC電視臺錄製夏季換檔節目。《做自己的音樂》（Make Your Own Kind of Music）是卡斯媽媽（Mama Cass）的熱門歌曲，後來成為這個每週二晚上八點播映一小時的帶狀綜藝節目主題，接檔原本的《唐諾茲秀》。「凱倫是麥克風歌手，」節目的音樂總監阿林・費格遜（Allyn Ferguson）回憶道。他記得凱倫很害羞，唱歌時很靠近麥克風，而且聲量「非常小」。「她絕對不適合去唱音樂劇，」他說。「只要離她大概十公尺，就完全聽不到了，因為她的聲音不會放開來。她很了解該怎麼用麥克風唱歌，這也讓她的歌聲帶著一種親密感。」

費格遜也對兩兄妹低調的舉止印象深刻。「我和很多人合作過，像是卡斯媽媽，她就很難搞。木匠兄妹就很好合作，沒有什麼大問題，也沒有自我中心之類的情形。他們就是很喜歡音樂，對自己的工作也很投入。」除了和阿爾・赫特（Al Hirt）、帕切特與塔西斯（Patchett and Tarses）、馬克・林賽和新塗鴉鎮風笛手（New Doodletown Pipers）等固定班底合作外，在這八天的錄製中，凱倫和理查還接觸到許多知名音樂人，包括麥克・戴維斯（Mac Davis）、荷西・費利西安諾（Jose Feliciano）、安・瑪莉（Anne Murray）、海倫・瑞蒂（Helen Reddy）、達斯蒂・斯普林菲爾德（Dusty Springfield）、比利・喬・托馬斯（B. J. Thomas）

和五度空間（the Fifth Dimension），都是節目的特別來賓。五度空間和木匠兄妹還交換來賓位置，由凱倫和理查到五度空間的《旅行陽光秀》（Traveling Sunshine Show）電視特別節目表演，同樣在那年夏天播映。

《電視指南》（TV Guide）的節目評論指出《做自己的音樂》系列節目令人厭煩的花招：「每首曲目都費盡心思用一個字母介紹，二十六個字母拖了一週。他們是想做成人版的《芝麻街》（Sesame Street）嗎？也許。但沒有任何九歲以上的人會覺得這樣很有趣……節目裡請到的樂手都很有才華，為何不讓他們好好表現就好？」另一篇出自《村聲》（Village Voice）的評論則大力抨擊節目製作人並詳列他們的錯誤，「例如讓凱倫・卡本特穿的服裝風格，只比甜美到膩的翠莎・尼克森（Trisha Nixon）好一點點。第二集、第三集就更像災難現場了。木匠兄妹都很有才華也很討人喜歡，應該受到更好的對待。」

雖然交到許多新朋友，也結識許多專業人才，但除了能加強宣傳新專輯之外，這次的初體驗讓兩兄妹對電視媒體大失所望。直到五年後他們才同意再度主持另一個電視節目。多年後接受FM100電臺訪談時，凱倫認為那次參演NBC的節目是個錯誤，說他們受到「非常糟糕的擺弄，我們的電視表現慘不忍睹。我們立刻意識到這一點，就遠離電視圈了。」

6

無處可躲

凱倫・卡本特身高僅一六三公分，上臺坐在鼓組後面時幾乎沒人能看得到她。「觀眾會站起來看歌聲是從哪裡傳出來的，」伊芙琳・華勒斯回憶。「沒有人站在前面唱歌，所以觀眾會問，『這麼美的歌聲是從哪裡傳來的？』」

一九七一年，凱倫的鼓組擴增到有四個中音鼓。「下面都有裝腳輪，所以可以直接推進加入四件或五件鼓組裡，」哈爾・布萊恩解釋道。他和鼓技師瑞克・佛雪（Rick Faucher）一起設計凱倫在演唱會上用的鼓組，等凱倫看過布萊恩的設計後，再由好萊塢專業鼓（Pro Drum）的豪伊・奧利佛（Howie Oliver）打造出來。「我的鼓組在全世界上只有三套，」一九七四年她在《旋律製造者》（Melody Maker）的一篇文章中解釋道，「另外兩組屬於林哥和哈爾・布萊恩。」

布萊恩最初的鼓組設計，是讓鼓聲在衰退時尾音會略略「偏折」。「一開始是我把定音鼓當成中鼓，調低音調。」布萊恩解釋道，「我很喜歡這種聲音，到後來我弄出了八個一組。我組的這套鼓大家都叫它哈爾・布萊恩怪物，因為超級龐大。那時候我對設計專利什麼的沒概念，因為我用的是 Ludwig 的鼓，所以就把規格都寄給他們。我以為他們會把它取名為哈爾・布萊恩鼓組——就像吉恩克魯帕（Gene Krupa）和巴迪瑞奇，結果他們取名為超八（Octa-Plus）。這名字是不錯，但 Ludwig 根本沒提到我，只寄了一張感謝信來。」

一九七一年夏天，凱倫最大的惡夢來襲，其實早在木匠兄妹開始現場演出時這場夢魘就已透出端倪。「既不平衡，又沒有視覺焦點，」雷斯特・班斯（Lester Bangs）在《滾石》（Rolling Stone）雜誌如此評論他們在聖地牙哥（San Diego）的一場演出。「舞臺上有六個人在唱歌和演奏不同樂器，你的視線只能移來移去，永遠找不到一個能定住的核心。」

確實，現場版的木匠兄妹就像一群散兵，急需一個大將坐陣。最明顯的解決之道就是把樂團的音樂焦點從各自分離改為集中。「找個鼓手，」內布拉斯加州奧馬哈（Omaha）的一名樂評人寫道，「為什麼要把一個嗓音迷人的可愛女孩塞在一大堆樂器後面，只是偶爾從鈸之間冒出頭？她明明可以站在前面，邊唱邊搖擺啊！」

收到這些批評後，理查和木匠兄妹的經理團隊認為凱倫的鼓確實阻擋了她與觀眾的連結。「你唱得這麼好，不能躲在鼓後面。」經理人艾德・萊夫勒對她說。

內森海爾學校1963年八年級班：凱倫是第三排右五。

Frank Bonito

凱倫與同學。左起：法蘭克·博尼托、安東尼·維歐拉諾（Anthony Viollano）、黛博拉·庫薩克（Debra Cusack）、凱倫。

Frank Bonito

1963年6月，八年級畢業典禮：米契爾·波利洛（Mitchell Porylo）、凱倫、卡羅·德菲利波（Carol DeFilippo）、法蘭克·博尼托、蘇菲·德菲利波（Sophie DeFilippo）。

Frank Bonito

紀念冊照片，1965年（左）、1967年（右）。 Downey Historical Society

（上）1966-67年合唱團演出。凱倫位於二排中央。

Downey Historical Society

（上右）1965年3月，在當尼高中一年一度的維京綜藝表演秀上唱歌。

Downey Historical Society

1965-66年當尼高中鼓隊：藍迪·馬達斯特（Randy Malquist）、凱倫、南西·魯巴、約翰·希金斯（John Higgins）、法蘭基·查維斯。

Downey Historical Society

1966年3月和威斯·雅各一起參加維京綜藝秀。 Downey Historical Society

（下）早期的木匠兄妹宣傳照，1969年。 A&M Records

在加州長堤彩排（上）與演出（下），1970年12月。

Frank Pooler

凱倫擔任美國癌症協會的全國青年主席。木匠兄妹合唱團曾將巡演收入捐贈給美國癌症協會。

American Cancer Society

1971年初，和艾格妮絲、哈洛德與理查在紐維爾街的家門前合影。 Robert Trendler/Globe Photos

這對總是露齒而笑的兄妹檔難得拍了一張嚴肅的照片。

A&M Records

21歲的凱倫。

A&M Records

1972年2月，在亞利桑納州的哈瓦蘇湖錄製湯姆・瓊斯的倫敦橋特別節目。

A&M Records

1972年5月，在澳洲雪梨的臂章飯店（Chevron Hotel）後台與法蘭克・普勒合影。

Frank Pooler

1972年8月，木匠兄妹第二次造訪白宮，這是他們第一次晉見尼克森總統。

Nixon Library/National Archives

木匠兄妹壘球隊隊員有樂團成員、助理，以及開場的斯基爾斯與亨德森。

A&M Records

1972年，兄妹倆因為上了卡蘿爾·伯內特的節目而獲贈兩張導演椅。

A&M Records

1974年，好萊塢露天劇場。 Sherry Rayn Barnett

1975年攝於A&M唱片公司。

A&M Records

（右）1975年5月22日，紐約州柏油村（Tarrytown）的威徹斯特第一劇院台上。

Norma Segarra

1976年8月，「一姐」在多倫多的歐姬芙中心（O'Keefe Centre）盡情演出。

Bob Olsen/Toronto Star/GetStock.com

（上）與特別來賓約翰・丹佛在《木匠兄妹首集電視特別節目》中一起錄了一段「寶嘉公主」搞笑短劇。後來這一段被刪除了。 ABC-TV

（左）1976年以輕鬆的裝扮接受媒體拍照。 A&M Records

1977年為日本電視台拍攝三得利冷飲廣告。 Suntory

1977年，在電視特別節目《聖誕節的木匠兄妹》中唱〈白色聖誕〉。 ABC-TV

27歲的凱倫。
A&M Records

1978年12月3日：與加州州立大學長堤分校的合唱團與交響樂團在加州長堤剛落成的太平洋階梯劇院同台演出。這是木匠兄妹最後一次在美國的演唱會上亮相。

Leo Hetzel

演唱會節目單。

Author's Collection

凱倫在西岸錄製個人專輯期間的留影。此時是1980年初，她正在好萊塢的A&M錄音室聆聽錄好的歌曲。

Bonnie Schiffman

在A&M唱片。

Bonnie Schiffman

在木匠兄妹的最後一場電視特別節目《音樂、音樂、音樂》中跳舞與打鼓，錄於1980年3月。
ABC-TV

（下）在《音樂、音樂、音樂》中和特別來賓艾拉·費茲潔拉與約翰·戴維斯合影。ABC-TV

1981年，《美國出品》的宣傳照之一。 A&M Records

萊夫勒和蕭文・巴許都同意，凱倫在舞臺中央更能展現風采。「理查和我拚命勸她離開鼓，」巴許回憶。「她非常不願意，鼓組就像她的保護毯。這個有點圓潤的女孩子只想躲在鼓後面，藏起那些圓潤。她的作風比較像男孩子，傳統上鼓也是男性的樂器。她像是刻意要表現出這種樣子。她也想成為站在前方的女主唱，但站出去這件事讓她不安。她不確定自己是不是夠瘦、夠苗條、夠漂亮之類的。」

一九七一年，對於她應該放棄打鼓、只拿麥克風站在聚光燈下的建議，凱倫回應道：「很多人都覺得我既然是主唱，就應該站在最前面，」她說。「我不這麼覺得，已經有夠多站在前面的女主唱了。我覺得只要我能打鼓，我就要打鼓。」

據她的打鼓同好法蘭基・查維斯說，「那時候的女鼓手很少，一個女生既能打鼓又能唱歌，而且兩種都很傑出，那就更少見了。這不是煙幕彈，她是真的會打鼓！」

在一些場合，理查會避免直接和凱倫起衝突，但這種樂隊安排遇到電視媒體時又更加麻煩。攝影機很難取角度，每次都要格外費心，才能適當呈現凱倫和她的鼓組。在拍攝《做你自己的音樂》時，節目組建議她選幾首歌站起來唱。「噢，不不不不不，」她說，「我是鼓手。」但節目方面想呈現更多變化，而且覺得看著主唱坐在鼓後面唱歌很奇怪，幾首歌後就會讓人覺得沒意思。

「凱倫不在意觀眾看不看得到她」，伊芙琳・華勒斯說。「她深愛著她的鼓，一點也不想離開。但她最後還是屈服了，那可憐的孩子簡直不知所措。」身為團裡唯一的鼓手，木匠兄妹頭兩年的演出一直都是由凱倫負責打鼓，也難怪她沒有自信能走到聚光燈下，也不想成為團裡的「明星」。一直以來理查才是那個音樂神童，她只是哥哥的小跟班。「凱倫其實是個意外，」佛蘭達・富蘭克林解釋。「我想她的家人根本不了解她的才華。沒人發現、沒人認為她是個好歌手，沒人培養她唱歌。對他們來說，她只是候補的。」

在電視節目現場指導凱倫的阿林・費格遜說，她一站到舞臺中央，離開她的鼓，沉穩和自信就直線下降。「她的自信來自坐在鼓後面，」他說。「那是她的一部分，她的確也是很出色的鼓手。只要不能躲在鼓後面，她的自信和安全感就消失了。她似乎不太在意自己的歌聲，如果非得要她站到前面獨唱，她就會顯得很不自在，也很沒自信。她不知道自己表現得好不好，她不是能獨挑大梁的歌手，因為那不是她給自己的定位。」在《做你自己的音樂》中，凱倫是對嘴唱的，連道具麥克風都沒拿。兩手空空的她，只能笨拙地試圖做些表達強調或情緒的手勢。

在節目後製期間，木匠兄妹趁機休息了一陣子，開著家裡的 Continental Mark III 從西岸到東岸，拜訪在巴爾的摩和新哈芬的親友。在這趟旅途上，理查終於對凱倫說開：她必須離開鼓。「你必須站起來，」他說。

「我對理查說，『噢，你不能這樣』，」她回憶道。「不得不站到前面這件事讓我很傷心，我不想放棄打鼓。唱歌只是意外，早在唱歌之前，我就愛上打鼓了。」兩人最後各退一步，凱倫答應在唱抒情歌時站到前面，像〈我們都知道〉和〈超級巨星〉。相對的，如果是快歌或節奏感較強的歌，像〈古爾德先生〉，她就還是可以打鼓。在離開新哈芬之前，理查就找到了團裡的新鼓手，也是他的多年友人吉姆・斯奎吉利亞（Jim Squeglia），理查高中時曾和他在權杖（Scepters）樂團裡一起表演。在跟著木匠兄妹巡演時，他用的藝名是吉姆・安東尼（Jim Anthony），安東尼是他的中間名。

隔月上邁克道格拉斯秀（The Mike Douglas Show）時，凱倫當眾宣布她的計畫。「在現場演出的中段，我會站到前面唱幾首歌，」她說。「我永遠不會放棄打鼓，那是不可能的事……我愛打鼓，如果我不愛，根本就不會開始。有人以為我是在耍把戲，我不在乎他們怎麼想。那不是把戲，是我的樂器。」

凱倫站在樂團前方時感覺不太自信，這麼說還是客氣了，她根本是肢體僵硬、手足無措，完全掩飾不住內心的恐懼。「嚇呆了，」一九七六年她回憶最初轉換位置時的反應，「你不知道我有多害怕！沒有東西可以抓，也沒有地方可以躲。那時候我的鼓已經多到你只能看到我的瀏海，看不到嘴巴，看不到手，什麼都看不到。我們四處巡迴，演唱熱門歌曲，而我就躲在一大堆鼓後面。」

法蘭基・查維斯很肯定，被迫離開鼓組讓凱倫極為難受。「不能坐在鼓後同時打鼓又唱歌，而是必須走到臺前，這讓她非常心痛，」他說。「站在前面感覺完全不同。我兩種都體驗過，站在前面感覺就像是你的安全繩被切斷了。如果被要求不能再打鼓，你一定會懷念打鼓的快樂。」

「我不知道該做什麼，」凱倫後來解釋。「我的嘴還是唱得好好的，但我不知道手該放哪裡，是該站著不動還是坐下，還是該做點別的。以前一切都很順利，邊打鼓邊唱歌對我來說很輕鬆，我也玩得很開心。走到臺前讓我很不習慣，我只是杵在那裡，沒什麼動作。」

隨著一次又一次成功的演出，凱倫作為鼓手的角色愈來愈淡，新鼓手吉姆・安東尼接手的歌曲愈來愈多。「我明白她很不情願，」蕭文・巴許說，「但從我們終於說服她走到臺前的那一刻起，一切就都只是歷史了。她很喜歡站在臺前，也幾乎變成每一場表演的主持人。她是所有人注目的焦點，理查就沒有這種吸引觀眾的魅力。就連他說話的時候，觀眾還是看著凱倫。」

一九七一年秋天的某個晚上，理查在看深夜節目，恰好看到一部一九四〇年的電影《鶯歌蝶戀》（Rhythm on the River），由賓・克羅斯比（Bing Crosby）飾演一名替人捉刀的詞曲作者，讓過氣的詞曲作者奧利佛・柯內（Oliver Courtney）掛名。影片中不斷提到柯內最有

名的作品〈告別愛情〉（Goodbye to Love），不過並沒有播放實際歌曲。理查立刻注意到這個歌名，並想像如果真有這首歌，開頭幾句可以是：「我將告別愛情／從沒人在乎我是死是活」，他的歌詞就編到這裡。

理查把這首歌的點子交給約翰・貝帝斯，就和團員到歐洲短期巡迴演出。這首歌的寫作一點一點地累積，副歌結尾是在倫敦寫的，到了柏林再完成剩下的工作。「理查沒有寫出完整的旋律，」貝帝斯回憶，「他寫了一兩段，但不知道該怎麼連起來。那個旋律有點怪，句子又很長。因為樂句畫分的關係，這首歌很難唱。」

帶著貝帝斯幫忙後的成果回到美國，理查坐下來思索〈告別愛情〉，結果想到了一個新點子。他在編曲結構中，前所未有地加入了一段旋律優美的破音吉他（fuzz guitar）獨奏。傑克・多赫帝建議請有名氣的錄音室吉他手，並推薦路易斯・謝爾頓（Louie Shelton）或迪恩・帕克斯（Dean Parks），但到這時理查已經愈來愈少仰賴多赫帝，他反而選擇聯絡速樂（Instant Joy）的一名年輕成員，這個樂團和馬克・林賽配合過，幫木匠兄妹的幾場演唱會開場。凱倫打電話給吉他手托尼・佩魯索（Tony Peluso），解釋了這個計畫，並請他到A&M的錄音室B找她和理查。

佩魯索又高又瘦，一頭亂髮長過肩膀，乍看之下像是來錯地方，就連他自己都沒信心這種組合能行得通。他不會讀譜，但學得很快。理查把和弦譜交給他，指導他怎麼彈前幾個小節，之後就讓他即興演奏，一共只錄了兩次就完成了。成果就是抒情歌裡首次出現的破音吉他獨奏。「拿到唱片以後，我第一次聽的時候都落淚了，」約翰・貝帝斯回憶，「我第一次聽到這樣的電吉他，之後也沒聽過幾次。托尼有種近似大提琴的吉他低吼，反襯出歌曲中的憂傷。那種低吼方式，尤其是在結尾的地方，簡直難以置信。那大概是我寫的單曲裡我最愛的一首了。」

〈告別愛情〉在電臺首播後的幾週內，木匠兄妹開始接到歌迷的抗議信件，有的幾乎是恐嚇信。歌迷覺得這首歌裡加入頹廢搖滾的吉他聲，玷污了木匠兄妹的形象。「這是第一次有抒情歌加入搖滾元素，」貝帝斯解釋，「開始有人這樣跨界運用電吉他。在樂器演奏法上原本有個大分裂，那張唱片是一道音樂上的分水嶺，因為理查把兩個截然不同的世界連在一起。有部分木匠兄妹的歌迷還沒準備好接受，但我想也吸引了一些新歌迷。」

一九七二年中，佩魯索應邀成為木匠兄妹巡迴樂團的正式成員。現在隨行人數已經增加到十四人，兩架新採購的里爾噴射機（Learjet）成為專屬交通工具，並恰如其分地命名為卡本特一號與卡本特二號，經常作為單日演出時的交通工具。在一次這樣的旅途時，貝帝斯想到了〈世界之巔〉（Top of the World）這個歌名，這位作詞人說：「我坐上飛機，飛機起飛後我心想：『這不是在世界之巔嗎？你瞧瞧！』我看出這個視覺意象，我在世界之巔。我記下這個歌名，然後和凱瑞・查特（Kerry Chater）一起寫，但那首歌不成氣候。理查不知怎麼地又撿起這個歌名，記起那次坐飛機的體驗。」

和理查一起重寫後，貝帝斯想出了他認為是「寫給木匠兄妹的歌裡最棒的韻法。我不知道有沒有人注意到過，但那個韻法其實很難唱：『In the leaves on the trees / And the touch of the breeze / There's a pleasin' sense of happiness for me（在樹梢的葉片上／微風的吹拂／傳來幸福愉悅的感受）』」

木匠兄妹錄製的〈告別愛情〉和〈世界之巔〉都收錄在《給你的歌》（A Song for You）專輯中，於一九七二年六月發行。理查在里昂・羅素的出道專輯裡聽到這首同名主打歌，覺得很適合他們的風格。許多人都認為〈給你的歌〉是一首當代經典，也有眾多歌手翻唱，從威利・納爾遜（Willie Nelson）到麥可・布雷（Michael Bublé）都唱過。緩慢憂傷的旋律和動人的歌詞，成就凱倫最出色的演繹之一。雖然這首歌的定位是單曲，卻因為曲長而被市場忽略；對前四十大電臺來說，這首歌太長了。《滾石》雜誌的史蒂芬・霍爾登（Stephen Holden）注意到了，並稱這首歌「絕對是整張專輯最出色之處。這是一首偉大的歌，也迅速取得應有的經典地位，凱倫以毫不作偽的真誠，唱出歌曲中的沉痛。」

這張專輯中也收錄了〈彼此傷害〉（Hurting Each Other），理查最初是一九六九年從 KRLA 電臺聽到這首歌，碰巧這也是 A&M 發行的唱片，原唱是露比與浪漫派（Ruby and the Romantics）。在與 A&M 簽約不久後，理查在公司儲藏室裡又看到這張唱片，他放來聽後又收到一旁，直到一九七一年有一次在為電子琴試音時，彈了幾個變化和弦，才又想起這首歌。

他的「快歌轉為抒情歌」模式（如〈遠行的車票〉）再度奏效，〈彼此傷害〉成為木匠兄妹的又一支熱門歌曲。但這次是尼爾森（Nillson）的〈沒有你〉（Without You）占據了第一名，〈彼此傷害〉連續兩週都沒能突破。這是木匠兄妹的第四支亞軍單曲，但在《當代成人單曲榜》（Adult Contemporary chart）上是連續第六支冠軍單曲。

另外一首來得巧合的是〈多給我一點時間〉（It's Going to Take Some Time）。理查最初聽到這首歌，是一九七一年秋天在紐維爾新居裝設四聲道音響系統時，安裝技師播放卡洛爾・金的《音樂》（Music）LP唱片來測試聲音效果。

羅傑・尼可斯和保羅・威廉斯認為，有兩段主歌和一段副歌的〈我不能一天沒有你〉（I Won't Last a Day Without You），已經是完整的一首歌，在一九七一年交給木匠兄妹的試聽帶裡就是這個樣子。但凱倫在最後一刻提出希望加入連接段和第三段主歌，他們也只好全力以赴。「我們終於弄出來，趕在他們錄音前一天錄成試聽帶。」尼可斯回憶，「他們大叫著要我們把帶子拿過去，又對我們生氣，因為他們已經要開始錄音了。但最讓我介意是，我聽說理查根本沒聽試聽帶，他看了一眼簡要總譜，就開始改動。這讓我耿耿於懷，因為他改了連接段的旋律跟和弦結構。之後其他聽到我們版本的人——像芭芭拉・史翠珊（Barbra Streisand）和黛安娜・羅絲（Diana Ross）——都是照我們寫的版本去錄製。我始終覺得如果木匠兄妹錄的是更好的連接段，他們的這首歌會更成功。」

可惜的是，尼可斯－威廉斯兩人的合作，在一九七二年木匠兄妹發行《給你的歌》後不久就畫上句點。「保羅想自己當明星，」尼可斯回憶，「他開始走紅，請了經理人和律師，留我一個人在原地。我們不再寫歌，就停了。」

木匠兄妹和製作人傑克・多赫帝之間的合作，也差不多在這個時候宣告破裂。理查在《錢櫃》雜誌上讀到一篇關於他們最新專輯的評論，文中盛讚多赫帝的製作功力，讓理查十分惱怒。自從三年前多赫帝幫忙把他們的試聽帶交到赫伯・阿爾伯特手中後，凱倫和理查一直對多赫帝很忠誠，但隨著時間過去，這份感激之心也逐漸消磨淡去。多赫帝拿的是製作人的酬勞，但事實上編曲和製作都是理查一手包辦。有些人說多赫帝是一九七〇年代的格倫・米勒（Glenn Miller），但在木匠兄妹看來，他更像是 A & R，而不是製作人。他當然也會提供製作方面的建議，但大部分時間都是在預約錄音室和樂手，或是尋找有潛力的音樂素材。「一開始傑克是我們和木匠兄妹之間的橋梁，」羅傑・尼可斯說，「他總是說，『有新作品嗎？進展如何？讓我聽聽你們的歌。』這類的話。後來理查和凱倫跟他等於是撕破臉了，理查不再需要中間人，理查覺得這些唱片是他製作的，傑克只是坐享其成。」

到了一九七二年，多赫帝在 A&M 已有自己的祕書，身為公司全職製作人的年薪是二萬五千美元，另外再加上木匠兄妹的唱片銷售分成。阿林・費格遜和多赫帝及木匠兄妹合作過，據他說，「傑克是搭上順風車了。雖然外界歸功於他，但他其實不算製作人。他甚至沒有比他們早進 A&M，他只是做為一開始木匠兄妹和 A&M 之間的中介，把他們介紹給赫伯。」

哈爾・布萊恩宣稱他從未介入這類紛爭，但多年來他見過不少藝人和製作人之間的這類衝突。「我和約翰・丹佛（Jonh Denver）合作了好幾年，他的『製作人』會在一旁睡大覺。做唱片的是樂手自己，可是一個團體一旦拋開製作人，說『我們可以自己做唱片』，通常就是團體瓦解的開始。」

一九七三年在英國的一場記者會上，記者問理查，多赫帝在打造木匠兄妹的聲音上扮演什麼角色。他堅定地回答：「完全沒有，所以他已經離開了。所有單曲都是我們自己製作的。說來話長，但多赫帝跟這些作品完全沒關係。是他讓赫伯・阿爾伯特聽到我們的帶子，我們很感激，但他不是我們的製作人。你會注意到他自從離開我們後，沒有一張唱片進榜。」

被停職後，傑克・多赫帝告上法院，宣稱被解雇毀了他在音樂界的信譽。雙方纏訟九年，終於在一九八一年交付判決。雖然法院判定 A&M 和木匠兄妹勝訴，但光是辯護費用就花了 A&M 三十五萬到四十萬美元之間。多赫帝在一九九一年過世，三年後麥可・多赫帝（Michael Daugherty）試圖為父親對木匠兄妹音樂的貢獻正名。「製作出多首木匠兄妹暢銷金曲的是我已逝的父親傑克・多赫帝……」他在給《洛杉磯時報》的書信中寫道。「理查・卡本特刻意淡化家父在木匠兄妹的音樂製作過程中不可估量的影響……家父會很欣慰，他二十年前打造出來的音樂，至今仍受眾人喜愛。」

凱倫愈來愈常找佛蘭達・富蘭克林，兩個看似光譜兩端的人就這麼成了好友。「哪天一起去購物好嗎？」凱倫會這麼問，或「我可以和你一起去做頭髮嗎？」面對佛蘭達富裕的生活方式、精緻的衣著和昂貴的珠寶，一開始凱倫有點自慚形穢，她似乎很羨慕佛蘭達的穿著打扮和優雅舉止。佛蘭達比凱倫年長五歲，後來逐漸成為她最信任的密友和導師。「凱倫成了我的小妹妹，」佛蘭達解釋。「我們成為朋友，很慢地。」

凱倫承認剛認識時，她出於嫉妒對佛蘭達很無禮，並請求她的原諒。佛蘭達嚇了一跳，她很訝異這個才華過人、天賦異稟的女孩居然會嫉妒別人。

「你真的不明白，是吧？」她說。

「明白什麼？」凱倫問。

「你有多優秀啊。你要是真的明白，就不會嫉妒任何人了。」

凱倫說沒那回事，並重申對自己當初的失禮真的很抱歉。「嗯，你那時確實很糟糕，」佛蘭達說。這件回頭看來無關緊要的事讓兩人笑開來。

和佛蘭達到羅迪歐大道（Rodeo Drive）和比佛利山莊附近購物時，凱倫不確定在這種高級商家和精品店該有什麼禮儀，她非常擔心自己會說錯話或做錯事。「對了，佛蘭，要是我到店裡做錯了什麼，你會告訴我吧？」她問。

「讓我們把話說清楚，」佛蘭達說。「我當然不希望你在店裡翻筋斗，但是凱倫啊，是他們想賺你的錢！」

隨著兩人之間的友誼加深，佛蘭達成了凱倫少數全心信任的人。「有些事凱倫從來不對任何人說，也許只會對佛蘭達說吧，」伊芙琳・華勒斯回憶。「她常常對佛蘭達說起和她媽媽之間的事。」在父母面前，尤其是母親，凱倫常常擔心佛蘭達在場時他們會說或做些什麼。即使佛蘭達出身於一個猶太大家族，艾格妮絲・卡本特還是會毫無顧忌的說些針對佛蘭達的反猶太言論。凱倫會代母親道歉，並解釋這些無禮的言論是源自艾格妮絲的成長環境。

「在某方面來說，他們是很好的人，」佛蘭達這麼說起卡本特家的父母。「哈羅德是最棒的，大好人，非常非常和善。」伊芙琳・華勒斯也這麼認為，說哈羅德很安靜，對所有人都很和善。「他人真的很好，我很敬佩他，」她說。「不知道有多少次，我都懷疑他怎麼能和那女人生活下去，她總是對他大吼大叫。不管她怎麼罵，他從來都不會反擊，只是坐在那裡靜靜忍受。他不是軟弱，只是脾氣太好，話都讓艾格妮絲說了，所以他都插不上話。」

「艾格妮絲有時候有點刻薄，」一天下午哈羅德在辦公室這麼對伊芙琳說。

「是啊，我有發現！」她語帶諷刺地說。

「哈羅德不能有任何意見，」佛蘭達說。「艾格妮絲就像一台推土機。我以自己的方式敬重她。她是凱倫的母親，給了她生命。但我很遺憾她有那麼多偏見。她說話也很難聽，我從來沒聽過有人用N開頭的那個字（指nigger，黑鬼）說別人。我不太能接受這種事，非常震驚。」有幾次她攻擊的目標是傑克森五兄弟。聽到母親這種偏激的言論，凱倫總是無地自容。她覺得很丟臉，很想和這種自以為是的狹隘心態切割。「噢，佛蘭，你還會和我做朋友吧？」她擔憂地問，「你不會連我也怪上了吧？」

「小凱西（從K.C.來的小名），當然不會啦，」佛蘭達會一次又一次向她保證。「這跟你沒關係，別傻了。」

凱倫的這種反應並非特例。她總是盡力討好旁人，希望讓身邊的人都滿意，即使自己得付出代價。好友都知道她很敏感脆弱，而這些特質根本承受不起她母親的蠻橫。於是不知何時起，凱倫學會擺出一副粗魯的面貌——一種近乎男性化的偽裝——以抵擋母親頤指氣使的嚴厲。女性化對她是個難題。許多親近凱倫的人都說她始終有點孩子氣，像是個小女孩，從來不曾真正長大或綻放成女人。在一九七四年《滾石》雜誌的一期封面故事中，就連湯姆．諾蘭都指出凱倫不成熟的一面。「凱倫在某些方面就像個孩子，」他寫道。「這也難怪，十九歲就成為明星，成為專職樂手的時間甚至更久，她大概錯過了一兩個適應『真實世界』的正常階段。」

在一九七〇年到一九七五年間，蕭文・巴許看著凱倫漸漸從一個男人婆轉變為迷人的年輕女郎。他覺得這是她在努力擺脫唯一所知的生活方式，希望能藉此獲得她渴望的生活。用他的話來說，「凱倫有強烈的企圖，不管她自己是否意識到這一點。她想在年輕女性這個社會階層中找到屬於自己的位置。」這樣的轉變與她身為藝人或明星的地位無關，她更想成為「有朋友、能去約會、有社交生活的人」，巴許說。「但我想她從來沒有真正達成心願過。」

巴許察覺到的這些跡象，其實都是凱倫付出的大量心力，想改掉自己的男人婆作風，變得更有女人味。「她想成為一個女人，」佛蘭達說。在凱倫的央求下，佛蘭達協助她緩慢但穩定的改造自己。「她想變得更精緻，想成為她所謂的『上城人』。這聽起來很奇怪，但她想要那些她知道自己能賺到的東西，還有她的事業能帶來的華麗服飾，所以她找我幫忙。」

這樣的轉變並不容易，因為凱倫偽裝成粗魯的模樣已經太久了。從小就和鄰居家的男孩一起打棒球，長大後又成為鼓手，接著又和其他全是男性的樂團一起巡迴演出，讓她不管說話走路都像男生。「她以前走過舞臺的樣子簡直像一輛麥克卡車，」佛蘭達驚嘆，「一點也不女性化。她的儀態和走路的樣子我們矯正了很久……我會擔心，因為我不希望別人誤會她，那不是她真正的樣子，那只是不想受傷的凱倫。我覺得那些都是偽裝，真的。只要你築起厚重的牆，表現得像個硬漢，就不會暴露出內心的柔軟。」

凱倫從「下城人」到「上城人」的轉變花了好幾年，事實上，這個轉變一直在持續中。「我們從A到Z，就像教小嬰兒一樣，」佛蘭達解釋。「她學得很快，真的很厲害。我希望她能拿出最好的表現，尤其是在接受採訪或攝影的時候。我不希望她害怕，又搬回『最好的進攻就是最好的防守』那一套。」凱倫很敬重佛蘭達，也很認真看待她的指導。「坐直，」她會這樣跟凱倫說，「說話要像個淑女，走路也要像個淑女。還有，下車時不要像個卡車司機！」然後兩人一起大笑。就在凱倫看似達成走路說話都像淑女的目標時，據佛蘭達說，「有時候那個『下城人』還是會跑出來！」

凱倫經常從佛蘭達巨大的衣帽間裡借配件，搭配自己的衣著。有一次佛蘭達借凱倫一個手提包參加頒獎典禮，她事先在一張小卡上用奇異筆塗塗寫寫，塞進包裡。那天晚上，凱倫打開手提包的時候，看到卡片上畫著一對大眼睛，就明白她的朋友正在緊盯她的一舉一動，希望她好好表現。卡片上還寫了三個字母——G.U.S.——這是這對教練和選手之間的小玩笑，意思是叫凱倫「grow up, schmuck!（長大吧，笨蛋）」

「身為唯一的女孩，你會成為注目焦點，」凱倫在一九七一年接受《青春》雜誌採訪時解釋道。「老實說，沒有哪個女孩子不喜歡受人注意，其他男生也都很保護我，真的超誇張的，我都不能亂走。他們都很注意我的安全。」即使如此，凱倫還是渴望在巡演時能有另一位女性相伴。「有時候我會覺得好想有另一個女生可以說話，但這是自然的吧。」

艾格妮絲和友人貝佛莉・諾加斯基每週五早上都會到附近的魔鏡美容院做頭髮，店址鄰近火石路（Firestone Boulevard）和湖木路（Lakewood Boulevard）交叉口。「你知道凱倫在找人幫她做頭髮嗎？」諾加斯基這麼問店長瑪麗亞・路易莎・蓋利亞奇（Maria Luisa Galeazzi）。

「想到能四處旅行，勾動了我心裡喜好變化的那一面，」蓋利亞奇說。在紐維爾街經過簡短面試後，凱倫雇用了她。「但我不知道我給自己找了什麼事！凱倫和我成為朋友——算是吧——但我從來沒有主動跟她深入來往……我從來不亂打探，就算看到什麼我也不會聲張。非禮勿視，非禮勿聽，非禮勿言！」

理查立刻就喜歡上這位充滿活力的金髮義大利女郎。「還沒開始去巡演，他就已經迷上瑪麗亞了，」伊芙琳・華勒斯回憶。「每次她來家裡幫凱倫做頭髮，門鈴一響，我都還來不及站起來，理查已經到樓下應門了。」

蓋利亞奇跟的第一次演出是一九七二年七月七日，地點在休士頓大學。她自告奮勇幫全團的人整理私人物品，從換洗衣物到舞臺服裝和首飾。「一切井井有條，所有東西都收好上鎖，準備好前往下一場表演，」她解釋道。「我還記得第一天晚上，老天，我嚇死了。我們在體育館下方的一兩層，差點聽不到主持人請凱倫上臺的聲音。」在演唱會正式開始前，一名喝醉的歌迷在開場的斯基爾斯與亨德森（Skiles and Henderson）表演時跳上臺，坐到凱倫的鼓組前。「凱倫，我要娶你！」他一邊大吼一邊亂敲著鼓。在攻擊警察後這名男子遭到逮捕。「別碰我！」他大叫著，被拖離舞臺時仍不斷踢打吼叫。「我和凱倫・卡本特訂婚了！」警方把他關押到當地看守所後，在他身上發現結婚戒指和蜜月旅行的機票。

離開體育館時，蓋利亞奇對木匠兄妹歌迷的道別儀式毫無心理準備，凱倫和理查則是已經習慣了。「我沒想到歌迷會抓頭髮扯衣服地想鑽進車裡，他們像瘋了一樣，弄得整個車子都跳動搖晃起來。」鄰居泰斯和查琳・麥艾利斯特（Charlene McAlister）夫婦陪卡本特夫婦去看演唱會時，同樣目睹這種混亂場面。「演唱會結束後我們差點走不了，因為那些孩子像瘋了一樣，」查琳回憶道。「我們和他們爸媽坐同一輛禮車，歌迷以為我們就是理查和凱倫。『揮手就好了，』哈羅德這麼說，歌迷都爬到車蓋上了，結果我們成了掩護車，理查和凱倫其實在後車，而且是沒人會多看一眼的普通車。」

其中一次較嚴重的事件發生在木匠兄妹準備前往科瓦利斯俄勒岡州立大學（Oregon State University in Corvallis）演唱會會場的途中。凱倫和瑪麗亞走出旅館房間後，遭到幾名男子攻擊，她們被壓倒在地。「我們走在走廊上準備去現場，幾個吉普賽人撲向我們，」蓋利亞奇回憶道。「他們從另一間房出來就撲向我們！我們被壓在地上，幸好團裡的男生就在後面不遠，真的真的很恐怖。」

有時候，法蘭克·博尼托和其他朋友會擔心凱倫的安全，所以盡可能地保護她的隱私。「我們不會讓她一個人去洗手間，」他說。「我們一直都很保護她，那時候剛發生派蒂·赫斯特（Patty Hearst）被綁架的事。理查不像凱倫那麼受人矚目，因為他不是站在最前面。」他回憶起有一次陪凱倫去百貨公司，「她戴著墨鏡的時候，路人都直接走過去，一切順利。直到她用了信用卡，然後我們就得逃離那家店了！」

大多數的木匠兄妹歌迷都很好，不太會去打擾他們，但有些人就很無禮。晚餐吃到一半被打斷是常有的事，他們只好要包廂，不然至少也要讓凱倫背對大廳。「有人來要簽名時，他們算是相當親切，」湯姆·諾蘭在《滾石》上寫道。「想想他們在餐廳、在演唱會後、坐著禮車時，歌迷找上來的頻率有多高……有次在維吉尼亞州里奇蒙（Richmond），一名緊張兮兮的矮胖男子捏著五張餐巾要求逐一簽名，結果凱倫詫異到脫口而出：『噢，幹！』」

雖然盛名在外，凱倫似乎仍然是多年前和法蘭克·博尼托一起上下學的那個單純而不做作的女孩。隨著事業不斷攀升，她對老朋友的信任也與日俱增。「凱倫和我們在一起覺得很自在，」博尼托說。「她是很踏實的人，從來不會自以為了不起，也一直很關心我們做了些什麼。我們代表了過去與安全，也代表如果她不是歌手的話能擁有的生活。」

7

美國表率？

一九七二年四月二十五日，在一場於華盛頓特區舉辦的音樂界頒獎典禮結束後，凱倫和理查應總統幕僚詹姆斯・卡瓦納（James Cavanaugh）、肯・科爾（Ken Cole）和羅納德・澤格勒（Ronald Ziegler）的邀請，造訪白宮。他們在那裡見到了總統的女兒朱莉・尼克森・艾森豪（Julie Nixon Eisenhower），她也是他們的歌迷，不過尼克森總統（Richard M. Nixon）正在和亨利・季辛吉（Henry Kissinger）開會，所以他們沒能見到總統本人。八月一日他們重返白宮，這次在橢圓形辦公室和尼克森總統短暫會面並合影。尼克森感謝凱倫擔任美國癌症協會的全國青年主席（National Youth Chairman for the American Cancer Society），木匠兄妹從巡迴演出收入中捐贈了超過十萬美元給美國癌症協會。木匠兄妹和尼克森之間的對話沒什麼值得一提的。眾所周知，尼克森並不擅長與人聊天，而凱倫和理查又非常緊張。尼克森問起他們巡演時要帶多少音響設備。「大概五百公斤，」他們答道。「說不定在這裡就聽得到你們的聲音了，」他回應道，指他們在鄰壁的馬里蘭州哥倫比亞（Columbia）的下一場演唱會。

一九七三年春天，尼克森總統的幕僚聯絡蕭文・巴許，邀請木匠兄妹到白宮在國宴後表演，與宴貴賓是西德總理威利・布蘭特（Willy Brandt）。巴許很快就代表木匠兄妹應允下來。

一九七三年四月三十日，在一連串忙錄的單日巡演後，筋疲力盡的木匠兄妹樂團飛到華盛頓特區，渾然不知水門案醜聞即將爆發。事實上，前一天尼克森總統才和首席顧問鮑伯・霍爾德曼（Bob Haldeman）和約翰・埃利希曼（John Ehrlichman）在大衛營開會，並證實了他們的疑慮，即兩人將被要求辭去職務。

木匠兄妹在附近旅館休息的同時，尼克森總統在橢圓形辦公室，針對水門案發表了全國電視及廣播演說。「今晚我想誠懇地，和全國人民談一件每一位國人都深切關心的議題……」，他這麼開頭道。「今天，我做出了任期中最艱難的決定，同意了兩位得力助手的請辭……在任何組織中，最上位者都必須負起責任……我接受。今晚，我在這間辦公室，向各位宣誓，我將盡我所能，將觸法者繩之以法，未來的政治進程不會再有這種濫用職權的情事，即使是在我卸任之後。」

木匠兄妹的管弦樂指揮法蘭克・普勒被接到白宮，準備週二早上與海軍管弦樂團（Marine

Corps Orchestra）排練，在此同時，聯邦調查局（FBI）的探員正在辦公室外安置警衛，搜查檔案。白宮發言人羅納德・澤格勒稱這是「保護程序」。尼克森得知此事時大為震怒，立刻安排將警衛和檔案轉移到較不顯眼的地點。

普勒根本沒發現白宮加強安全措施的事，仍照計畫與海軍管弦樂團排練，而且認為這是他跟著木匠兄妹時合作過最好的管弦樂團。「跟管弦樂團的排練通常要花兩小時，」他說，「但這些人太出色了，我們只花了一小時就完成了。因為提早完成，所以才能由專人導覽白宮平常不開放的區域。」

那天晚上在賽馬俱樂部（Jockey Club）用餐完後，樂團在樓下的更衣室集合準備演出，法蘭克・普勒發現只有他還沒見過總統本人。「我一定要跟他見上一面，」他這麼對蕭文・巴許說。「看在老天份上，我來都來了，以後我才能講給孫子聽。」巴許帶他到格蘭德廳（Grand Hall），那裡早已排了一列貴賓等著見尼克森，其中有許多人身穿制服。普勒覺得，總統本人比在照片和電視上更親切也更好看。「尼克森很迷人，」他說，「他告訴我，他的女兒都是木匠兄妹的老歌迷。」尼克森向普勒介紹他的夫人時，普勒聽到樂團開始開場。發現自己遲到後，他向第一夫人說：「很抱歉，我沒時間和您說話了！」三人都笑了，普勒隨及趕回去指揮管弦樂團。

晚上十點半左右，尼克森總統和第一夫人進入東廂（East Room）後向眾人致詞，即將成為國務卿的亨利・季辛吉和他的女伴，演員瑪米・範・多倫（Mamie Van Doren）也是現場賓客。尼克森發言道：「木匠兄妹很有活力，他們是美國年輕人的表率。總理先生，」他對這位貴賓說，「我們知道，您對全世界的年輕人十分關愛，也知道您和我一樣，在為保障這些年輕人及未來世代的和平而不斷努力，所以我們認為今晚邀請木匠兄妹——美國傑出的年輕樂團——來為大家表演十分合宜。」

木匠兄妹以〈靠近你〉為表演開場，小心翼翼地拿捏音樂尺度，娛樂尊貴的來賓。「我們什麼都不敢碰，」凱倫回憶道，「我甚至不敢對著鼓吐氣，打鼓的力道也輕得可以，因為我不想冒犯到任何人。」〈愛是臣服〉、〈世界之巔〉和〈古爾德先生〉等節奏性較強的曲目，由凱倫擔任鼓手，但唱到抒情歌時她就會回到舞臺中央。原鼓手吉姆・安東尼不久前離開了，由出身自米奇俱樂部（Mickey Mouse Club）童星的恰比・奧布萊恩（Cubby O'Brien）接任，成為木匠兄妹的新鼓手。

與往常表演結束後的獨白略有不同，凱倫在感謝普勒和管弦樂團後說道：「理查和我以及所有和我們共事的人，都深深覺得能獲邀到白宮演出，甚至光是獲邀到白宮這件事本身，不但非常令人興奮，更是一項殊榮。」之後她直接用德語對布蘭特總理說：「晚安，再會。」

全場起立鼓掌時，尼克森總統走上舞臺站到樂團旁邊。「我們之後還有舞會，」他宣布，「但我們請不起木匠兄妹！」

在一九七二年夏天的巡迴演出期間，木匠兄妹唱了一串老歌組曲，集結當時又紅回來的一九五〇年代和一九六〇年代老歌。事實上，當時的廣播電臺正全面吹起老歌風。凱倫和理查正在準備發行第五張專輯，卻發現新歌只夠放LP唱片的一面。眼看時間緊迫，理查情急之下想出讓另一面全部放老歌組曲，再以一首頌歌做為開頭和結尾，傳達出「老歌回來了！」的訊息。他要約翰・貝帝斯想一些備選的歌名，從三十多條歌名中勝出的就是〈昨日重現〉（Yesterday Once More）。這首歌的緣起，是一次理查開在高地大街上要到A&M時，在腦海中聽到一段旋律和歌詞的開頭。到了錄音室後，他把這段靈感彈奏給凱倫聽，之後又寫出了第一段歌詞。

When I was young I'd listen to the radio
Waitin' for my favorite songs
When they played I'd sing along
It made me smile

年輕時我常聽著電臺
等待我最愛的歌
播送時我也跟著哼唱
一邊笑了起來

之後的歌詞理查就交給貝帝斯去想。貝帝斯在副歌部分填了一些墊用的「白痴」歌詞，原本是打算之後再仔細琢磨。「你要改了嗎？」歌曲快寫完時理查這麼問道。

「你知道嗎？」貝帝斯回道，「我想不用了！這樣挺好的。」

「你開玩笑吧？」

「沒有啊，」貝帝斯說，「這段『夏拉拉喔喔喔』聽起來很棒啊！」

另一條由艾格妮絲・卡本特建議但沒獲選的歌名〈過往今日〉（Now and Then），成了木匠兄妹在一九七三年五月一日發行的新專輯名稱，發行當日也是他們到白宮演出的日子。氣勢驚人的三折式封面上，凱倫和理查開著理查的紅色法拉利（1972 Ferrari 365 GTB/4 Daytona），經過他們在當尼的豪宅。LP唱片的「今日」面的第一首歌是整張專輯的首發單曲，出自電視節目《芝麻街》，由喬・拉普索（Joe Raposo）作曲。凱倫和理查是在為NBC電視臺錄製《羅伯特楊與孩童》（Robert Young with the Young）的特別節目時，第一次聽到〈唱啊〉（Sing），朗朗上口的旋律和歌詞，讓現場的每個人都情不自禁地哼唱起來。

理查非常中意〈唱啊〉，還在NBC的錄影棚裡就開始編曲自己的版本。最後的成品，在跟唱的「啦啦啦」部分，請到了吉米喬伊斯兒童合唱團（Jimmy Joyce Children's Choir）獻唱，但這實在不太像是木匠兄妹當下需要的歌曲類型，有些歌迷把它叫做「小蘿蔔頭的歌」。A&M不想把〈唱啊〉做為單曲發行，但理查對這首歌的商業潛力很有信心。他是對的，〈唱啊〉在美國榜衝到第三名。在演唱會中表演這首歌時，木匠兄妹通常會邀請當地的兒童合唱團幫忙。

《過往今日》中最出色的作品，是翻唱自里昂・羅素《旅行藝人》（Carney）專輯中的曲目。〈化妝舞會〉（This Masquerade）是木匠兄妹最細膩的錄音作品之一，惆悵的旋律配合凱倫複雜的鼓聲，以及鮑伯・曼森傑出色的長笛獨奏。

A面的最後一曲是翻唱漢克・威廉斯（Hank Williams）的鄉村歌曲經典〈什錦燴飯〉（Jambalaya (on the Bayou)），除了收錄在專輯中，也在英國做為單曲發行。〈我做不出音樂〉（I Can't Make Music）的作詞人是偶爾會來為他們開場的蘭迪・艾德曼（Randy Edelman），這首歌完美契合木匠兄妹的風格。「木匠兄妹走歪了，」直言不諱的搖滾樂評人雷斯特・班斯，在評論《過往今日》時寫道，「A面還好，算是符合需求，就是那種甜膩膩、超像廣告的歌。

〈唱啊〉是他們的最佳單曲，也點出他們的風格：『只唱好事不唱壞事』。但凱倫對〈什錦燴飯〉的詮釋幾乎和約翰・弗格第（John Fogerty）一樣糟。而且木匠王國可能有烏雲經過，因為她把里昂・羅素的〈化妝舞會〉唱得有氣無力，而〈我做不出音樂〉則是木匠兄妹的絕望低吟，就像交通樂團（Traffic）的〈沒靈感〉（Sometimes I Feel So Uninspired）。」

《過往今日》LP 的「過去」面，第一首曲目是〈昨日重現〉，然後是理查之前就想好的，一串龐大的老歌組曲，刻意打造得像電臺節目。每首精選曲目播完後會有電臺主持人串場，由多才多藝的吉他手托尼・佩魯索擔任旁白。凱倫和理查一起挑選他們最愛的老歌，最後選出的是〈樂、樂、樂〉（Fun, Fun, Fun）、〈世界末日〉（The End of the World）、〈答嘟啦啦〉（Da Doo Ron Ron）、〈死亡彎道〉（Dead Man's Curve）、〈強尼安喬〉（Johnny Angel）、〈夜有千眼〉（The Night Has a Thousand Eyes）、〈總會有一天〉（Our Day Will Come）、〈有一天〉（One Fine Day）。〈昨日重現〉成為木匠兄妹的第五首亞軍單曲，和清水樂團（Creedence Clearwater Revival）及艾維斯・普里斯萊（Elvis Presley）並列為史上最多亞軍單曲的歌手。這首歌也成為木匠兄妹紅遍全球的單曲，在比利時、英國、香港、以色列、日本、馬來西亞、新加坡和委內瑞拉都登上排行榜冠軍。

在尼克森總統宣稱木匠兄妹是「美國年輕人表率」之前，整整三年，公司努力想控制凱倫和理查的公共形象，卻徒勞無功，而尼克森的背書只是讓情況變得更糟。一開始他們想在媒體上打造真實的人設，但很快就被公關人員和公司喊停。但在經理人特地指導他們如何應付採訪和問話之前，木匠兄妹早已在好幾個採訪中大掀底牌，一九七〇年接受芝加哥電臺傳奇人物迪克・比昂迪的訪談就是其中之一。宗教、政治和時事都在討論之列，而且兩人都毫無保留。

比昂迪：你們對美國參與越戰有什麼感覺？

凱倫：噢，我最好先讓他來發洩。

理查：我徹底反對。

凱倫：我覺得完全是浪費……

理查：首先，什麼事也不能解決。就像韓戰，永遠沒有徹底結束，總是不時又冒個頭。既沒有輸也沒有贏，只是中止了。什麼也沒解決，也永遠不可能解決，因為那不是全面戰爭，只是「參與」。他們甚至不稱之為戰爭。

凱倫：他們甚至從來沒有宣戰，太扯了。

理查：而且他們就像在打鬧一樣。對方一天開了幾槍，隔天他們就回敬。如果真的要打仗，雖然我很反對殺戮，但要做就要來真的。

談到審查時，凱倫說她覺得那有可能「很侷限，破壞力也很大。」問到宗教觀點時，凱倫告訴比昂迪，「我不需要去教會，讓牧師來告訴我該相信什麼。我不信那一套。」理查則表達了他對組織性宗教現況的不屑，說那是「虛偽的化身」。

這次採訪是木匠兄妹少數能對重大切身議題暢所欲言的機會，但也是最後一次。他們的公關人員氣壞了。「大多數人都是問他們的歌什麼的，所以我就問了毒品和越戰，」比昂迪回憶道，「我非常自豪，因為我能看出他們的宣傳人員愈來愈生氣。」

據理查說，在比昂迪的訪談後，公關人員特別指導他們如何迴避爭議性話題，或是任何不符合預定形象的問題。「他們說在接受採訪時，不要說對任何人或事不利的話，一切都很好，一切都很棒。別說任何不好的地方。別說你不喜歡什麼，你什麼都喜歡。我們就照著做。」

遇見木匠兄妹——這對 A&M 旗下年輕的兄妹檔音樂人，溫柔的和聲、健康的形象和自然不做作的個性，使他們脫穎而出，成為全美第一的歌唱團體。他們無遠弗屆的音樂魅力，擄獲了各個年齡層和品味的歌迷，也揭示了七〇年代新音樂

氛圍的起點，將希望、幸福、和諧帶回到音樂之中。這對兄妹檔音樂人以溫柔的堅持和洋溢的才華，在音樂界掀起革命。

這是A&M唱片一九七一年的一則新聞稿，A&M就是以這類宣傳文案，來打造木匠兄妹的形象，而且很快就深植人心。「真正的美國好孩子——在一九七一年！」《立體聲評論》(Stereo Review) 寫道，說他們「友善、外向、有禮貌、穿著輕便但不隨便、勤奮——而且才華洋溢。不抗議、不叛逆、不色情、不輕慢、不嗑藥。」《華盛頓郵報》(Washington Post) 則寫道：「凱倫會吃花生巧克力補充體力，而不是用安非他命提神，木匠兄妹住的旅館外也沒有追星族搭帳篷守在外面。追著要簽名的還是有的，但沒有等著獻身的。『沒有，』凱倫說，『我們好像不會吸引那種歌迷。』」

一九七〇年代初期的搖滾樂報章雜誌，則把木匠兄妹批評得體無完膚，而且因為他們的音樂不合乎搖滾樂主流，所以常被貶成次級音樂。雖然木匠兄妹並不是搖滾樂團，但常常是搖滾樂評人在對他們品頭論足。「他們不屬於搖滾，」記者羅布・霍爾伯格在二〇〇八年的一部紀錄片中解釋道，「他們不屬於爵士，不屬於鄉村，不屬於古典，但這些全都出現在他們的音樂裡。集各種風格之大成，就成了這個獨一無二的流行樂珍寶。」

據保羅・威廉斯說，「木匠兄妹確實是最早期的另類樂團，在〈靠近你〉和〈我們才剛開始〉大紅之前不久，〈伊甸園中的花園〉（In-A-Gadda-Da-Vida）是紅透半邊天的冠軍專輯。我也和他們很不一樣，我是徹頭徹尾的嬉皮，可以說是反文化的一員吧，卻在為凱倫和理查，還有其他中間路線的歌手寫歌。」那時候威廉斯在 A&M 公司很引人側目，他經常穿著紮染的上衣，戴著圓框眼鏡，腳上是工作靴，一頭齊肩長髮配上一頂黑色高禮帽。一天下午，威廉斯靠在 A&M 辦公室外的欄杆上閒站著，正好看到賓・克羅斯比站在錄音室外等他的司機。「他看著我，說了些什麼，然後指指我，像在說這世界成什麼樣子了？」威廉斯說，「那時候他不知道我是誰，那時候我的名聲還沒傳開，克羅斯比也還沒錄〈我們才剛開始〉。」

一九七一年為《滾石》雜誌執筆的雷斯特・班斯，是一眾批評木匠兄妹外表多過音樂風格的人之中的大前輩。「我敢說在我見過的樂團之中，他們整體的舞臺呈現是最糟的，」他這麼評論木匠兄妹在加州聖地牙哥的一場演唱會，「除了是一群烏合之眾外，團裡的每一個人看起來也都很奇怪。再說下去可能有點殘忍，但我還是得說實話，而且因為他們的音樂大多很平淡，樣子又太顯眼，你可以整場都盯著他們研究，而不會感到無聊。我發現這個樂團就像是他們自己的底片……以前我聽到〈我們才剛開始〉，想到的是善感的秋天，從今以後，我只會想到那一堆讓人不舒服的臉。」班斯還提到木匠兄妹的形象：「LP 唱片封面和宣傳照上的男孩和女孩，用一模一樣的臉對你露齒而笑，臉上是過去加州夢想青年的那種歡快天真。活像是桑尼與雪兒（Sonny and Cher）的現代版。」

班斯是對的，至少對木匠兄妹的形象說得有理。一大堆的八乘五亮面照片和了無新意的專輯封面，讓凱倫和理查看起來比實際上更拘謹保守。在《靠近你》專輯的封面上，兩人穿著正式服裝，一前一後貼坐在海邊的大石頭上。這個倉促之下做出的封面讓理查很生氣。雖然如此，公司上層還是什麼都沒做。木匠兄妹的同名專輯簡潔而經典，但裡面的照片看起來就像是一九七一年常見的訂婚照。接著是《給你的歌》，看起來簡直像巨型情人節卡片。木匠兄妹出色的音樂才能理應得到更細緻的包裝和宣傳。在一九九三的一次採訪中，赫伯・阿爾伯特令人意外地宣稱，對公司行銷木匠兄妹的方式很滿意。「光做出暢銷歌是不夠的，」他說，「還要能夠有品味地去適當地宣傳和適當地行銷。我覺得公司在這方面一直做得很好，因為我們努力呈現他們身為音樂人的尊嚴。」

雖然阿爾伯特是一片好意，但公司早期的公關宣傳卻適得其反。A&M 唱片的公關人員唯一做到的，只是讓凱倫和理查深感無奈，也讓他們的歌迷被污名化，如同記者約翰・托布勒（John Tobler）在一九七四年的一篇文章裡寫道：「有許多人，包括我自己在內，都是偷偷溜進自己最愛的唱片行，小聲地跟店員說出我們要的唱片，店員一臉震驚的樣子就像在說我們是不是瘋了。禁忌的陰影！」《村聲》（Village Voice）的湯姆・史謬克（Tom Smucker）則稱之為「從多年前我第一次買保險套以來，最糟糕的消費者上臺恐懼症，看到我拿木匠兄妹的唱片去結帳，櫃檯的人不知道會說什麼？」

晚了托布勒和史謬克二十多年，羅布・霍爾伯格在《紐約時報雜誌》（New York Times Magazine）寫了一篇文章，解釋即使頂著污名，木匠兄妹依舊廣受歡迎：「如果車上的廣播放起〈我們才剛開始〉或〈下雨天與星期一〉，小孩和大人都會調高音量……沒錯，這是音樂白麵包，但它餵養了無數人。」

由於跟爸媽一起住，而且絕大部分時間都在巡演，凱倫幾乎沒時間談情說愛。她和男性之間唯一的真實互動，就是和男性團員及巡演工作人員之間的友誼，所以她會喜歡上木匠兄妹隨行團裡的人也就不令人意外了。最早她是和吉他手蓋瑞・西姆斯傳出緋聞，後來則是和鼓手吉姆・安東尼，但佛蘭達・富蘭克林說這些都只是「淡淡的戀情」，不過是兩小無猜，「都是凱倫能掌控的。」她說。

凱倫和艾倫・奧斯蒙（Alan Osmond）短暫交往過，但奧斯蒙家族（Osmonds）和木匠兄妹那時太紅，兩個人根本沒時間譜出真正的戀曲。「她真的很喜歡艾倫，」富蘭克林回憶道，「只可惜奧斯蒙太太不准……這些強大的家族掌控一切，相信我，卡本特家沒有比奧斯蒙家好到哪裡去，而且他們背後還有龐大的摩門教會。」

一九七四年接受《洛杉磯時報》採訪時，凱倫對和艾倫的這段關係輕描淡寫：「和別人寫的完全相反，我和艾倫沒有結婚。我們才見過面五次吧。工作到凌晨三點的人要怎麼約會？要是去酒吧或咖啡店，大家又會盯著瞧，最後只好坐在車上聊天。」

凱倫向法蘭克・博尼托和其他好友吐露過，在不斷奔波間想尋找愛情和培養感情的苦惱。「處在這種情況下的人，經常會對一起工作的人產生感情，」博尼托說，「他們過著一種怪異又侷限的生活，因為他們總是四處奔波，你能認識誰？即使你想和人約會，又能找誰？」

一九八一年接受BBC電臺訪談時，凱倫進一步解釋道：「我們的隨行人員最多曾經到三十二個人，一大堆人。你和同一群人一起旅行，遇見同樣的人，和同一群人消磨時間。就算回到家也很難認識新朋友。身為團裡除了美髮師外唯一的女生，和三十個兄弟一起在路上並不容易。每一個人，包括經理人，都超級保護我。到最後你根本就不想出旅館房間了，因為那樣反而更麻煩，當然就更不會認識別人了。」

一九七三年，凱倫喜歡上隨行團中的另一人。德州來的大衛・艾雷（David Alley）和凱倫年齡相近，是達拉斯（Dallas）的秀可（Showco）音響設備公司派來的工作人員。艾雷在高一時是德州樂隊（Texas All-State Band）的首席小號手，就讀南方衛理會大學（Southern Methodist University）時則加入野馬樂團（Mustang Band）。在跟著木匠兄妹巡演期間，蕭文・巴許對艾雷提起凱倫喜歡他。艾雷聽說時很震驚，立刻就約了凱倫出去。沒多久他和凱倫就陷入熱戀，兩人在排練、音效檢查和表演之外的大多時間都在一起。

「大衛是很好很好的人，是真正的紳士，」伊芙琳・華勒斯回憶道。「我有種感覺，凱倫真心喜歡他，他也真心喜歡凱倫，但中間夾了個理查。我想他們都知道，如果他們真的開始交往，或是流露出對彼此的喜愛，大衛就會被迫離開。凱倫不想他走，大衛也不想離開凱倫，所以他在屋裡不會太關注凱倫，因為理查總是在場。」

雖然凱倫喜歡大衛的陪伴，和他在一起也覺得很自在，但不認為和他會有未來，所以有時候會拉開距離。「凱倫喜歡別人逗她笑，」瑪麗亞・蓋利亞奇說，「大衛很正經，幾乎是整天繃著臉，不是什麼風趣的人。這不是說他不是好人，只是不是讓人笑個不停的那種人。」

另一個對艾雷不利的因素，是他的工作仰賴木匠兄妹。就某方面來說，凱倫根本就是他的老闆。事實上，後來她和理查請大衛管理摩爾音響（Morsound），也就是他們自己在一九七四年成立的音響設備公司。凱倫對未來丈夫的必要條件之一，就是他自己要有錢，不用靠她的收入。據蓋利亞奇說，凱倫覺得她的男人必須要有一定的地位。「那個人得是一個高高在上的人物，」她解釋道，「她的標準很高，普通人是不行的，我不是說大衛是個普通人，他也算是成功人士，但她欣賞的是有音樂才華，長得帥等等的人。我想光是這些大概還不夠。」就像凱倫在一九七四年對《洛杉磯時報》說的，「女生比男生強不好。」

佛蘭達・富蘭克林也這麼認為。「一開始她很迷我先生艾德，」她說，「這麼說吧，凱倫有種傾向，會愛上有能耐大幅改變她生活的人。她當然超迷赫伯，她就像是追星的小迷妹。這些男人不但英俊，還很強大，穿著得體，散發香氣，而且又有錢。她把他們看成出路，絕對的，毫無疑問，就是自由，但大衛．艾雷還不夠格。」

8

搬出家門

「哈羅德和凱倫都很和善，」伊芙琳・華勒斯回憶。「理查就不一樣了，他比較像他媽媽，這兩個人比較不好相處，有時候對彼此也不客氣。不過理查永遠是她的寶貝。」

一九七三年在墨西哥阿卡普科（Acapulco），艾格妮絲和理查就有一次這樣的針鋒相對。那次木匠兄妹受IBM邀請，為IBM從六月二日到九日舉辦的金鑰俱樂部（Gold Key Club）表演，連續兩個週六各二十三分鐘。在表演時間外，他們可以盡情享受IBM提供的豪華別墅，在拉斯布里薩斯（Las Brisas）的僻靜處眺望阿卡普科灣。凱倫帶著男友大衛・艾倫共享這棟豪宅，理查有瑪麗亞・蓋利亞奇作伴，經理人蕭文・巴許則帶著妻子芭比（Bobby）住在這棟別墅裡。艾格妮絲和哈羅德也受邀到阿卡普科，但被安排住在附近的公主飯店，和IBM的經理階層一起，這讓他們很不高興。凱倫和理查希望能保留一點隱私，留點空間和愛人相處，但艾格妮絲不能接受，她覺得自己和哈羅德被刻意排除在外。「為什麼我們得住旅館，陌生人卻能住別墅？」她逼問道。

「我不是十歲小孩了！」理查吼回去，屋裡其他人就看著這兩人吼來吼去。等兩個人都發洩完了，大家才裝做沒事般享受這棟奢華的住所。他們盡情享受別墅的私人泳池，也去了幾趟彼德拉庫埃斯塔（Pie de la Cuesta），拉斯布里薩斯北邊一片狹長的海灘。

從墨西哥返家後，艾格妮絲看出理查顯然是愛上了瑪麗亞，但他們的感情威脅到卡本特家的現況。艾格妮絲已經成功地把理查留在家裡陪她二十七年了，現在也沒打算把他拱手讓給自己的美髮師。如今從父母的角度來看，蓋利亞奇能明白那是出於艾格妮絲對孩子強烈的保護欲，只是還不到讓人窒息的地步。「她不想讓任何人占他們便宜，」蓋利亞奇說，「這我能理解。如果是我，我也會像頭鬥犬一樣守著孩子。但我又不是因為他是理查・卡本特就隨便勾搭他。我只是個好好的義大利女生，剛好替他們工作，然後自然地走到一起。我不是那種等著爬床的追星族。」但艾格妮絲還是決定要把蓋利亞奇趕出卡本特家的圈子，而且她要凱倫來執行。「你開除她，」艾格妮絲斬釘截鐵地說。

「媽，她幫我做的頭髮比其他人做得都好，」凱倫解釋道，「而且她不只幫我做頭髮，還幫理查和其他人剪頭髮。她也幫我們修指甲，每次上臺前她都會幫我們燙衣服。這些都是她主動做的！」

「你可以再找別人，」艾格妮絲說。「你把她弄走！」

伊芙琳・華勒斯回憶起在紐維爾的廚房裡聽到的這場對話，以及凱倫被這樣吩咐後有多難過。「如果我聽到『你把她弄走』一次，沒聽到的不知道有多少次了，」她說。「凱倫心很軟，她媽媽這樣是在逼她。」

接下來的幾個月，蓋利亞奇過得很煎熬。她盡心盡力工作，滿足凱倫的需求，但她也希望能在空閒時間和理查相處。他們倆喜歡開著理查的法拉利在里弗塞德（Riverside）飛馳，但凱倫想盡辦法用純女生的活動霸占蓋利亞奇的時間，例如到比佛利山莊購物，或去逛她們最喜歡的繡藝店。「我就像是她的小跟班，必須一週七天、一天二十四小時跟著她，」她回憶道。「我又不是沒有把工作做好。結果我每次和理查在一起時就更患得患失，因為我不想搞砸。」

在艾格妮絲的催促下，凱倫變得要求更多也更不耐煩，蓋利亞奇開始察覺到不對勁。她和理查單獨相處的時間愈來愈少。「如果我們去一個地方，通常都是三個人一起去，」她說，「不管去哪裡都是凱倫和理查和我，說真的，久了就看穿了。就算是旅館房間的安排，也總是理查旁邊是凱倫，然後才是我的房間。而且我和她的房間一定有門相通，這樣我才可以隨時服務她。」

最後的引爆點是有一天傍晚三人準備進城。一如往常，蓋利亞奇先到紐維爾幫凱倫做頭髮化妝。完成後，蓋利亞奇打算先回自己的公寓，打扮好之後再過來。但凱倫制止了她。「不好，把你的東西拿過來，在這裡準備，」她說。

「我就走個三公里，弄好再過來，這樣還比較方便，」蓋利亞奇解釋。

凱倫覺得被反駁，立刻轉頭對理查說：「看到了嗎？這樣行不通，」她告訴他，「這樣真的行不通！」

接著凱倫對蓋利亞奇下了極不公平的最後通牒：忘了理查，繼續當她的巡迴造型師，或是守著戀情，辭掉工作。但蓋利亞奇拒絕二選一。「我明明可以兩個都選，」蓋利亞奇回答，並對凱倫這麼厚顏無恥的要求感到震驚。「我不懂為什麼我得這麼選？選跟他在一起，然後做什麼？玩手指，做刺繡嗎？如果我繼續做造型師，就得看著理查和其他人約會。我想我無法忍受。」

理查到瑪麗亞的公寓去找她，兩人坐在床邊談凱倫的要求，最後兩個人都含著淚，同意這段感情必須畫下句點。「他得做他該做的事，」蓋利亞奇回憶道。「他說得很明白，這件事他無能為力，對他也沒好處。我也不是強求的人，所以就離開了。原本我是可以二選一，但我沒有，因為那只會讓我們三個都痛苦。我不願意只當他的女朋友，所以就這麼結束了。」

蓋利亞奇回到當尼的魔鏡美髮院工作，這時的她因為壓力過大，瘦到只剩三十九公斤。「我瘦了好多，因為我太緊張了。」

取代蓋利亞奇的是珊蒂・荷蘭（Sandy Holland）。據伊芙琳・華勒斯說，凱倫把她的要求說得非常清楚，明確地指示她的新美髮師保持距離，別爬上她哥哥的床。「如果理查想剪頭髮，你就剪，但不管你做什麼，都不要跟他搞上！」

在外界看來，艾格妮絲・卡本特對兩個孩子都過度保護，但熟悉卡本特家的人都知道，她很偏心。在伊芙琳・華勒斯的記憶中，艾格妮絲每次提到兩個孩子，一定是先說理查才說凱倫。「從凱倫還小的時候，什麼都是『理查、理查、理查』，一定是『理查和凱倫』還有『如果不是理查，就不會有凱倫』這樣的話。對艾格妮絲來說，他比凱倫重要多了。」

據伊芙琳・華勒斯說，凱倫很清楚自己在家裡的次等地位，也許甚至覺得這合情合理。艾格妮絲對第一個孩子的疼愛——據部分人的說法，甚至可以說是崇拜——凱倫不只是有樣學樣，還發揚光大。「她覺得理查是神，」佛蘭達・富蘭克林回憶道。「就像她媽媽也覺得理查是神。」凱倫對哥哥的奉承，到今天都還有具體證據。她親手繡了一句話送給理查，看了令人心酸：沒有理查就沒有凱倫。

如同佛蘭達所說，艾格妮絲沒能像愛護理查那樣，用愛去滋養照顧女兒，凱倫也因此沒能學會愛自己。「〔凱倫〕和她媽媽的關係很生硬，這在凱倫的心裡留下很大的傷口，」佛蘭達說，她顯然對艾格妮絲有怨言。「我希望她不是那樣對凱倫，她就是沒辦法愛凱倫，就是不行。也許她是以自己瘋狂的方式愛著凱倫，但絕對不是像她愛理查那樣。如果你的爸媽不愛你，你的心裡就會有一個永遠無法填滿的空洞。」

一九七三年一位蒙大拿大學（University of Montana）的專欄作家在評論演唱會的文章中批評理查留長髮。他寫道：「理查也許不是所有父親心目中的好兒子，但凱倫絕對是所有母親都會疼愛的好女兒。」這樣不經意的一段話，和蕭文・巴許所看到的卡本特母女之間的真實關係，相比之下無比諷刺：「我相信艾格妮絲是以自己的方式愛著凱倫，只是她無法表達出來，」他回憶道。「我想整個來說，那是凱倫最嚴重的心結……多年來，凱倫在全世界都很受人喜愛，大家都認為她是一個獨特的藝人，有著獨特的歌聲，而且人人都希望有像她這樣的女兒。但在她自己的家裡，從來沒人這麼對她說，甚至她的父母從來不曾給她這種感覺，尤其是她母親。」

凱倫二十四歲，理查將近二十八歲時，兩人終於決定是時候離家了。問題在於要怎麼開口才不會讓母親傷心。他們向蕭文・巴許請教。巴許帶過幾百個藝人，在他看來，這對兄妹根本不成熟。他們還太生澀——不是在音樂上，而是在私人生活上。他希望看到他們掌控自己的人生，搬離父母，過起兩個二十來歲的百萬富翁該有的獨立生活。「他們沒辦法長大，」巴許說，「是因為他們沒辦法脫離強勢的母親，他們不想冒犯母親也不想讓母親傷心……我想這嚴重阻礙了他們的成長。」

據伊芙琳・華勒斯說，這不是他們第一次試圖獨立，這對兄妹曾經在柏弗勞（Bellflower）短暫地合租過一間公寓。「理查以為凱倫會負責做菜，還有其他所有本來由媽媽包辦的事。」但凱倫說，她比較喜歡發明新菜色或改進舊菜色。「對我來說下廚是一種快樂也是一種藝術，我從小就喜歡做菜，」她在一九七一年的一篇新聞稿中說，標題是「廚房裡的凱倫：誰說超級巨星不能廚藝一流？」她列出自己最愛的作品，包括派、餅乾、蝦類料理以及「小牛肉茄子亂燉」。

蕭文給凱倫和理查的建議是正式搬離，但他們最終還是沒能向母親開口，說想另尋住處，而是想了個法子，完全避過這個問題。他們買了一棟占地八十四坪四房三衛的房子給父母，地址是當尼市魯貝克街（Lubec Street）八三四一號，距離紐維爾不到三公里。「他們以為爸媽會搬去新家，」巴許說，「他們向父母提起這件事的時候，他母親斷然拒絕。她不但不願意搬走，還說不懂他們為什麼想分開住。」

理查一直不是特別喜歡紐維爾的房子，所以就改口說由他和凱倫搬去魯貝克街，艾格妮絲和哈羅德則留在紐維爾。搬出去後依舊同住，對凱倫和理查來說是很自然的決定，因為兩人都以事業為重。對他們來說，兩人最重要的關係是工作團隊，也不覺得有必要分開住。「如果我們沒有碰到面的話，一天至少會通話兩次，」凱倫在一九八一年時說，「隨時都要知道對方在做什麼，我們就是那麼好打聽！」

在外界的許多人看來，成年的兄妹還住在一起實在很奇怪，甚至有人謠傳他們亂倫。布萊恩・索瑟爾（Brian Southall）在一九七三年加入 A&M 唱片的倫敦團隊，他就經常必須招架記者質疑這段有時顯得過於親密的兄妹關係。畢竟，他們是唱情歌的二人組，「對他們的關係什麼猜測都有，」索瑟爾在二〇〇四年的訪談中說。「我們總是擔心不知道會冒出什麼問題來，也有人說他們亂倫什麼的。這完全是一派胡言，不過他們的確是對奇怪的兄妹。」

據凱倫說，多年來，尤其是他們剛出道的時候，常有人誤以為他們是夫妻。「我記得有一次在加州看房子，房東問我們有沒有小孩。『沒有，』我們實話實說，『很好，』她說，『希望你們也沒養寵物。』還有攝影師也總是叫我們親一個！你也許會牽你哥的手，但你不會想親他，除非是家人重聚的場合。」

理查說：「如果我們真的是夫妻檔的話也許還容易些。」凱倫補充道：「真的很辛苦，我們被誤會是夫妻很久了。怎麼會有人認不出來我們是兄妹呢？我們這麼像，笑起來就像雙胞胎。」

對木匠兄妹來說很不幸的是，一次加大拿電臺的直播節目來電採訪時，索瑟爾沒能在場過濾那些災難性的提問。「還有一個問題，」主持人對理查說。「我注意過你們的歌詞，我知道凱倫是在對你唱歌，我也知道那是關於亂倫。你想談這件事嗎？」理查大吃一驚，他試著解釋這不是事實。「當然不是，」他說，「那些歌不全都是我寫的，只是剛好是情歌。凱倫唱歌，我也唱歌和編曲，而我們剛好是兄妹。」令人意外的是，理查還是忍到採訪結束，才摔上話筒，一邊咒罵再也不接受電話採訪。

「我們說好了，不管和誰交往，都不能影響我們的事業。」凱倫在一九七六年的訪談中解釋。「如果我覺得理查交往的女友不好，我會告訴他。他需要的是能給他一個溫暖的家、安全感和孩子的人——一個能了解他的人，因為他很特別。」

搬到魯貝克街後不久，理查開始和二十一歲的蘭蒂・巴許交往，也就是蕭文的女兒。有些人覺得她是被父親推著去和理查交往的，但就連凱倫一開始也很喜歡她，贊成兩人發展戀情。但不過才三週，艾格妮絲就開始挑剔蘭蒂，理查也不經大腦地告訴蘭蒂這些批評。到了一九七四年二月，蘭蒂跟著木匠兄妹去歐洲巡迴時，理查已經能明白感受到母親和妹妹對蘭蒂的不滿。雖然這個年輕的女孩極力示好，跟凱倫一起共進午餐、陪著逛街，但凱倫對她視若無睹，在巡迴期間都避著她。「理查可以讓女友跟著——她又沒工作，」那年凱倫這麼對《洛杉磯時報》說，她的反感表露無遺，「那我呢？難道我在工作的時候，男友也可以整天閒著沒事嗎？」

回到洛杉磯後，理查邀請蘭蒂搬來同住，凱倫簡直不敢相信。「蘭蒂來了以後就天下大亂了，」瑪麗亞・蓋利亞奇說。「那時候凱倫就覺得我不算什麼了，因為蘭蒂直接就打包住進去了！也算是報應吧。」凱倫告訴理查，她不會把剩下的行李從紐維爾搬過來，除非「那女孩」不再住在他們的屋子裡。

在凱倫耳提面命一週後，理查告訴蘭蒂她不能再住下去了。嚴格說來，那是他和妹妹共有的房子，而在讓蘭蒂入住這件事上，他們顯然無法達成共識。雖然蘭蒂收拾東西搬了出去，但還是幾乎每天都回去過夜。「她好像不太喜歡穿衣服，常光著身子走來走去，」伊芙琳・華勒斯回憶道。沒能把蘭蒂徹底趕出魯貝克街後，凱倫明白地告訴理查，她不想每天在自己家裡起床後，發現他光溜溜的女朋友又來過夜了。她要搬回紐維爾。

後來凱倫開始和邁可・科布（Mike Curb）交往。科布高大英俊，還是唱片公司的高階主管。這段新戀情成了最佳出口，讓她不必再去關注哥哥的私人生活。「是慢慢開始的，」科布回憶他和凱倫的關係，「理查和我都有妹妹，我們在一起很自在。」科布帶著妹妹卡蘿到艾德和佛蘭達・萊夫勒夫婦家作客，在那裡認識了同來作客的凱倫和理查，兩對兄妹成了朋友。他們也常去聖摩尼加的海洋公園碼頭，到喜愛的餐廳「海灘上的傑克家」吃飯聊天。

科布欣賞凱倫對生命、音樂和孩子的熱愛，凱倫則是喜歡他的善良、自信和英俊。不同於凱倫多次破壞哥哥的戀情，理查對她這次選的對象大加讚賞。「我想理查很高興她有對象，而且我猜他欣賞我，」科布說，「我也欣賞他。」理查和科布常玩音樂知識問答競賽。「他的確是比我傑出許多的音樂家，但那時我已經是成功的唱片製作人。」除了奧斯蒙家族外，科布也為唐尼・奧斯蒙（Donny Osmond）製作個人專輯，同時正著手打造兄妹檔組合唐尼與瑪麗（Donny and Marie）。《告示牌》將他選為一九七二年的年度製作人，肯定他在小山米・戴維斯（Sammy Davis Jr.）的〈糖果人〉（The Candy Man）和唐尼・奧斯蒙的〈幼稚的愛〉（Puppy Love）的製作功力。之後他還為黛比・布恩（Debby Boone）製作了〈你照亮我的生命〉（You Light Up My Life），並成為十年內最暢銷的專輯。

到 A&M 唱片拜訪木匠兄妹對科布而言是種享受，他很喜歡看其他音樂人工作，能觀摩到不同的製作技巧。「以我身為製作人來說，看到理查和凱倫工作的方式真的覺得很驚奇，」他說。「他們都不會胡扯，談的永遠是音樂、唱片或她在廣播上聽到的東西。我從沒見過比他們更投入事業的人。他們的唱片聽起來永遠不會匠氣過重，總是製作得恰到好處，但又足夠新穎，適合當下時機也迎合電臺。」

凱倫和科布發現要兼顧忙碌的事業，又要擠出時間約會、找機會相處，實在很不容易。「我那時掌管米高梅唱片（MGM Records），她則是一直忙著錄音和巡迴演出，」科布解釋。「她如果去國外巡迴，一去就是好一陣子，我們就沒什麼時間相處。」如果兩個人哪一天剛好都有空，凱倫和科布就會開車到紐波特比奇或聖地牙哥乘船遊港。

如果是要出門吃晚餐，科布就會開車到紐維爾接女友。「我就像是去接鄰家女孩，」他說，回憶起凱倫真誠自然的性格，「她從來沒有染上成功藝人常有的招搖習氣。除了牆上掛著金唱片，桌上放著葛萊美獎，那裡就和普通人家裡沒兩樣。和她在一起真的很愉快，因為她就是很愛音樂、愛生活、愛她的家人，一點也不做作。我不記得看過她去購物或滿口都是流行事物。哥哥、家人、父母，就是她的全世界。」

雖然他們有時會去普安那公園（Buena Park）的納特貝利農場（Knott's Berry Farm）吃晚餐，但他們其實都比較偏好私密一點的環境。「我們都喜歡比較私人的地方，」他說，「不會有一大票人衝向我們的那種。但我陪她去參加葛萊美獎，還有美國音樂獎（American

Music Awards），所以我們有公開露面過。」這對情侶的其中一次公開露面，是和理查及蘭蒂・巴許一起雙雙出席一九七四年三月二日的葛萊美獎，那天也是凱倫的二十四歲生日。

在科布的記憶中，從他們開始交往，凱倫就一直在節食。「她一直很擔心多出來的體重會堆在臀部，所以不肯吃東西，」他說，「她一直很在意自己的臀部，這也是她想待在鼓後面的原因之一。」一九七四年五月二十二日，木匠兄妹在自家接受安妮・萊柏維茲（Annie Leibovitz）的拍攝，做為下一期《滾石》雜誌的封面。凱倫很滿意自己的手臂和屁股瘦了些，為了展現瘦身成果，她穿了一件新的牛仔褲和無袖上衣。以前凱倫和理查拍照，都是穿著彼此搭配的正式服裝，緊靠著彼此擺姿勢。這次的風格卻是輕鬆自然，凱倫顯得容光煥發，很健康的模樣。朋友也都注意到了，紛紛告訴她這樣很好看，沒人看出這會是偏執的開始，大家都以為這只是一般的節食。

起初科布也不以為意，但他漸漸發現凱倫有一套進食模式，而這套模式在未來幾年會變得更加嚴重。「我的確注意到她為了減重不吃東西。她點餐以後只吃其中四分之一，剩下的就在盤裡推來推去。我妹妹卡蘿也有這個問題，她和凱倫就是不吃東西。」

在吃晚餐的時候，凱倫提醒科布，她的節食很成功，所以不能半途而廢，以免又胖回去。「你很好看，」他肯定地說，「快吃吧！」或者他會說：「你才吃了三分之一，等你吃完我們再走。」有他盯著，凱倫通常會吃完整份餐點。就連理查都注意到，科布在場時，凱倫進食的方式比較正常。「你怎麼讓她吃東西的？」他問。

「我會堅持要她吃東西，」科布說。「我會跟她說她很好看，還有她應該吃東西，然後她就會吃了！」

吃完晚餐後，有時候科布會載凱倫去A&M，理查會在那裡等她一起錄音。「她喜歡在晚上錄音，」科布說，「待在那裡的時候，我看到了理查是多麼的有才華，他真的很厲害，凱倫非常敬重他。我記得當時都看傻了。」科布更驚訝的是有一次在載凱倫去A&M的路上，第一次聽到她在身邊唱歌，只有她一個人的聲音。「她低頭看著樂譜，在練唱一首歌，」他說，「她在車裡唱歌的時候，你幾乎聽不到她的聲音，可是她一拿起麥克風，那聲音就像絲絨一樣，非常非常神奇。很多歌手都以為唱歌的聲音要很宏亮。凱倫有世界上最輕柔的聲音，可是一放到麥克風上……！」

雖然兩人有許多共同點，也彼此欣賞，但因為各自忙於事業，約會的次數愈來愈少，兩人終於漸行漸遠。「她去長程巡迴，我們開始愈來愈少見面，」科布回憶道，「其實是我們都太忙了，我們從來沒有正式分手。」

雖然木匠兄妹最大的成功來自唱片，但他們大部分的時間卻是在巡迴演出。木匠兄妹的唱片一般花費四到五個月製作，其餘時間就是夜復一夜地在全美和世界各地演出，有時還要參加活動和電視演出。一九七一年，木匠兄妹一共演出一百五十場，一九七二年和一九七三年，各演出一百七十四場。那時候的演出大多是單場，在連續六週的單場演出後，凱倫和理查累壞了。雖然他們喜歡表演，但周而復始地搭飛機、住汽車旅館、住旅館、彩排、檢查音效，讓他們疲累不堪。

一九七四年木匠兄妹推出他們最暢銷的專輯《單曲精選，一九六九—一九七三》（The Singles 1969–1973），並登上美國《告示牌》專輯榜冠軍。這張專輯是木匠兄妹第一張也是唯一一張冠軍專輯，一共收錄了九首之前銷售百萬的單曲，光是在美國就銷售超過一千兩百萬張。這張專輯同時也在英國登上專輯榜冠軍，並在二月到七月之間占據榜首七週。

《單曲精選》專輯的熱度，主要來自木匠兄妹的第二首冠軍單曲〈世界之巔〉。一九七二年在錄製《給你的歌》專輯時，木匠兄妹和 A&M 唱片顯然低估了這首歌的潛力，當時參與製作的人都覺得這首歌還不錯，值得收進專輯裡，但沒人想過把它當成單曲發行。沒想到觀眾紛紛點播這首歌，並要求前四十大電臺播放，在日本這首歌做為單曲推出，並迅速衝上排行榜冠軍。一九七二年夏天，木匠兄妹將這首歌加入現場演出曲目，光是提到歌名現場觀眾就爆出熱烈掌聲。「大家突然都站起來歡呼，」約翰・貝帝斯回憶道。「弄得連理查都抓頭說：『這是怎麼了？』」

所以在發行《單曲精選》的時候，理查決定〈世界之巔〉一定要做為首波主打單曲。「A&M一開始不太願意，」貝帝斯說，「畢竟他們之前唱的是〈超級巨星〉、〈我們才剛開始〉和〈告別愛情〉，現在怎麼改成鄉村歌曲了？」凱倫重錄了〈世界之巔〉的主唱部分，其他音軌也略有更動，經過重新混音後才做為單曲發行。「結果理查緊急喊停，」貝帝斯說，鄉村歌手琳・安德森（Lynn Anderson）剛推出了她的翻唱版本——完全模仿理查的編曲——而且快速攀上鄉村音樂榜第二名。「我們不想毀了別人的唱片，害他們氣死，」貝帝斯解釋道，「所以只能等琳・安德森的歌退燒了，再發行我們的唱片。」

此外，木匠兄妹的出道單曲〈遠行的車票〉，也在重新調整後收進《單曲精選》。一九六九年的原版，很罕見地錄下了凱倫始終低於音準的歌聲。鼓聲也重錄，又加了托尼・佩魯索的吉他音軌，凱倫的主唱部分也大幅改進。

隨著專輯狂銷熱賣，這一年木匠兄妹在歐洲、日本和美國一共辦了二百零三場演出，場場門票都銷售一空。他們在紐約待了一週參加威斯特柏立音樂節，接下來是在拉斯維加斯里維拉（Riviera）各兩段為期四週的演出，再加上在塔荷湖撒哈拉（Sahara in Lake Tahoe）的兩週演出。十月在里維拉的演出還全程錄音，原本是打算做為現場專輯發行，但後來不了了之。木匠兄妹還和亞瑟・費德勒（Arthur Fiedler）及波士頓大眾管絃樂團（Boston Pops），一起舉辦了一場電視轉播的演唱會，而且和一九七一年一樣，讓好萊塢露天劇場的一千八百個位置全部售罄。

一九七四年五月二十七日，木匠兄妹離開洛杉磯前往日本，一共有八萬五千名日本歌迷享受到他們的演唱會。三週演唱會的門票，全部在一個小時內銷售一空。「那是他們的黃金年代，他們比披頭四還受歡迎，」丹尼・布魯克斯（Denny Brooks）說，他也是兄妹倆在加州州立大學長堤分校的校友，經常做為木匠兄妹的開場跟著一起巡迴。「我是六十年代的老派民歌手，從來沒有一張大賣的唱片，只是一個勤勤懇懇的藝人。他們到世界各地演出，別人都是帶喜劇演員開場，他們卻帶著我這個只拿一把吉他的傢伙。」

木匠兄妹形容一九七四年在日本抵達的現場，就像披頭四在《艾德蘇利文秀》裡的場景，尖叫暴動的歌迷搖晃禮車，拉扯他們的衣服。「超可怕，」布魯克斯說，「東京機場擠了五千人，超瘋狂的，但也很好玩。我記得我們在日本各地做單場演出，大概在三十天內在不同地方演出了二十八場。」

令人意外的是，木匠兄妹的隨行團員裡，沒有一個人向經理團隊抱怨這麼慘無人道的巡迴行程。理查覺得他們不是工作過度，而是預約過滿。「我想他在巡迴的時候，從來沒有真正開心過，」蕭文・巴許回憶道。但巴許還是繼續這樣安排，把所有空檔都填滿，讓行程更加爆滿。「他們總是在嘟囔，說這種行程也太累了，」瑪麗亞・蓋利亞奇回憶。「那些經理人根本沒在為長期著想，只想從他們身上榨出最大利益——快點，現在就要……有時候半夜醒來，你會不知道自己身在何處。演出通常都是連續六週，這樣當然會有影響，其他人可能還好，但對凱倫來說特別嚴重。」

A&M唱片的英國公關布萊恩・索瑟爾記得，凱倫壓力過大的徵兆不時會浮上表面。當年在木匠兄妹抵達倫敦之前，同事就告誡他「惹誰都別惹到凱倫」。「凱倫非常緊繃，」索瑟爾後來回憶。「惹到她你就完了，行程開始前我們就被這樣警告。」有一天晚上，在熱門話題（Talk of the Town）夜總會有一場滿座的慈善演出。因為是最後一天演出，樂團就比較放鬆，演出時也比較隨興。「但那是不被允許的，」索瑟爾說。「〔凱倫〕把他們臭罵了一頓，這場演出一定要和之前的一模一樣。那是我第一次知道，原來所謂的即興演出一點也不即興，而是要跟前一天晚上的即興一樣……樂團那些人既沒有喝醉，也沒有落下水準，他們只是想要稍微隨興一點。看到他們被罵的狗血淋頭，真的蠻恐怖的。」

瑪麗亞・蓋利亞奇在跟團期間，也目睹過這種訓人場面。「理查很緊張，也很投入，」她說。「他比較有條理，會解釋說：『下一場表演我們要這樣做或是那樣做』。凱倫則是『你搞砸了！』」

到了一九七四年，所有人都需要喘口氣。理查和蕭文兩人都宣稱，他們從來沒有把木匠兄妹看成曇花一現的團體，不久就會退燒，但木匠兄妹的事業被處理的方式，看起來就像是有人想趁熱大撈一筆，盡情剝削，即使帶來的只是短期的財務成功。但就連這樣的財務成功，實質收入也不如想像中多。他們的律師維爾納・沃芬實際精算後通知木匠兄妹，他們一年最少要表演一百五十場以上，否則不會有一毛錢利潤。

從這段期間的演唱會樂評看來，許多人也都認為木匠兄妹明顯需要休息重整。《綜藝》（Variety）雜誌一篇評論塔荷湖撒哈拉演出的文章寫道：「沒什麼演出技巧……他們急需舞臺呈現和節奏方面的建議……看表演和聽唱片沒兩樣。」確實如此，木匠兄妹的演唱會幾乎只是在重現他們的熱門歌曲。凱倫和理查嚴格指示樂團，每一個音節都要和唱片上一模一樣。「他們是完美的樂手，」丹尼・布魯克斯說，「歌和歌之間沒什麼串場，他們就是一首接一首地表演熱門歌曲。」

雖然留給錄製唱片的時間很少，凱倫和理查還是在一九七四年推出了三首單曲：〈我不能一天沒有你〉（已完成兩年，而且是第五支從超熱賣專輯《給你的歌》裡挑出來的單曲）、〈聖誕老人進城來〉（Santa Claus Is Comin' to Town）（一九七二年錄製的歌曲）以及全新錄製的〈郵差先生，請等一等〉（Please Mr. Postman）。在《過往今日》一整面的老歌專輯模式成功後，木匠兄妹決定挑出〈郵差先生，請等一等〉做為獨立單曲發行。木匠兄妹版本的〈郵差先生，請等一等〉成為他們的第三支冠軍單曲，這也是這首歌第二度登上〈百大熱門榜〉的第一名。一九六一年驚豔合唱團（Marvelettes）原唱的版本，是摩城唱片（Motown

Records）發行的首張冠軍唱片，一九六三年披頭四在《與披頭同行》（With the Beatles）專輯中翻唱的版本也很受歡迎。

「伊芙，你可以幫我一個忙嗎？」

凱倫就像往常一樣，有事想請伊芙琳·華勒斯幫忙，但她通常都會很禮貌地先問上這一句話。「我都忍不住想笑，」伊芙琳回憶道。

「凱倫，你是我老闆，」她會這麼回答，「你只要說，『伊芙，做這個』或『伊芙，做那個』，我就會樂意效勞。你不用拜託我，只要告訴我要做什麼，我就會去做。」這樣的對話，總是讓兩人都笑出來。

那是一九七四年的萬聖節。雖然凱倫搬回去和艾格妮絲及哈羅德住，但這只是暫時對策。她請維爾納·沃芬幫她找房子，最好是公寓大樓，而且要遠離當尼。「她希望我轉告她母親，她想找一間公寓，」伊芙琳解釋道，「凱倫真的很想搬離家，我想是她母親讓她覺得難受到不得不搬出去。」

「你可以幫我問她嗎？」凱倫懇求道。

「凱倫，不管你拜託什麼我都會幫你，我會幫你問她。如果你能搬出去，對大家都會比較好，不過我想你的機會不大。」

「好吧，」凱倫說，「等我走了再問。」

凱倫離開之後，伊芙琳走向坐在餐桌旁的艾格妮絲。「你知道，孩子都到了這個年紀，」她小心翼翼地提起話頭，「他們都那麼成功了，對吧？」艾格妮絲的眉頭微挑，等著接下來的話，「凱倫有點想找個地方，自己住一間小公寓，很多她這個年紀的孩子早就都搬出去了。」

伊芙琳話才說了一半，艾格妮絲就跳了起來。「你會以為我是拿磚塊敲了她的頭呢，」伊芙琳說。「她從椅子上跳起來，衝到電話旁邊打給凱倫，對她高聲痛罵，說她是叛徒，說她怎麼敢想這種事。」伊芙琳悄悄地拿起皮包，溜回家去。「我不想用力關門讓她發現我走了，因為我覺得她會追出來，」她說。「她會以為是我煽動凱倫搬出去，但我沒有。凱倫要我幫她問的時候我也很意外，那是她要我做過最糟的事，但我願意為這女孩赴湯蹈火，她真的是很好的人。」

9

病倒

一九九六年，羅布・霍爾伯格在《紐約時報雜誌》的專題報導中簡潔有力地總結了凱倫・卡本特的痛苦：「如果厭食症的經典定義是年輕女性想尋求掌控權，那麼凱倫絕對是典型受害者，因為她在世界上最重視的兩樣東西——她的聲音和母親的愛——都是屬於理查的。那麼至少她可以掌控自己的身材。」她也的確嚴加控制了，一九七五年九月，凱倫的體重掉到僅剩四十一公斤。

凱倫對苗條的追求一開始看似無害，她在高中畢業後開始採行史帝曼飲食法。雖然她從來不曾真的肥胖，但六十六公斤的十七歲少女，大多數人都會覺得是有點肉肉的。後來她減到五十五公斤，透過合理的飲食維持體重，還不至於讓自己挨餓。但巡迴時的飲食對凱倫來說問題很大。她在一九七三年描述道：「在路上吃飯很麻煩，就這樣。除此之外，要吃得好真的很難。我們不喜歡在演出前吃東西，因為一肚子食物的話我沒辦法唱歌……晚餐都要等到半夜或凌晨一點才能吃到，那麼晚了，吃太多又會睡不著，而且會胖得像吹氣一樣。」

在跟著凱倫巡迴期間，瑪麗亞・蓋利亞奇從沒見過她有看似強迫性或不理性的進食習慣。「我跟著她的時候，她沒有進食問題，」蓋利亞奇說。「她一直很注意體重，因為她很介意她的臀部。她的臀部稍微大了一點，但她一點也不胖。她很少說關於體重的事，但總是很注意吃的東西。像是她可能會吃兩片培根而不是四片，吃一顆蛋而不是兩顆，但都不會太過度。我從來沒看過她對著鏡子說，『噢，我太胖了。』從來沒有，我不知道她後來是怎麼了。」

凱倫看到一九七三年八月在塔荷湖演唱會拍的照片時大受打擊，不適宜的服裝讓她的小腹顯得微凸。她立刻請了一位到府的私人教練，這位教練建議她採用低熱量但高碳水化合物的飲食法。實行新的飲食運動計畫後，凱倫並沒有瘦下來，反而練出肌肉，而且變重了。那年秋天，木匠兄妹上了鮑伯・霍伯（Bob Hope）的電視特別節目，在看播出時凱倫說自己變胖了，理查也覺得她看起來胖了一點。她覺得很氣餒，發誓一定要「想個辦法」。

接下來凱倫做的第一件事就是開除那個教練，然後就是一心一意地減掉多出來的體重。她買了一個美臀踩踏器，每天早上在床上用，因為是可攜式的，所以去巡迴演出時她也會帶著。「她常常用，」丹尼・布魯克斯說，他在一九七〇年代中期跟著木匠兄妹巡迴了幾次。「她的腰腹和臀腿稍微胖了一點，我知道她很在意。」他說。

「她減掉快九公斤，看起來漂亮極了，」卡蘿・科布回憶道。「那時候她大概是五十公斤左右，那樣很好看……如果她能停在那裡，一切都會很美好。那個年代的女孩，有很多人都有這種經驗，每個人都想像崔姬（Twiggy）一樣瘦。世界上的每個人，或多或少都有一些飲食失調——不是吃太多就是吃太少。凱倫只是太過頭了，她停不下來。」

有一次凱倫和理查在休息時間到 A&M 錄音室附近的「小咖啡館」（Au Petit Café）用餐，這家店位在凡恩街（Vine Street），是他們最喜歡的法式小酒館。理查看著凱倫一絲不苟地計算熱量，規畫每餐的食物，就讚美她瘦身有成，「你這樣很好看。」他說。

「我要減到四十七。」

「四十七？你這樣就很好了。」

凱倫的反應讓理查有點擔心。事實上，這是他第一次覺得，凱倫可能節食得太過火了。

「他們大受歡迎，不斷站上舞臺，所以凱倫想再瘦一點，讓自己的線條更好看，」蕭文・巴許說，回憶起凱倫在一九七四年以前就像個粗壯的男人婆。「凱倫瘦了將近九公斤，看起來棒極了……但她並不滿意，因為她還想要更多，她想要注意、愛、關心和減重成功帶來的一切。得不到，她就繼續減重，最後瘦得不成人形……顯然她眼中的自己，和別人看到的都不一樣，她眼中的自己又胖又醜。」

就像邁克・科布一年前發現到的，親朋好友也開始注意到凱倫的飲食習慣劇烈改變，即使她極力掩飾。她會一邊說話，一邊用叉子調換盤裡食物的位置，或把食物推來推去，假裝自己一直在吃東西。她的另一個策略，則是把食物分給桌上的其他人品嚐。她會對自己的餐點讚不絕口，然後要桌上的每個人一定都要吃一口看看。「來，你吃一點。」，她會一邊說著，一邊積極地把盤裡的食物舀給別人。「你要不要吃吃看這個？」等晚餐結束，凱倫的盤裡乾淨淨，但她的餐點全分給別人了。艾格妮絲看破了她的技倆，開始以同樣方式回敬，「這個也很好吃，」她會一邊說，一邊把食物放到女兒的盤上。這讓凱倫悶悶不樂，她知道得另想辦法避開食物。

伊芙琳．華勒斯在翻閱《讀者文摘》時，看到一篇在談有少女節食過度的文章。「她的行為和凱倫一模一樣，不停推動食物或根本不吃」，伊芙琳說，「她總是有辦法不吃東西。」以下文字節錄自一九七五年一月號的《讀者文摘》。

這名高二女生體重六十一公斤——比同身高的平均體重多了約兩公斤——她決定節食。但在降到標準體重後，她還是持續節食。八個月後她進了醫院，因為自發性的持續挨餓，體重僅剩三十四公斤。她的怪異行徑在醫學上稱為神經性厭食症。

這種情緒性病症，影響了數千名高中和大學階段的年輕女性，而且有日漸擴大的趨勢。休士頓貝勒醫學院（Baylor College of Medicine）的精神病學教授希爾德・布魯赫博士（Dr. Hilde Bruch）認為，舉國上下都以苗條為美，是造成神經性厭食症的原因之一，但其中還牽涉許多複雜成因，不能將病情簡單地定義為過度節食。拒絕進食和隨之而來的嚴重消瘦，都是病患深層心理困擾的外在徵兆，大多數精神病學家都同意治療應分為兩個層面：一是增加體重，以使病患脫離立即危險，二是透過心理治療解決潛在的情緒問題。

雖然伊芙琳向來避免插手雇主的私人事務，但她立刻察覺故事中的女孩和凱倫有多相似，這讓她心驚不已。她拿著雜誌去找艾格妮絲，把這篇文章唸給她聽。「我覺得凱倫和這個女孩一樣，」她說，「真的，得有人做點什麼，不然她也會變成那樣。」

伊芙琳覺得不該由她去找凱倫談這種事，但她建議艾格妮絲，凱倫也許該去看醫生，以免情況變得更糟。「我不希望〔凱倫〕生我的氣，以為我想扮演醫生，所以我從來沒有對她提起那篇文章。我是拿給艾格妮絲看，跟她說由她決定。」那本雜誌在艾格妮絲的床頭擺了幾週，「我想她從沒拿給凱倫看過。」

謝里・布恩・歐奈爾（Cherry Boone O'Neill）是藝人派特・布恩（Pat Boone）的大女兒，也是布恩家族合唱團的一員，她也有過和凱倫類似的問題。「在一九七四年我二十歲之前，我從沒聽過『厭食症』或是『飲食失調』，」她說。「我十七歲的時候，我們的小兒科醫生說，他見過和我一樣狀況的病人，如果我再不增重，他就要讓我住院治療，但那時候他沒有提起病名。在厭食症和暴食症裡掙扎了好多年，我以為只有我這麼奇怪，後來在新聞雜誌上看到厭食症和暴食症的報導，我才知道不是只有我有這種問題。那篇報導沒有告訴我要如何克服這些問題，但至少讓我覺得不那麼孤單，它也給了我的病一個名字，點明了敵人。」

凱倫的體重降到近四十一公斤時，她開始想方設法掩飾，尤其是在親近的人面前，以免他們說些什麼或要求她多吃一些。她開始層層疊疊地穿衣服，蕭文・巴許在一九七五年初注意到她的這套策略。「她會先穿長袖，再套一件襯衫，」他解釋，「然後再加毛衣，最後是外套……穿了那麼多，你根本看不出她變成什麼樣子了。」但一天下午，凱倫在紐維爾家的後院坦露上身做日光浴，伊芙琳・華勒斯意外瞥見她削瘦的身形，結果嚇壞了。「他們放了屏風，不讓人看見她，」伊芙琳解釋。「她很愛在外面晒太陽，我不知道她是想晒黑還是想躲著她母親。總之，我剛好到廚房去拿東西，就看到她在外面，她只穿了一件小短褲。你根本看不出來那是男是女，她完全沒胸部了。」

一九七五年二月，凱倫結識泰瑞・艾利斯（Terry Ellis），他是艾德和佛蘭達・萊夫勒夫婦的朋友。艾利斯在一九六九年成立了英國唱片公司蝶蛹（Chrysalis），旗下有傑叟・羅圖（Jethro Tull）和李歐・賽耶（Leo Sayer）等人，雖然公司是在倫敦，但他不久前在洛杉磯買了房子，打算擴大公司在美國的能見度。佛蘭達有意做媒，就在晚餐上介紹兩人認識。艾利斯回憶道，「我是單身漢，她是單身女子，佛蘭達說，『你們兩個都這麼好，應該認識一下！』第一次見面我就很喜歡凱倫，要不喜歡凱倫很難。」

凱倫也同樣深受吸引。三十二歲的艾利斯身材高大，暗金色長髮及肩，而且五官俊逸。「他非常帥，」佛蘭達回憶道，「他是個會享受的人，開的是賓利（Bently），懂吃懂玩，總是坐著私人飛機到處跑。」

在和萊夫勒夫婦的晚餐約會後，凱倫和艾利斯開始頻頻約會，戀情迅速升溫。據艾利斯說，「我們彼此喜歡，後來就有聯絡，然後開始見面。」在艾利斯看來，凱倫和其他卡本特家的人很不一樣，她熱情開朗，而且喜歡肢體接觸。「她很常表露感情，也喜歡碰觸別人，而且她很愛被擁抱。」親近的朋友都察覺到兩人之間強烈的引力，對凱倫來說，最重要的是理查要贊同她所選的人，而理查贊同了。理查和泰瑞・艾利斯很快就成為朋友。

交往不久後，艾利斯就鼓勵凱倫休息一陣子，和他到南法和維京群島的托托拉島（Tortola in the Virgin Islands）度假。兩人抵達艾利斯在島上的住處，凱倫發現那裡沒什麼現代娛樂後大驚失色。等泰瑞走到聽不到的地方之後，她就打電話給佛蘭達，抱怨環境有多糟。「佛蘭，真不敢相信這裡居然有電話，」她說。「這裡連電視都沒有耶！」

佛蘭達很擔心凱倫會搭下一班飛機回洛杉磯。「絕對不能把凱倫放在沒有電視的地方，」她解釋。「她改不了。大多數人都會適應，但凱倫不行。」

以艾利斯在娛樂管理和唱片業的經驗和專業，他在進入凱倫的私人生活後，涉入她的事業也只是遲早的事。「我是外人，那其實不關我的事，」他說。但第一次去看木匠兄妹的演唱會後，他十分詫異他們的舞臺呈現一點也不專業。「看到他們表演，我下巴都要掉下來了，因為她真的表演得很糟，」他說。「她完全不懂該怎麼運用舞臺，什麼錯都犯了。她沒有善用自己活潑的個性，或是迷人的笑容，也不知道怎麼運用觀眾都超愛她的事實。她只是唱歌，換吉他手或鼓手獨奏的時候，她會背對觀眾，彈指打節奏，跟觀眾完全沒有互動。任何對舞臺有點經驗的人都會告訴你，永遠永遠不要背對觀眾。我簡直不敢相信，他們號稱擁有一流的經紀公司，卻沒有一個人握著她的手說：『凱倫，我們來加強你的舞臺表演吧。』他們實在應該請人幫忙規畫演出。」

艾利斯忍不住想表達意見。他是打造演唱會的專家，也很習慣在結束後給旗下藝人打分，希望他們下次能表演得更好。回到旅館後，他直率的分析讓凱倫目瞪口呆。「凱倫，我很抱歉這麼說，但你糟透了，」他說。「這是壞消息，但好消息是，你以後不會再那麼糟了！明天我帶你上舞臺，教你一些基本的。」

隔天兩個人在舞臺上走動，艾利斯向凱倫解釋，在恰比・奧布萊恩或托尼・佩魯索獨奏的時候，她不應該站在他們前面，背對觀眾。她應該走向觀眾，和大家互動。

「什麼意思？」她問。

「走到舞臺前方，伸出你的手。」他教道。

「我為什麼要這樣做？」

「因為觀眾會很高興！」

「那他們會做什麼？」

「他們會跳起來握你的手。」

「才不會！」

「會的，凱倫，而且他們會非常開心。」

艾利斯繼續向凱倫解釋，她前一晚演出時完全忽略了坐在二樓的觀眾，「走到舞臺邊緣，跟二樓的觀眾揮手。」他說。

「噢，我做不到。」

「你可以的，凱倫，而且他們會很高興。」

「那他們會做什麼？」

「他們也會對你揮手啊，凱倫！」

「才不會，」她說，「才不會呢！」

凱倫爭辯著，但那天晚上她登上舞臺後，以一種前所未有的方式掌控全場。和觀眾之間的互動對她來說再自然不過了，但不知道為什麼，她之前一直避免這樣的交流。「她就像進了糖果店的小孩，」艾利斯回憶道，「她發現了能讓生活更有趣、更充實的事。」

伊芙琳．華勒斯也注意到了。「突然之間，她開始揮手，從舞臺的一邊走到另一邊，好讓所有人都能看到她。她很快就發現，自己應該更常走動，和觀眾互動。」

凱倫突然在舞臺上大放異彩，讓理查十分意外。據泰瑞．艾利斯說，理查對這種變化深感不快，這不免讓人覺得奇怪，畢竟最初是他力勸凱倫離開鼓組、站到舞臺前方的。「理查已經習慣成為所有人注意的焦點，這種變化讓他很意外，也難以接受。他很生氣，不懂為什麼她能受人注意，而他沒有。在拉斯維加斯的時候，他曾經抱怨過不受到重視，做的事都沒人知道——而他說得沒錯。他才是木匠兄妹背後的音樂奇才，卻沒有人花點功夫，表彰他應有的功勞。凱倫成了所有人注目的焦點，她是有金嗓子的女孩，擁有天使的聲音。」

艾利斯為了一系列演出剛好也到了拉斯維加斯，他發現理查非常生氣，因為他在《告示牌》雜誌的座談會上，被介紹成「木匠兄妹的鋼琴手」。「你跟經紀人討論過嗎？」艾利斯問道，「他們有做什麼嗎？」

「嗯，」理查說，「沒有。」

在拉斯維加斯時，都有大型管弦樂團配合木匠兄妹的演出。在每場演出時，指揮會帶領樂團演奏一段序曲，迎接凱倫和理查入場。艾利斯向理查建議，「你本來是直接上臺彈奏鋼琴，現在我們要讓觀眾知道你是誰，有多大能耐。你可以先上舞臺，然後由你來指揮序曲！」在艾利斯看來，管弦樂團的指揮象徵著掌控、責任和權威。「觀眾馬上就會知道你是特殊人物，而不只是鋼琴手。」艾利斯很樂於幫忙，但他在指導凱倫和理查的時候，可能有點越界了。他責怪管理團隊——尤其是蕭文・巴許——沒有早點處理這些問題。「你們可以說是被經理人拖累了，」他這麼對他們說。

「凱倫和理查是從當尼市來的，演藝圈對他們來說很陌生，」艾利斯解釋。「他們很興奮，也覺得很幸運能有點成就。他們的經理人蠻有名氣的，他們覺得運氣很好能請到他，但其實他做得非常糟。他完全沒有做生涯計畫，也沒有人為木匠兄妹或理查或凱倫做長遠的打算。我想從來沒人和他們坐下來說：『我們來談談該怎麼規畫，想想要怎麼把事業做到你們五六十歲或七十歲。』」

一九七五年《地平線》（Horizon）專輯發行，距離上一張專輯已經有兩年之久。有些歌迷覺得這張唱片長度太短，剛好三十五分鐘而已，但新式錄音技術的普及讓這張唱片的音質突飛猛進。木匠兄妹的出道專輯《奉獻》只用了八音軌，接下來的四張LP唱片都是十六音軌。《地平線》率先採用A&M剛引進的二十四軌錄音技術，引起了許多關注。《滾石》的史蒂芬・霍爾登說這是他們「目前為止最洗練的專輯，」說這張專輯「秉持五〇年代主流流行樂的精神，流暢地轉換為當代品味……凱倫・卡本特已經成長為優秀的歌手，不管是老鷹合唱團（Eagles）的〈亡命之徒〉（Desperado）或是尼爾・薩達卡（Neil Sedaka）的〈單人牌戲〉（Solitaire），她純熟的詮釋所展現出的專業性，足以媲美五〇年代的巨星，如喬・斯塔福德（Jo Stafford）和蘿絲瑪麗・克魯尼（Rosemary Clooney）……理查・卡本特加入比以前更豐富的聲音質地，又巧妙融入凱倫的歌聲中，不至於喧賓奪主。」

發行不到兩週，《地平線》就贏得金唱片。雖然在英國和日本都衝到榜首，但在美國與前十名失之交臂，只停留在第十三名。據理查的說法，單曲〈不過昨日〉（Only Yesterday）是技術上的一大突破，運用了菲爾・史佩克特（Phil Spector）的「音牆」法。但這首歌的成功害他和約翰・貝帝斯輸了一千美元，因為他們和錄音室工程師打賭，說這首歌很難紅起來。據貝帝斯說，他坐下來寫〈不過昨日〉的時候對自己說：「老天，又來了——又一首昨日的歌。」他刻意避開〈告別愛情〉和〈昨日重現〉那種憂傷的風格，把這首歌寫成樂觀積極的情歌，主題是「身在愛河中」，他解釋。「昨天沒那麼好，因為沒有你。」

一九九一年，理查在為日本的卡拉 OK 合集重新混音不同音軌時，在〈不過昨日〉的多音軌磁帶裡，發現了一支未標記而被遺忘的備選曲目，最後沒收進《地平線》專輯裡。那是凱倫翻唱大衛・帕瑪倫茲（David Pomeranz）所寫的〈再次感受〉（Trying to Get the Feeling Again），搭配鋼琴、貝斯和鼓聲，錄製於一九七五年。後來那成了巴瑞・曼尼洛（Barry Manilow）晚《地平線》四個月發行的專輯主打歌，也成為他在一九七六年的暢銷單曲。木匠兄妹的版本則沒被採用，因為理查覺得這張專輯裡的抒情歌夠多了。這首曲子一直沒完成，也不知為何沒編錄進 A&M 的磁帶櫃裡。理查加入了二十四人制弦樂、原聲吉他、電吉他和合成器樂聲後，完成了這首歌，收錄在《詮釋：25 週年紀念》（Interpretations: A 25th Anniversary Celebration），於一九九四年發行。

傳奇編曲家比利・梅（Billy May）將安德魯斯姊妹（Andrews Sisters）的〈我能作夢吧〉（I Can Dream, Can't I?）編得華麗大氣，是凱倫少數與大樂團一起錄製的抒情曲。《滾石》的霍爾登說這是「新一代芭樂歌中的精品，戈登・詹金斯（Gordon Jenkins）、雷・艾利斯（Ray

Ellis）、尼爾森・里德爾（Nelson Riddle）、伯希・費斯（Percy Faith）、這些錄音大師，聽到以後說不定會願意和其他中間路線的走紅流行團體合作。」

爵士樂樂評人戴夫・格利（Dave Gelly）也有同樣看法，他還注意到凱倫使用麥克風的技巧。「她靠麥克風很近，一開始是像茱莉・倫敦（Julie London）和佩姬・李（Peggy Lee）的音量，也就是不比低語大多少，再逐漸地提高到喬・斯塔福德的程度。不痛苦、不掙扎——就那麼泰然自若地做到了。」

肯・巴恩斯（Ken Barnes）在為《黑膠唱片》（Phonograph Record）所寫的評論中稱《地平線》為「抒情搖滾的『涅槃』」，並繼續寫道：「承認自己喜歡木匠兄妹已經不是那麼驚世駭俗的事了（記得不久前在搖滾圈子裡他們還被視為異端邪說）。現在大家應該都被打動了……如果所有的中間路線團體都這麼棒，大家也許就不會那麼討厭電臺那樣鋪天蓋地播放了……至於木匠兄妹，他們讓中間路線昇華，自成經典。」

凱倫大幅消瘦之後，顯然必須重新置辦舞臺服裝。她挑了許多低領的絲質長裙，有些是無肩帶，甚至是露背款式。蕭文・巴許看到她瘦得肩膀骨頭和肋骨突出的樣子嚇壞了，在薄薄的衣料下甚至能看到她的髖骨。他請凱倫換成別的服裝再上臺。「我說服她穿件外套，遮一下背部和手臂，」他說，「但觀眾還是看到了。」

凱倫上臺後往往會引得觀眾齊齊倒抽一口氣。事實上，在幾場演出後，就有憂心的歌迷找上巴許，他們知道事情嚴重不對勁，但以為凱倫是得了癌症或其他重病。就連樂評人也注意到她瘦骨嶙峋的模樣。《綜藝》的一篇評論讚美凱倫離開鼓的舉動，但批評了她的外表：「她太瘦了，幾乎不成人形，應該選更適合的服裝。」

泰瑞・艾利斯逐漸發現，凱倫的節食行為顯然不只是想瘦幾公斤那麼簡單。在他們認識後的短短幾個月內，艾利斯親眼看著凱倫日漸消瘦。「她上臺時常穿露背裝，」他回憶道，「都能看到她突出的肩胛骨和肋骨了。看得出來她實在太瘦了。」

在康乃迪克州沃陵福（Wallingford）的奧克代爾劇院（Oakdale Theater）五天的演出，有許多木匠兄妹的兒時友人來觀賞。艾格妮絲和哈羅德也搭飛機過來，卡爾・沃索與泰瑞莎夫婦開車到旅館，接卡本特夫婦去看演出。奧克代爾往南十五哩就是新哈芬的霍爾街，也就是卡本特夫婦二十年前初識然後養兒育女的地方。「〔哈羅德〕很不安，」泰瑞莎回憶道。「我們一碰面，他說的第一句話就是：『她騙不了我，我知道凱倫出了事，她得了神經性厭食症。』那是我第一次聽到這個名詞。我心想：『他在說什麼？是真的嗎？』果然，我們一看到她就知道，她真的是得了那個病，她爸爸說得沒錯。」

據約翰・貝帝斯說，當時沒人知道凱倫到底為什麼不吃東西。對她身邊的人來說，要解決這個問題看似很簡單：吃就對了。「神經性厭食症對我來說太陌生了，我到一九八〇年才能正確地唸出病名，」他說。「對一般人來說，解決之道看起來再簡單不過：你吃東西不就好了嗎？所以我們都努力塞食物給凱倫……就我所知，厭食症是為了獲得掌控感，至少你可以控制人生中的這件事，隨自己的意。我想她是控制過了頭。」

謝里・歐奈爾坦誠，想獲得掌控感絕對是她自己患病的主因。「當你開始拒吃食物，從來都身不由己的生活裡，突然有一件事是自己可以控制的，你真的會樂壞了。厭食症患者覺得，就算其他事都無能為力，但至少她能控制自己吃不吃東西。」

和凱倫的節食儀式相反，泰瑞・艾利斯愛好美酒美食，經常到歐洲各地的頂級餐廳悠閒地享受美食。凱倫則是一如往常地只點沙拉，再把盤裡的生菜推來推去，一邊喝加了十幾顆檸檬的水。

沒多久，艾利斯就親眼目睹凱倫這幾個月以來養成的飲食習慣。她假裝自己吃了很多，但其實是把食物分給了身邊的人。有一次凱倫和樂團一起去吃飯，飯後她點了一大片蛋糕。「她很不得了地告訴大家，她點了一片蛋糕，又說看起來多好吃，她有多期待，」艾利斯回憶道。「就像在說：『快看，我吃了一大片蛋糕！』等蛋糕送到以後，她只咬了一小口就說：『哇，太好吃了，』然後開始到處走動，對團員說：『天哪，這蛋糕超好吃，你一定要來一口。』等她分完，蛋糕也只剩下一點點了。」

樂團成員和其他注意到她情況的人都同意凱倫的狀況完全符合厭食症的描述。他們在後臺目睹她是如何筋疲力盡，在演出的休息時間，她會攤躺下來，以前她從來不會這樣。看到她前一秒還躺著，下一秒又能上臺唱歌，大家都目瞪口呆。就算是接連演出，凱倫也展現出「無與倫比的緊張能量，」蕭文・巴許說。他是一個務實的人，向來直言不諱，他坦蕩地和凱倫談厭食症的事，從不藏著掖著。「她得了厭食症這件事，我們討論過無數次了……我一直勸她去看醫生，但我想她們家是那種媽媽會說『我們自己能處理，不需要外人幫忙，這是家務事。』的家庭」

據艾利斯說，有時候凱倫似乎是想引起家人注意，就算是讓他們因為她的病而生氣也好。他解釋道，每當她節食或「過度節食」，家人的注意力就會集中到她身上，尤其是艾格妮絲。「凱倫從來沒有被這樣關注過，所以她很喜歡。專家說，年輕女性節食或過度節食的原因之一，就是童年時很少受人關心。她們用這種方式向家人討愛。」

一九七五年的夏季巡迴演出，經理人蕭文・巴許安排凱倫和理查搭配流行歌壇老將尼爾

・薩達卡一同演出，薩達卡也是BNB代理的藝人。薩達卡因為新單曲〈雨中歡笑〉（Laughter in the Rain）而再度走紅，這次巡迴演出由他為木匠兄妹開場。薩達卡在舞臺上活力四射，不時做些誇張的動作，他因此大受觀眾歡迎，但也讓木匠兄妹的表演顯得平淡而令人失望。木匠兄妹在演唱會上完美呈現了他們的音樂，卻沒投注多少心力營造舞臺效果。

在拉斯維加斯里維拉賭場酒店表演了幾場後，木匠兄妹明顯察覺，薩達卡的演出比他們的表演更受歡迎。「跟我那三十五分鐘比起來，他們的表演安安靜靜，」薩達卡在他一九八二年的自傳《雨中歡笑：我的故事》（Laughter in the Rain: My Own Story）中寫道。「我因為能上臺而顯得興奮無比，木匠兄妹則像是去走個過場。」

接著巡迴到新英格蘭時，媒體也有類似報導。「薩達卡搶盡木匠兄妹風頭」，紐約每日新聞（New York Daily News）的頭條寫道。管理團隊開始藏起這些評論，不讓凱倫和理查看到，但薩達卡很快就察覺到木匠兄妹的敵意。「我不知道是怎麼回事，」巴許說，「打從一開始，凱倫和理查就和尼爾處得不太好。也許他做了或說了什麼讓他們不舒服的事……我沒辦法平息他們的怨氣。」

那年夏末，木匠兄妹的最新單曲——翻唱自薩達卡的〈單人牌戲〉——開始爬上排行榜，同時他們又回到里維拉表演兩週。第二天晚上，理查就向樂團宣布，因為時間限制，他要抽掉最後一個環節，就是讓薩達卡和凱倫和理查同臺。隔天晚上，薩達卡在開場表演時，若無其事地介紹了在臺下的來賓湯姆・瓊斯（Tom Jones）和迪克・克拉克（Dick Clark），這下可捅了馬蜂窩。表演場中一貫的默契，就是這類介紹要留給頭牌明星，而對理查來說，這是最後一根稻草。他本來就因為薩達卡用了他們的管弦樂團而不高興，而且理查的鋼琴在薩達卡的演出時間內壞了好幾個鍵，現在他又壞了規矩，擅自介紹臺下的貴賓。「我走下舞臺的時候，」薩達卡回憶道，「聽到理查・卡本特在吼叫：『叫那混蛋滾出去！』」

凱倫哭著說：「尼爾，真的很抱歉。」

當時蕭文・巴許人在德國安排接下來的歐洲巡迴宣傳事宜，一通電話從里維拉打了過來。「有天晚上我接到理查的電話，他整個人歇斯底里。」巴許也同意這是重大的失誤，他問理查是不是想開除薩達卡。「我當然要開除他，」理查扔下這句話。

「我人在柏林，不在拉斯維加斯的里維拉附近，」巴許回憶道。「我打電話回洛杉磯，他一出動了一半的人飛過去，結果還是徒勞無功。理查不認為自己反應過度。為了這件事，他一整個抓狂。」隔天薩達卡被告知，理查要他立刻離開，剩下的時間酬勞會照付。

等泰瑞・艾利斯和理查通上電話，已經太遲了。「我們開除了尼爾・薩達卡。」理查說。

「你說什麼？」艾利斯吼道，他很清楚，這對木匠兄妹的形象會有多大的傷害。

「尼爾・薩達卡很有才華，也是很有經驗的演藝圈老將，」艾利斯說。「那時候他已經寫了二十年的暢銷歌，他在演藝圈打滾了很久，對這一行很熟悉。那個可憐的傢伙只是做了自己該做的事！他只是在臺上拿出最好的表現，他那樣才叫真正的表演，而他們的不是。他每天晚上都出盡風頭，因為他知道該怎麼做——而他們不知道。這讓理查很不高興，因此他認定是薩達卡僭越了——他不該那樣——他認為薩達卡該做的是支持陪襯，而不是搶風頭。薩達卡只是在做他該做的事！他拿了酬勞，自然就要拿出他最好的表現。」

薩達卡聽從其他圈內友人的建議召開記者會，並對記者說他「仍然處在震驚狀態。一開始是理查提議要我和他們一起巡迴，一切也都很順利，每場演出觀眾都起立鼓掌……他們覺得我太強勢了，我猜是我表現得比他們預期的好過了頭吧。」他也為自己介紹湯姆・瓊斯和迪克・克拉克的舉動辯解：「他們都是我的好朋友，我還為湯姆寫歌。這是我第一次因為表演得太好而被要求離開。我很遺憾，這麼有才華的人卻這麼沒有安全感。諷刺的是，他們現在正紅的〈單人牌戲〉還是我寫的歌。」

薩達卡強調他並不憤恨，只覺得悲哀。「我不想說木匠兄妹的壞話，」他說。同為藝人的史蒂夫・勞倫斯（Steve Lawrence）和艾迪・高曼（Eydie Gorme）邀他到凱薩宮（Caesar's Palace），告訴觀眾詳細經過，但他婉拒了。在離開拉斯維加斯之前，艾略特・阿伯特（Elliott Abbott）再度邀請薩達卡到里維拉表演，這次是以頭牌身分，阿伯特以行動表示他在這場爭執中選擇哪一邊。這場紛爭也讓薩達卡跟蕭文・巴許及 BNB 公司分道揚鑣，和阿伯特自組經紀公司。維爾納・沃芬飛到拉斯維加斯，試圖安撫理查，這時的理查轉而對巴許處理這件事的方式不滿，他怪蕭文在和他通電話時，埋下了開除薩達卡的種子。理查提出的解決方法是開除蕭文，改請泰瑞・艾利斯當木匠兄妹的新經理人，但沃芬覺得不妥。他覺得凱倫在和艾利斯交往，這樣可能會有利益衝突。即使如此，理查還是堅持立刻和巴許中止合作。「不是凱倫，是理查，」巴許回憶道。「是他要求律師解雇我。而尼爾・薩達卡覺得在這件事裡沒人代表他爭取利益，所以也要他的律師解雇我。就因為介紹了湯姆・瓊斯和迪克・克拉克這件事，雙方都把我解雇了。」

回到當尼後，焦頭爛額的木匠兄妹想都沒想到，泰瑞・艾利斯會拒絕擔任他們的經理人。他只說可以暫代一陣子，等他們找到人接手。一如艾利斯預料的，開除事件像野火般在報紙和電臺新聞裡四處延燒。「木匠兄妹『敲打』尼爾・薩達卡」、「薩達卡表現太亮眼被炒」。樂評人和電臺主持人在評論和播放木匠兄妹的音樂時，也開始奚落他們。喬爾・麥克納利（Joel McNally）在《米爾瓦基日報》（Milwaukee Journal）上寫道，薩達卡事件是「有史以來頭一遭，木匠兄妹被人聽到出飆粗話——即使說的只是『嘔爛橡皮糖』」。

木匠兄妹歌迷俱樂部努力回覆薩達卡事件後寄來的數百封信。伊芙琳・華勒斯沒說什麼，但理查脾氣失控把場面弄得這麼難看，讓她十分尷尬。「我覺得他那樣做很不聰明，」她說。「我知道理查一定是想自己介紹那些人，但他可以說『謝謝尼爾為我們介紹什麼什麼的』，這樣就能顯現出他才是老大。」

在給歌迷俱樂部會員的信中，理查這樣解釋：

在演藝圈中，有時開場團體會因為個人或其他原因而不適任，不只是木匠兄妹，其他頭牌團體也碰過這樣的事。遇到這種狀況時，頭牌團體別無選擇，只能中止和開場團體的合作。尼爾的情況正是如此。請放心，我們不是因為尼爾・薩達卡表現得太好才開除他。事實上，我們很高興觀眾對他的表演反應良好。是因為其餘他完全知情的事件，才讓我們不得不中止和他的合作……他為此召開記者會的舉動，讓我們很失望。就我個人來說，拉斯維加斯／薩達卡事件已經過去了，現在我更加關心的是凱倫的健康和寫新歌。

更多關於里維拉演出的評論陸續刊載，而且大多是寫在開除事件發生之前。根據《綜藝》報導：「和尼爾・薩達卡配合的這兩個星期，是木匠兄妹目前為止的最佳組合……觀眾反應相當熱烈。」文中盛讚薩達卡的演出，說他「在開場的四十分鐘內炒熱氣氛，足以擔當頭牌地位……在開場表演結束時觀眾紛紛起立鼓掌。」另一位樂評人則說在里維拉的首場表演是「薩達卡之夜」。

在里維拉演出的壓力之下，凱倫逐漸惡化的健康狀況再也遮掩不住。除了外表形銷骨立，她的身心兩方面也都幾近耗竭。預定的秋季歐洲日本巡迴行程，只會讓她脆弱不堪的身心更加惡化。「我一直告訴自己，『我沒有真的生病，明天就會好起來了，』」在《旋律製造者》一篇名為〈凱倫：我病倒的原因〉的文章中，她向雷・科爾曼解釋。「要表演時就撐一下，但狀況愈來愈糟，〔在賭城〕最後兩天，我不知道自己是怎麼撐過來的……知道身體無法再承受我對自己做的事，感覺很煩。你會想說『嘿，別緊張，我可以的。』但這次我真的不行了。」

雖然她撐過了在賭城的表演，沒出什麼重大意外，但一回到洛杉磯，凱倫就住進了西德西奈醫療中心（Cedars-Sinai Medical Center），一連待了五天，讓醫生調養她極度低下的免疫系統。出院時，醫生命令她要進食和休息，到十月底之前都不能再工作。這是她第一次住院，之後還有很多次，但大多數都是保密的，有些甚至連她家人都不知道。「她住院了好多次，」佛蘭達・富蘭克林回憶。「有太多次都差一點。」

醫生宣布凱倫不適宜參與預定的海外巡迴演出，演唱會必須改期，好讓她有更多時間在家休養，努力增加體重。「她在生理和精神上都嚴重耗竭，」羅伯特・柯賓醫生（Dr. Robert Koblin）對媒體表示，「原本還有四週緊湊的歐洲行程等著她，但我不能放她去，我認為如果去的話，對她的長期健康來說極為危險。」

據《旋律製造者》報導，木匠兄妹的巡迴，原本將是英國最賣座的巡迴表演，在預計的二十八天歐洲巡迴中，會有近十五萬觀眾欣賞他們的演出。五十場演出的票在數小時內就售罄，現在全部要退款。據報導，取消演唱會讓木匠兄妹損失了二十五萬美元。日本主辦單位的社長永島達司（Tats Nagashima）說，這場巡迴演出收入原本可達一百二十萬美元，而且能在日本創下多項紀錄。關切的傑利・摩斯，代表A&M唱片致電海外巡迴主辦單位，並擔保會為演唱會取消造成的損失負責。

凱倫覺得這些損失都是她造成的，不斷地向管理公司和A&M道歉，她尤其覺得愧對理查。「我真的很抱歉，因為我的病拖累了理查，」隔年她說。「他也覺得很抱歉，因為他覺得是他把我逼得太緊了。然後我們都生氣了，因為我們沒有早點踩煞車，解除那些後來讓我累壞的壓力。」

泰瑞・艾利斯陪著理查到倫敦和東京舉行記者會，說明演唱會取消的事。理查對英國媒體發出以下聲明。

凱倫的身心都很疲累，但身體方面更嚴重一些。我們四月和五月各巡迴了一次，然後是五週的夏季巡迴，緊接著是拉斯維加斯的兩週演出，實在沒有多少休息時間。在賭城的最後一週，凱倫瘦到只剩三十九公斤……原訂的歐洲巡迴在二十八內有五十場演出，就算奇蹟發生，她能撐過去，我也不希望她這樣做……凱倫很難過她沒辦法來，當然我也是。所以我希望過來當面致歉……我們會盡快回來。

「女性很難適應這種強度的生活。」泰瑞・艾利斯補充道。「聽起來回想起這句話，艾利斯說他以前都沒注意到，在巡迴時女性更容易覺得疲累。我好像也是在幫凱倫『掩飾厭食症』的共犯。」

理查和艾利斯抵達歐洲和日本時聽到各種謠言，有些報導說凱倫罹癌，有些則暗指她自殺。「理查回來後不想告訴我這些流言，」凱倫回憶道。「那些都是胡說八道，我從來沒想過自殺。我是很沮喪沒錯，但老天爺，還不到想自殺的程度。我這麼珍惜生命的人才不會做這種事。不是，真正讓人心驚的是我體重掉得太多，一開始我減掉了想減掉的體重，但後來還是一直掉，就算我拼命吃想補回來也沒用。」

在艾格妮絲・卡本特的嚴密監看下，凱倫一天睡十四到十六小時。「我媽以為我死了，」她告訴雷・科爾曼。「我之前通常睡四到六小時，顯然前兩年我都是靠意志力在撐。」最後她的體重回復到四十七公斤。

聽說凱倫生病且被勒令臥床療養，法蘭克・普勒到紐維爾去看她，陪了她一下午。「她狀況很不好，說是腸子的問題。」他說。凱倫告訴他，醫生的診斷是腸躁症，「我完全不知道她有飲食失調的問題。」

普勒來訪時，凱倫向他坦承，尼爾・薩達卡的事讓她很低落。「我覺得那讓她的心生病了。」他回憶道，「她什麼事也不想做。」

憂心歌迷的來信大批湧入木匠兄妹家時，凱倫很驚訝。「大家都沒想過藝人也是人，」凱倫說。「你走上舞臺的時候，觀眾以為你很完美，他們視你為偶像，而不是普通人。我們就跟大家一樣，會生病，會頭痛，受傷時一樣會流血。我會病倒，是因為層層疊疊的問題，一下出太多事了。」

歌迷俱樂部在一九七五年十二月的通訊裡，提到凱倫的狀況。

請大家放心，凱倫罹癌純屬謠言。因為工作過度、飲食問題及缺乏休息，使得凱倫身心俱疲的狀況下，得了結腸炎（也就是結腸發炎）。因為夏季行程過於繁忙，即使她的意志力再強還是病倒了，自然之母要她好好休養。感謝老天，她很快又再度展露活力樂天的性格。

10

我需要戀愛

「我和泰瑞，我們戀愛了，」一天下午凱倫走進紐維爾的辦公室，對伊芙琳‧華勒斯這麼說。

「太好了，凱倫！」伊芙琳喊道，「我真替你高興。」

一九七五年末，出乎所有人意料，凱倫突然搬進艾利斯位在比佛利山莊的家。「她搬出紐維爾的事讓我超級震驚，」伊芙琳回憶道，「主要是我不覺得艾格妮絲會讓她搬出去。」

理查宣稱他對凱倫搬去和艾利斯住的決定沒有異議。即使如此，凱倫還是希望盡量保密。「我根本不知道他們同居了，」卡蘿‧科布說。「在那個年代，女生不會嚷嚷自己和人同居了。」但凱倫的母親的確很生氣。「艾格妮絲氣壞了，」佛蘭達‧富蘭克林說，「簡直震怒！」她的女兒沒結婚就和人同居，完全違反了她那極度傳統的觀念，而且這還是女兒第一次搬離家門。「我提議她搬來和我住，」艾利斯說，「我想我應該是犯了一個大錯。她媽媽氣瘋了，完全不能接受。」

艾利斯很快就發現，艾格妮絲把他當成一個威脅，認為他對凱倫的影響力大過家裡。事實上，艾格妮絲最擔心的是他可能會引誘凱倫單飛，甚至是搬到英國，使得木匠兄妹解散，丟下理查一個人。據佛蘭達說，艾利斯的確有意讓凱倫單飛，而且他也有能力做到。「蝶蛹唱片是他開的，他當然有這個能力。他們都嚇死了，所以就開始中傷他。」艾利斯否認他有意鼓勵凱倫單飛，但也認為艾格妮絲的確是死守嚴防。「她的家人──我所謂的『家人』就是指她母親──把我當成威脅，認為我會破壞她和凱倫的關係，還有她對凱倫的控制，」他說。「從當時的情況看來，她母親應該是覺得我的威脅太大，所以多少有點逼凱倫在我和她之間選一個的意思。」

艾格妮絲究竟有沒有破壞這段戀情，不得而知。但兩人很快就發現彼此之間的差距過大。凱倫是「愛上戀愛的感覺」，佛蘭達說，「可是一旦他提出其他要求，像『你來英國住吧』，她就嚇壞了。艾利斯是很歐陸的人，他想帶走她。當然如果能成真，那也是好事，可是對她來說還太快了。她還沒辦法適應他在英國的生活，那是一個出門坐私人噴射機，住托托拉島的世界……那是她嚮往的世界，但她還沒準備好進入。」

雖然凱倫很希望成為「上城人」，但她其實還是一個典型的美國中產階級女孩，晚上喜歡窩在家裡，邊看電視邊吃零食。「那棟房子裡沒有電視，」佛蘭達解釋道。「你覺得好笑？她可覺得一點也不好笑。」才住了幾星期，凱倫在艾利斯富麗堂皇的比佛利豪宅裡就覺得坐立難安。「我受不了了，」她告訴佛蘭達，「我要離開這裡！」

凱倫陷入低谷時，萊夫勒夫婦來解救她，他們似乎每隔一段時間就得這麼做一次。凱倫趁著艾利斯出城時毫無預警地打包行李離開。「她甚至沒有勇氣好好分手，」佛蘭達說。「她想談戀愛，卻又談不起戀愛，所以就一走了之。她怕了，我們只好去接她，她走的時候心都碎了。」凱倫和艾利斯的戀情，結束就和開始一樣突然，但凱倫羞於見他，等到搬離後才打電話給他。「不會有結果，」她告訴他，「我們不適合。這樣太痛苦了，我們別再見面了。」

艾利斯覺得這是艾格妮絲的手筆，她對女兒似乎就是有這種催眠般的控制力。「她母親鬧得她只能直接搬回去，」他說。「我不知道那究竟是凱倫想要的，還是她就是只能這樣，還是那是被母親和家人逼的。」他不認為凱倫還沒準備好，或是不適應他的生活方式。「我和凱倫在一起的時候，去了一些地方，也去了法國，她玩得很開心，」他說。「我陪著她遠離家人的時候，她整個人都活了起來！私底下的凱倫有很多面貌，但一回到家人面前她就變了。」

「哈羅德和艾格妮絲很早就發現理查天賦過人，他是音樂天才——這點毫無疑問。他以前是，現在也是，但從他們發現這點的那一刻起，全家的能量就都奉獻給了理查的事業。他們從東岸搬到西岸，只為了讓理查有更多機會，家裡每個人一直聽到的始終都是：『我們家出了個萬裡挑一的才子』，『理查是天才』，『我們都要犧牲奉獻，好讓他有機會一展長才』。所以凱倫從很小的時候就不斷聽到，她人生最重要的事就是支持理查，直到他們成了超級巨星後還是這樣。如果你遇過他們家的人，當然我碰過很多次了，他們家的氣氛永遠都是『大家都站在理查這一邊』，『理查才是真正的明星』。就算凱倫自己也成了明星，這種氣氛還是沒改變，而她也覺得這樣才對。」

凱倫曾在《每日鏡報》（Daily Mirror）的採訪裡稍稍提及和她艾利斯的感情。「我們交往了一陣子，但不是那麼契合，我們還是好朋友，」她說，但也坦承「我覺得我從來沒有真正戀愛過。」事後她後悔說出這樣的話。「他們都說等愛情來了我就會知道，我也只能等待。我很想要感受愛情，而且現在我最想要的就是結婚生子，如果可以就太好了。但那一定要是自然而然的，希望是在這一兩年內。」

在伊芙琳・華勒斯的記憶中，艾格妮絲興高采烈地歡迎凱倫回到紐維爾，還帶點「我就說吧」的姿態。「回來就對了，」她這麼告訴凱倫。但凱倫鬱鬱寡歡。和艾利斯分手讓她心碎，畢竟這是她最接近長期關係的一次。除了戀情告終，木匠兄妹和艾利斯在事業上的合作也隨之結束，而最讓她難以承受的，或許是又一次掙脫原生家庭的努力宣告失敗。她已經二十五歲了，還搬回家和父母親同住，但凱倫發誓這次回到紐維爾只是暫時的。「她真的很想搬出去，」伊芙琳回憶道。「我覺得她母親把她逼到想離家，她很想擁有自己的公寓。」

凱倫很快就宣布她打算搬到世紀城（Century City），一九七五年七月她就在那裡買了一套公寓。世紀雙塔（Century Towers）高二十八層樓，位於星光大道（Avenue of the Stars）二二二二號，可以俯瞰希爾克斯特鄉村俱樂部（Hillcrest Country Club）和蘭喬公園（Rancho Park）的高爾夫球場。世紀雙塔興建於一九六四年，也就是二十世紀福斯影業（Twentieth Century Fox Studios）把外景場地開發成世紀城的期間，雙塔的設計者是世界知名的建築師貝聿銘（I.M. Pei）。凱倫買下東塔第二十二層樓角落相連的兩戶，二二〇二號和二二〇三號。每當有客人來訪，〈我們才剛開始〉的前六個音符的門鈴聲就會響起，迎接訪客進入八十五坪大的豪房。「非常漂亮，」卡蘿・科布說，「她請了頂級室內設計師來裝潢，很美，反映出功成名就後蛻變過的新凱倫。」

「你想要什麼樣子？」室內設計師約翰・卡特瑞爾（John Cottrell）問凱倫。

「你坐好先坐下來，」她警告道。凱倫的裝潢品味是採眾家之長，混合了當代、鄉村和法式風格。「我希望家裡看起來既優雅又時髦，」凱倫告訴他。「全部都要是最好的，一流的，但又要能讓人覺得把腳放上去也沒關係。不要太〔正經〕，但又要很美。」

「天呀，」卡特瑞爾說。

最後的成果是重點運用有機玻璃和鍍鉻的客廳，加上鄉村風的廚房。讓凱倫的新豪宅流露個人風格的，是她在大床上整齊排放的動物玩偶。臥室裡裝設了Advent VideoBeam投影家庭劇院系統，搭配兩公尺寬的螢幕，和理查在魯貝克街裝設的同款。卡蘿・科布回憶道，凱倫的衣帽間完全展現出她的完美主義。「凱倫簡直是一絲不苟，」她說，「所有衣架都是同款，衣架之間的間隔都是六毫米。褲子放一區，襯衫放一區，就像是整整齊齊的精品店。」

另一位經常來訪的是歌手奧莉薇亞・紐頓強（Olivia Newton-John），她和凱倫一九七一年在倫敦伯克來廣場（Berkeley Square）的安那貝爾（Annabel's）夜總會認識，後來兩人成了密友。「凱倫很活發友善，」奧莉薇亞說，「我們一拍即合，因為我們都是很樸實的人，在這一點上我們有共通語言，而且我們也喜歡對方的歌聲。我們曾經談過要不要組個二重唱來玩，但我們都太忙了，最後還是沒實現。我們兩個的生活都忙瘋了，所以同病相憐，因為行程太滿，常常只能一起吃個午餐，或是我到她在世紀城的家。她家一塵不染，那套房子真的很漂亮，景觀也非常棒。我還記得心想，『她真的好幸運，可以自己住這麼漂亮的房子。』她非常愛乾淨，家裡總是整整齊齊。顯然這是有點問題的，也許是偏執強迫症。」

在裝潢得高雅時髦的家裡，四處擺放著凱倫收集的米老鼠和迪士尼週邊商品。「她其實很有童心，」奧莉薇亞說，「她很愛小孩子的玩意兒，人也很搞怪。」凱倫經常會幫親近的朋友取好幾個暱稱，奧莉薇亞就是莉薇或奧姬（ONJ）。據佛蘭達說，所有東西在凱倫那裡都有暱稱。「整個世界都有暱稱，」她說，「她就像是有自己的語言一樣。她會說：『你和阿家（'rents）說過了嗎？』意思是指我爸媽。如果你不懂她的思路，大概會以為她是外國人。發簡訊對她來說一定是如魚得水！」

凱倫的新居距離塔路（Tower Road）上的萊夫勒夫婦家只有幾公里。佛蘭達很歡迎她搬到附近，也帶著她融入新生活圈。世紀雙塔的門房很喜歡凱倫，這讓她覺得很自在。轉過皮卡街（Pico Boulevard）街角就是凱倫最喜歡的歐文市場。「她自己劃了一小塊勢力範圍，」佛蘭達說，「就像是她的小當尼。她喜歡跟著我去做一些雜事，跟著我到處走，她想知道附近所有的好地方，還有比佛利山莊和洛杉磯特有的東西。」

有一天她們走進卡農路（Canon Drive）上的雪絨花糖果店（Edelweiss Candy），凱倫看到現場手工製作的糖果時興奮極了。她極少吃這類甜食，但糖果的製作過程和擺盤讓她著迷不已。「我的天啊，」她告訴佛蘭達，「這才叫糖果店！」

一九七六年一月，木匠兄妹和A&M唱片重新簽訂合約，經理人也換成Management III的傑瑞・溫特勞勃。溫特勞勃是演藝界有頭有臉的人物，他事業的起步是一九五〇年代在MCA唱片（MCA Records）當星探，在擔任凱倫和理查的經理人之前，和他合作過的明星包括艾維斯・普里斯萊、法蘭克・辛納屈（Frank Sinatra）和茱蒂・嘉蘭（Judy Garland），他更協助約翰・丹佛在一九七〇年代中期大紅大紫。

溫特勞勃接手木匠兄妹後的第一要務，就是為他們擬定以長期發展為基礎的計畫。他們主要是唱片團體，但在一九七六年之前，他們大部分的時間卻都花在巡迴演出，根本沒有多少時間能待在錄音室。連續五年的緊湊巡迴，讓凱倫和理查都身心俱疲，幾乎沒有私人生活，不是在全美各地趕赴一場又一場的演唱會，就是在歐洲或日本舉辦更多的演唱會，上電視或採受採訪。「我都要吐了，」凱倫在《時人週刊》（People Weekly）的封面故事中說，「突然間這變得一點也不好玩了。」

身為木匠兄妹的新經理人，溫特勞勃矢志扭轉方向，減少每年舉辦演唱會的場次，留出大量時間讓他們能待在錄音室。即使如此，他們的下一張專輯《愛的細語》（A Kind of Hush），顯然沒能掩飾住之前的忙碌造成的疲憊和健康欠佳。這張專輯在美國根本沒能打進前三十名，木匠兄妹的人氣也從此下滑。首支同名單曲是翻唱自赫爾曼隱士（Herman's Hermits）的熱門歌曲，也是專輯中兩首大量運用響板（Castanet-heavy）的老歌之一，另一首是尼爾・薩達卡的〈分手太難〉(Breaking Up Is Hard to Do)。專輯內賦予「老歌」新意義的是〈傻傻〉(Goofus),這首歌寫於一九三一年,萊斯・保羅、戴寧姊妹(the Dinning Sisters)和切特・阿特金斯(Chet Atkins)等人都曾翻唱過。樂評人喬爾・麥克納利說這張專輯「劑量過度的美,」,他覺得《愛的細語》這名字取得對,因為整張專輯單調沉悶。「現在它很有可能橫掃葛萊美獎,」他開玩笑道,「諾貝爾和平獎和讀者文摘大獎。」

足以挽救這張專輯的是卡本特－貝帝斯的原創歌曲,約翰・貝帝斯認為這首歌可以說是「告別愛情:第二部」。〈我需要戀愛〉(I Need to Be in Love)一開始只有歌名,和艾伯特・哈蒙德(Albert Hammond)寫的幾小節旋律,那時哈蒙德在英國和貝帝斯一起寫歌。但他們兩個一直沒把這首歌寫完,後來這首歌交到了理查・卡本特手中,在兩人手中,貝帝斯說這首歌就像「解開線球,織成毛衣」,逐漸成形。

凱倫第一次聽到〈我需要戀愛〉,就宣布這首歌完全是她的寫照。「他寫出歌詞後我真的目瞪口呆,」她說。「第一段歌詞就是,『我做過最困難的事就是依舊相信/在這個瘋狂的世界有一個人等著我/來來去去的短暫交會/也許機會來過我卻毫無所覺』我說,『我的天,一點也沒錯。』」貝帝斯覺得,歌詞說的不僅是凱倫的故事,也是他自己和理查的。那段日子,他們三個人都在愛情裡跌跌撞撞。「〈我需要戀愛〉可能是我寫給凱倫的歌詞之中,最貼近自傳,也是我最喜歡的,」他解釋道,「如果說有哪一首歌,是我打從心底寫給凱倫的,那就是這一首，成果也讓我很滿意。」

凱倫很喜歡列清單：待辦事項清單、購物清單，甚至是清單的清單。她在一九七五年向雷・科爾曼解釋，說她常在睡前手拿紙筆躺在床上，心裡一遍遍過著明天要做的事。「我會告訴自己：『要做這個，要做那個，這個要搞定。』一回神才發現自己躲在被窩裡，拿著手電筒，寫了五十件隔天早上十點以前要做的事。這樣不太好，應該放鬆一點才對，但我就不是那種人。」據友人說，她還為理想伴侶的特質列出明確的清單，而且不符期望的她絕不將就。「身在演藝圈很難找到對象，」她這麼告訴《時人》（People）雜誌，「但我絕對不會為了結婚而結婚。」

「那你理想對象的條件是什麼？」記者在一九七六年採訪她時問道。

「喔，等我拿一下清單，」她開玩笑道。「但我得先站起來，不然那張單子可能會垂到地上！」記者不知道的是，她真的把這些要求都一一列下了。她希望能保持獨立，希望伴侶能了解也欣賞她的事業。「我當然會希望減少工作量，」她說，「但也不是結了婚就關在家裡，至少我不行。我不會放棄唱歌，也不會放棄演出，或任何我想做的事。但我想和一個人一起做這些事，分享這一切。我希望能和一個人分享我的一切喜悅。」

同年稍晚，她又回答另一位記者同樣的問題：「我希望未來的老公能接受我的成功，因為我不可能放棄事業，整天待在家裡。他自己要很有錢。我不想整天擔心我的男人想吃軟飯，我看過太多婚姻這樣毀掉。他要比較強勢，因為我自己的控制欲就夠強了，我可是推土機⋯⋯目前為止，十有八九都沒了下文，大多數和我約會的男人，一看到我就慌了。他們被我嚇得要死，他們會嫉妒我的車，或是生氣我們進餐廳後我被認出來⋯⋯所以，對的人在哪裡？但我還是要說一句話：如果我結婚，一定是水到渠成。」

從一九七六年起，凱倫就點名〈我需要戀愛〉是她在木匠兄妹所有歌曲中的最愛。「它完全寫出我的心聲，」她說，「有時候在臺上唱著唱著，我就會很難過，都差點把自己唱哭了。」雖然是首好歌，但這支單曲終究沒能打進前二十名，最後止步於二十五名。接下來最合適的第二波主打應該是〈沒有你無法微笑〉（Can't Smile Without You），這首歌後來在一九七八年讓巴瑞・曼尼洛紅透半邊天。但木匠兄妹略過了這首歌，推出了〈傻傻〉，這也是從《愛的細語》裡挑出的最後一支單曲。〈傻傻〉最終只攀上第五十六名，是木匠兄妹出道以來成績最差的單曲。

泰瑞・艾利斯在暫代經理人期間做了一些變革，以此為基礎，傑瑞・溫特勞勃開始全盤改造木匠兄妹從一九七四年起就一成不變的舞臺秀。「我們剛開始巡迴的時候，一心只想重現唱片裡的聲音，」凱倫說。「我們做到了，結果現場聽起來和唱片沒兩樣。我們沒有放太多心力在表演環節，也不知道那對現場演出來說很重要。」

除了請來肯恩與米契・威爾許（Ken and Mitzi Welch）夫婦擔任編寫和執導團隊，溫特勞勃還請來著名的百老匯編舞喬・林頓（Joe Layton）。林頓認為木匠兄妹扮演優秀音樂家的角色太久了，沒必要把演唱會弄得像在聽唱片一樣，不然歌迷回家聽唱片就好了。「林頓是天才，」一九七六年加入木匠兄妹巡演工作團隊的麥可・蘭辛（Michael Lansing）解釋道，「在溫特勞勃的巧妙點兵下，林頓和肯恩與米契合作，打造出全新的秀，完全推翻了以前的作法。」

凱倫的鼓技成了新的亮點，加入了一整段的打鼓秀。「她在那麼多鼓之間換來換去，從來沒有錯過一拍，」伊芙琳・華勒斯回憶道。「觀眾都跟著尖叫起來！」採用移動式傾斜舞臺後，凱倫坐在鼓組後的樣子，觀眾可以一覽無疑。「就是打鼓而已，」凱倫解釋道，「我完全沒唱歌，舞臺上最後擺了二十三件鼓。我愛打鼓也愛唱歌，無論是哪一個我都不想放棄。」在打鼓秀時，凱倫通常是穿藍色牛仔褲，搭配一件胸前寫著「LEAD SISTER」（一姊）的T恤。一九七四年一名日本記者在提到她時，將「lead singer」（主唱）誤植為「lead sister」，之後她就有了這個暱稱。

雖然凱倫熱愛打鼓，但她毫無疑問是木匠兄妹的金嗓和門面。大多數見過她和理查一起工作的人都說，他們比較像是藝人與製作人的關係，而不是雙人組。這時的轉變也許是個好時機，可以讓凱倫轉型為單人表演，理查則退居幕後擔任製作人。但他們反而變本加厲，把兩人的重要性拉抬到同等地位，這一點在舞臺上尤其明顯。「各位先生女士，」主持人說，「讓我們歡迎，理查・卡本特。」他們採納了艾利斯一年前提出的建議，由理查單獨開場。理查在定音鼓和弦樂的伴奏下走上舞臺，在中央舞臺上拿起指揮棒擔任指揮。此外，在他的鋼琴上方還懸掛了一面巨大的傾斜鏡子，角度正好能讓觀眾看到他的手指在琴鍵上飛舞。「記得一定要看鏡子，」在拉斯維加斯等待節目開始時，艾格妮絲這麼交待伊芙琳・華勒斯。

「什麼鏡子？」伊芙琳問道。

伊芙琳永遠不會對艾格妮絲坦言，她覺得那面鏡子根本沒必要。事實上，她覺得這樣很自戀。「觀眾是來看凱倫的，」她說，「他們是要來聽凱倫唱歌，才不是要來看理查彈他寫的歌。」

但連凱倫也強烈反對伊芙琳的這種看法。如果說母親是理查的頭號歌迷，那她就是第二號。「他那麼有才華，看到別人對他視若無睹，我都想哭了。」她在一九七五年對雷・科爾曼這麼說，那時候她也竭盡心力幫忙拉抬理查的地位，想讓大家都知道他才是木匠兄妹美妙歌聲背後的天才。「他們從來沒有給他應有的功勞，什麼事都是他做的，他才是構思一切的人，結果別人說些什麼『你哥哥做了什麼啊？』也有人跟我說，我真好心，還帶著哥哥一起巡迴……我真的很替他難過，因為他那麼厲害，卻從來不開口，只是坐在後面。只因為我是主唱，大家就把功勞都歸給我。他們以為厲害的是我，但我只是唱歌而已，其他全都是他的功勞。我願意為他做任何事，達到我們都想要的完美。」

雖然手足情深，也彼此敬重，但理查還是免不了嫉妒買唱片的歌迷和演唱會觀眾對妹妹的追捧。「凱倫才是明星，」他在一九七三年解釋道。「歌迷會寄信給她，跟她要簽名。沒什麼人注意我，大多數人都比較關注凱倫。她是主唱，也是演出時的主角。我的部分則是挑選材料、編曲、編排、製作、想專輯名稱、挑選工作人員、掌控演出秩序和想該怎麼改善演出。觀眾不知道我做了什麼，他們不知道我寫了好幾首熱門歌曲，什麼都是凱倫，那也沒關係，唐尼與奧斯蒙家族（Donny and the Osmonds）也是這樣。但對我來說，我知道自己做了什麼。即使有很多人和樂評人不喜歡，但事實是我做的歌很有商業價值，也製作得很好。能選出一首原本沒沒無聞的歌，把它做成暢銷歌的感覺很棒，這讓我感覺很好，當然，也挺得意的。」

新舞臺秀依然保留了向老歌致敬的慣例，不過有時候會換成百老匯熱門音樂劇《火爆浪子》（Grease）的組曲。如果是這種安排，理查就會騎著摩托車衝上臺，凱倫則會身穿粉紅色緊身衣，頭戴爆炸頭假髮，頂著誇張的假胸部入場。演唱會中新加入的橋段，還包括模仿史派克・瓊斯（Spike Jones），浮誇惡搞風格的〈靠近你〉，搭配卡祖笛和鍋碗瓢盆。凱倫很喜歡新表演中加入的戲劇性。「我們是很蹩腳的演員，」一九七六年在德國時她這麼告訴雷．科爾曼，「但我們很喜歡那些打扮和製作。我們是不是做得太過頭了？那要看觀眾怎麼說，因為目前為止反應還不錯，明年再問一次吧。」

最令人震驚的是結尾的〈我們才剛開始〉，理查離開他一直固守的鋼琴，走到中央舞臺和凱倫並肩而立，這顯然是拉抬他重要性的手法之一。「他們有一瞬間假裝是愛侶，彼此對望，」雷．科爾曼在德國演唱會的評論中寫道。「雖然他們的歌大多是歌頌愛情，不過這對兄妹檔向來不以溫情著稱，這倒是難得一見的真情時刻……只是看到一對兄妹演出這種略顯不倫的場景，我覺得有點不舒服。」據科爾曼的說法，這些「匪夷所思」的表演，從正面來看是木匠兄妹終於「讓僵直兩年的屍體起死回生，這是他們的勇於嘗試贏來的。他們一九七四年的演出很無聊，一九七六年的表演則是野心太大——新秀讓人不得不有所反應，整場演唱會沒人睡得著。木匠兄妹回來了——而且一如往常地全力以赴，他們顯然不知道何謂偷懶。」

英國樂評人麥克．伊凡斯（Mike Evans）說木匠兄妹的音樂是「斯文塑膠流行樂」，他對這些努力過頭的娛樂把戲同樣無動於衷。「布幕升起後，呈現出來是美國庸俗藝術花裡胡哨的聖殿，縮小版的拉斯維加斯，到處是紅色燈光和亮片，」他寫道，歌曲則是「唱得毫無瑕疵，演出高度專業，但整場表演幾乎不帶一絲感情。」

也許凱倫和理查是太過努力了。新秀是由威爾許夫婦編寫，每一個字句和手勢——就連所謂的即興發揮也是——都是預先寫好，再排練到機械式的完美。「舞臺效果凌駕木匠兄妹的音樂之上」是奧克拉荷馬大學校友會演唱會後出現的標題。「他們不僅是被劇本綁住手腳，甚至連嘴都堵住了……很可惜他們出道不久就被樂天派的形象所累，還得不遺餘力地去迎合這種形象。」

在巡迴時，凱倫和理查大部分時間都是獨處，樂團其他成員在不同城市觀光、在旅館走廊打保齡球（確有其事）的時候，這對兄妹通常都縮在自己的旅館房間裡。「他們是一對怪人，」經常為他們開場的丹尼・布魯克斯回憶道，「我覺得他們不那麼自信從容。我愛這個樂團，但凱倫和理查和我不怎麼聊得來。」

工作人員麥可・蘭辛倒是很喜歡凱倫，而且以讓她在巡演期間盡可能的舒適為己任。他在她的更衣室裡鋪地毯，永遠確保她的電視收訊正常，即使是得把電視線纏在各種金屬物體上。「我看過她的各種造型，」蘭辛說，「從在更衣室裡只穿內衣內褲，到穿上舞臺裝準備出場。」他和另外兩位工作人員，傑奇・希倫（Jackie Hylen）和大衛・康雷（Dave Connley），會去凱倫在紐維爾二樓的臥室，拿她取名為黑庫拉（Blackula）的巨型衣櫃行李箱。先把它從樓梯上滑下來，再搬到道奇（Dodge）小貨車上，棕色車身上用金色字體寫著「木匠兄妹」標誌。之後再把衣櫃送到木匠兄妹在影視城（Studio City）摩爾音響的倉庫，最後裝上兩輛貨櫃車之一，跟著樂團輾轉各個城市。

蘭辛在凱倫身上看到更深層的個性，他覺得那是許多人沒發現的。「有太多人誤解了她，」他說。「凱倫比她表現出來的敏感許多，她很喜歡過普通生活，也是一個很樸實的人。和凱倫說話就和其他人說話沒兩樣，她一點架子也沒有。她其實是很有趣的人，但我想她也很希望生活裡能有更多樂趣。」

為了在巡迴途中打發時間，凱倫會做刺繡，或是看電視節目的錄影帶，她最喜歡的節目是《我愛露西》（I Love Lucy）和《馬可斯韋伯利醫生》（Marcus Welby, M.D.），她會邊看電視邊讓造型師珊蒂・荷蘭幫她的頭髮上捲子。和大多數歌手不同，她很少在演唱會前花時間開嗓。「我和很多歌手討論過這件事，」她在一九七八年說。「他們說：『你在演出之前怎麼準備？』我說：『就打扮好走出去啊。那你會做什麼？』『噢，我會做伏地挺身，做做發音練習。』我就說：『老天，這樣你還沒上臺就先累了吧！』」

木匠兄妹的歐洲巡迴日期改到了一九七六年秋季，艾格妮絲和哈羅德跟著樂團去英國赴這場守護神劇院（Palladium）之約，樂團彩排和檢查音效的時候，他們就去四處觀光。「秀是星媽在管的，」丹尼・布魯克斯回憶道。「我是說，整個秀都歸她管。他們有管理人也有經紀人，但只要艾格妮絲在場，大事都要聽她的。我很喜歡哈羅德，他也很喜歡跟著樂團跑，他個性很好，相處起來很愉快。他說話慢慢的，還會拉長母音，他會說，『孩子啊，我們今晚要把飼料袋掛在哪裡啊？』這對星爸星媽沒什麼行程，他們就是跟著黃磚路走，跟樂團一起坐上飛機，小孩去哪他們就去哪。」

這次一起跟著上路的，還有小理查十八歲的女朋友，他的親表妹瑪麗・魯道夫（Mary Rudolph），也就是艾格妮絲的妹妹伯妮絲的女兒。「我去過他們在巴爾的摩的老家，那時候瑪麗才十幾歲，」瑪麗亞・蓋利亞奇回憶道，她隔壁住的就是瑪麗的哥哥馬克・魯道夫（Mark Rudolph），馬克也是木匠兄妹的巡演工作人員。「她哥哥和我是好朋友，據馬克的說法，瑪麗追了理查很久，一直沒停過。」麥可・蘭辛記得瑪麗是以服裝道具助理的身分隨行，對外宣布的名字是「瑪麗・比克佛」（Mary Pickford），以免有人注意到兩人是親戚。「我們會一起去打保齡球、看電影、閒逛，那時候瑪麗在和理查交往，但沒人說什麼，大家都隻字不提！」

據友人的說法，凱倫知道哥哥和小表妹交往後，「火冒三丈」、「勃然大怒」。她格外氣憤的是，理查在巡迴期間花了大量時間和瑪麗在一起。「我從來沒有帶著男朋友巡迴，」凱倫在一九七五年對雷・科爾曼說，同時避談當時的男友艾利斯，「我覺得這樣不對，再說我也從沒遇過想帶在路上的人。這就跟男生帶著老婆或女人一起巡迴一樣，巡迴就是在工作啊。」

在英國時，凱倫極力避開理查和瑪麗，自己反倒開始和「細細」約翰・亞德里安（John "Softly" Adrian）幽會。亞德里安是A&M倫敦分公司的媒體宣傳主管，受分公司執行長德瑞克・格恩（Derek Green）指示，在木匠兄妹停留倫敦期間親自協助他們。「等凱倫到了以後你要照顧她，」格恩這麼對他說。三十三歲的亞德里安英俊斯文，曾當過模特兒，也演出過電視影集《心細如髮》（Softly, Softly），所以才會被叫做細細。亞德里安原本就是木匠兄妹的歌迷，在他們抵達倫敦之前，亞德里安就已經飛到德國去看他們的演唱會，他解釋說這是為了熟悉木匠兄妹和他們的秀。「我們對所有藝人都是這樣，」亞德里安回憶道，「你總不能對要合作的藝人一無所知吧。」

「你怎麼一個人坐著，那麼清高呀？」在格拉斯哥（Glasgow）的奧班尼酒店（Albany Hotel），凱倫手寫了一張語帶逗弄的紙條，像在邀請亞德里安和她共進早餐。他從餐廳的另一頭對她笑了笑，才起身走到她那一桌。他記得當時對凱倫的平易近人感到驚訝，又深受凱倫甜美的性格吸引，他在心中暗暗發誓，一定要和凱倫譜出一段戀曲。「我立刻就被她吸引了，我傾向於認為這是雙向的，」他說。「不過老實說，那時候我們對彼此都還有點害羞。」

亞德里安很快就發現，要打進木匠兄妹的圈子比他想像中更難。「她身邊總是圍繞著一大群人——家人、經理人、唱片經理，」他回憶道，「她身邊有好幾道護城河，你得一一渡過才能接近她。我覺得她就像一個小女孩，一個恰好擁有金嗓子的小女孩。凱倫非常和善可愛，但她住在一個玻璃碗裡。有六十五個人在告訴她在做什麼，還有五十五個跟班、經理、副經理，簡直是恐怖修羅場。」

亞德里安承認，他只有靠在唱片公司的職位，才能勇渡層層護城河。「我會去旅館接她，帶她去接受採訪，照顧她，在這種時候我就能很靠近她。和一個人這麼密切互動後，你很快就能了解對方，我想她也信任我，讓我照顧她。」正如他所期待的，一段戀曲隨之而來，他和凱倫相見的次數愈來愈多，「就是那種短短的、讓人心動的羅曼史，」他說。「幾乎沒人察覺，很甜蜜，其實就只是這樣。非常甜蜜。」

雖然互相喜愛，他們卻必須隱藏自己的感情，因為不會有人贊成木匠兄妹的成員和 A&M 的職員談戀愛。但即使他們小心翼翼，凱倫和亞德里安過從甚密的消息終究還是傳到了唱片公司高層和木匠兄妹的經理人耳裡。恰好佛蘭達・萊夫勒也跟著到了英國，她懷疑這個突然冒出來的傢伙別有用心。「有了那些錢，你會做什麼？」她問亞德里安。

「沒有那些錢，我現在也過得好好的，」他回答。「我不在乎她的錢。」

雖然亞德里安宣稱他對凱倫是真心的，但佛蘭達和其他人都覺得他像花花公子，不把他當一回事。直到凱倫邀他到洛杉磯跟她一起過聖誕節，大家才開始緊張。大家都認為凱倫是被迷昏了頭，沒有好好想清楚。「那只是一段插曲，凱倫沒有看清現實，」佛蘭達回憶道。「他很關心她，人也很可愛，但不適合她。他很快就被調走了，權勢壓人，凱倫根本無權置喙。」

而在A&M的倫敦總部，德瑞克・格恩得知凱倫和手下職員初譜戀曲，心驚了一下。旁人質疑亞德里安的人格和意圖，但格恩向他們保證，亞德里安是個好人，也絕對不是想當小白臉。但在層層壓力之下，格恩還是把亞德里安叫進辦公室，跟他說如果他真的應邀去洛杉磯找凱倫，在A&M的工作就保不住了。公司還提供了到加勒比海的機票，要亞德里安去度個假，放鬆一下心情，別再幻想著能和凱倫・卡本特在一起。「基本上，我們的關係是被身邊的人破壞掉的，」亞德里安說。「剛萌芽就被掐死了，還拿工作來威脅我。我去了加勒比海，三個月後就結婚了，可以說是一種反彈吧。」

當時亞德里安以為這是凱倫的安排，以為她想無聲無息地結束他們之間的關係，不然怎麼會有這麼好的福利。他覺得自尊受損，所以巡演還未結束就悄悄地離開了。等凱倫聽說他丟下工作去熱帶地區度假，還以為他是和其他女人跑了，結果兩個人都以為是對方失去興趣，這段關係就這麼告終了。「他們都是控制狂，」亞德里安說的是A&M和木匠兄妹團隊。「她是會下金蛋的鵝，人人都守著她。他們不希望有任何人——更別說是她可能偏愛的外人——把她從家人身邊帶走。我想他們可能是怕我成為她的經理人之類的，這也太扯了，我根本沒有那個能耐。」

一回到洛杉磯，凱倫就親筆寫了問候卡寄給亞德里安，上面寫著：「謝謝你照顧我。」

亞德里安認為凱倫可能始終都不知道他們之間的關係是怎麼被破壞掉的。事實上，他們兩人再也沒提起這段短暫的感情，直到十五年後德瑞克・格恩打破沉默，亞德里安才知道背後的計謀。得知多年前凱倫遭到這樣的控制，讓亞德里安覺得很不平。「她真的很可憐，完全沒辦法為自己作主，別人都幫她決定好了。有她媽媽、爸爸、哥哥和經理人，她自己卻不見了。」

眼看沒有什麼正經對象，凱倫開始偶爾和其他人約會，包括同為音樂人的友人湯姆・巴勒、巴瑞・曼尼洛、演員馬克、漢蒙（Mark Harmon）和喜劇演員史提夫・馬丁（Steve Martin）。「史提夫很喜歡凱倫，凱倫當然也覺得他很好，」伊芙琳・華勒斯說。「有次他們要出去，凱倫都挑好她要穿的衣服了。結果理查聽說那天晚上凱倫要和那個史提夫・馬丁出門，沒多久就聯絡凱倫說：『喔，我預約了錄音室，今天晚上要錄音。』一知道凱倫要約會，他就突然約到錄音室，準備錄音了。你看，就算她自己搬到公寓住，她身上還是有根線握在理查手裡，她從來不能自己作主。」

就像她偶爾約會的名人對象，凱倫發現以她的情況，不但極難認識人，就像她常說的，更難找到「真實的」人。「我非常想找到那個對的人，」她在一九七六年說，「但他必須要能理解我，更要非常強大。普通人絕對受不了在鎂光燈之下的壓力，還有隨之而來的種種荒謬。這是沒辦法強求的，強求只會讓一切變成一場惡夢。我知道有很多人都試過，毫無例外都失敗了。我會繼續做我現在做的事，如果遇到讓我心動的人，再慢慢發展……我不怕變成老姑娘，這沒什麼好怕的。幸福不該取決於另一個人。我們都被洗腦太久，好像如果不娶妻或嫁人，你的價值就會下降。就是這種病態，造成了那麼多怨偶。」

如前經理人蕭文・巴許所說，愈是風光的女明星，愈難找到能從容面對她熠熠星光的男人。「我沒聽過有誰想被叫做黛安娜・蘿絲的先生，」他說，「你想被人叫做芭芭拉・史翠珊的先生嗎？男人的自尊受不了這個，所以要找到對象真的不容易。」

凱倫經常向友人傾吐想當妻子和母親的渴望。「我非常想有自己的家庭，」她在一九七六年對採訪者說。「我真的很想要小孩，也許這樣很老派，但我做不來未婚生子這種事。我非常相信婚姻制度，也是以家庭為主的人，這一點我引以為傲。我的童年很快樂，我也想像我爸媽一樣對孩子好。」

卡蘿・科布也斷言，生兒育女就是凱倫的人生終極目標。「雖然她有得天獨厚的歌喉，事業心也強，但我想她最想要的還是有老公小孩，家外面圍著白色籬笆。」兒時友人黛比・庫提塞洛也這麼認為。「她非常想要孩子，她想要有自己的家庭、狗兒、雙車庫和白色籬笆。」

在夢想成真之前，凱倫只能透過好友佛蘭達・萊夫勒過過乾癮，她甚至還在佛蘭達進產房的途中爬上輪床過。沒人知道佛蘭達懷的是雙胞胎，第二個寶寶出世時，凱倫抬頭朝著天花板的方向喊道：「感謝神！為我送來這一個！」能當艾希莉和安德魯的教母也好，她喊這對寶寶「孩孩（kidlets）」，艾希莉更是很快就得了個暱稱「出名的艾希莉（Ashley Famous）」。她送給兩個寶寶一人一個銀盤，上面由她親手刻著：當我清點我一生的幸事時，你要算兩次。愛你的凱倫阿姨。

凱倫一邊期待擁有自己的家庭，一邊琢磨著未來孩子要叫什麼名字。最後她決定，男孩就隨理查的名字，但大家要叫他理克或理奇，女孩的話就叫克莉絲蒂。

11

告訴我們問題在哪裡！

從一九七〇年的〈（他們渴望）靠近你〉，到一九七六年的〈我需要戀愛〉，木匠兄妹的每支單曲（不包括B面的），都登上了《當代成人單曲榜》的冠軍或亞軍。據克里斯多佛・費德曼（Christopher Feldman）的《告示牌亞軍單曲書》（Billboard Book of #2 Singles）的說法，「這一連串的紀錄至今仍無人能敵」。在流行榜上，木匠兄妹一共囊括了連續十六首占據前二十名的暢銷單曲，以及五張打進前十名的專輯。在這六年間，他們贏得了三座葛萊美獎，也榮獲美國音樂獎。但這些紀錄再耀眼，也難以撫平他們在一九七六年之後，唱片銷售及人氣走下坡的痛苦。這樣的跌勢在美國尤其明顯，凱倫受到的打擊最大，她似乎把每一次的成功和失敗都當成自己的責任。「每做出一張暢銷唱片，之後就要付出雙倍的努力，才能再做出另一張，」她在一九七七年說。「這一行每分每秒都在變化，如果不能把全部時間都投注在保持頂尖，你很快就會過氣。這是全職工作。」

雖然凱倫和理查名氣還是很大，演唱會也很賣座，但唱片銷售卻開始下跌。《愛的細語》最後還是達到了金唱片，但熱賣程度遠遠不及木匠兄妹之前的專輯。赫伯・阿爾伯特曾經暗示過凱倫和理查，這張專輯不及之前作品的水準。雖然阿爾伯特大可壓後時程，要求他們精益求精，但木匠兄妹覺得這樣就夠好了。

在一九七〇年代早期和木匠兄妹合作過的阿林・費格遜見過許多藝人由盛轉衰，就連貓王艾維斯・普里斯萊和法蘭克・辛納屈等傳奇人物也逃不過這個定律。「每個人都會有這一天，」他說。「這和明星本身沒什麼關係，他們還是原來的樣子，只是觀眾膩了。美國觀眾是很奇怪的，他們不僅善變，還會受到很多不屬於音樂因素的影響，像是宣傳或公眾形象。這有點像從眾心態，一旦偶像的形象光環褪色，美國歌迷就會追捧其他人。演藝圈就是這樣，這在圈內有個很妙的說法——人人都是『明星殺手』，明星一過氣，就沒人理會了。有時候就是曇花一現，也帶來一些悲劇，我想凱倫就是其中之一。像這樣無法接受盛況不再的悲劇，我隨便就能講出幾十個。」

木匠兄妹把市場對他們的音樂反應不再熱烈的原因歸咎於整體形象。從出道開始就困擾他們的形象問題，原本是可以隨著時間淡去的，但凱倫和理查兩人一再吐露不滿，反而讓人更關注他們的「乖乖牌」形象。有人說他們是「喝奶的」、「有夠乾淨」、「吞維他命的」、

「甜到膩」、「賣牙膏的笑容」等等。一九七四年《滾石》的封面故事，就是他們想打破這種印象所做的努力，想擺脫他們完美天使的迷思。「加在我們身上的形象，」凱倫說，「就連米老鼠都做不到，我們也只不過是平凡人。」

一九七六年《時人週刊》的封面故事延續了這種想「墮入凡塵」的努力。他們承認兩人都不是處子，而且都贊成大麻合法化。「大麻不會比酒精糟，」凱倫說。她在《旋律製造者》中告訴雷・科爾曼，有個記者問理查是否贊成婚前性行為。「他說『贊成』的時候，那個記者居然不肯刊出來！我們被看成『什麼都不做』！只會微笑、刷牙、洗澡、上床睡，媽媽的乖寶寶。我們也是平凡人！我早上起來會坐在電視前面吃早餐，看綜藝節目。我不抽菸，要是我想抽的話也能抽，我只是不喜歡而已，不是為了形象。」

報導刊出後造成的強烈反彈，不亞於一九七二年托尼・佩魯索在〈告別愛情〉中的破音吉他獨奏造成的風波，但木匠兄妹已有心理準備，也順勢為自己辯護。「我們非這麼做不可，」凱倫告訴倫敦的《每日鏡報》。「我們必須擺脫乖乖牌的形象，那太沉重了。我們是健康的平凡人，每個人都應該能自由去做想做的事。理查三十歲了，我二十六歲，但我們公開自己不是處子後收到的信，說得好像我們犯了濤天大罪一樣。不會有人傻到相信我們有那麼乖吧，我不喝酒是因為我不喜歡酒，但理查和團裡的男生在臺上喝啤酒放鬆一下，就惹出軒然大波。理查不過是抽普通的香菸，大家的反應也很激烈。還有自從我們說出贊成大麻合法化，就收到一大堆信，罵我們是癮君子……我們必須說出自己真實的樣子，要活得像天使也太痛苦了。」

奧莉薇亞・紐頓強和凱倫一樣，在一九七〇年代中期也有形象方面的困擾。「凱倫和我都被人看成『白麵包』，」奧莉薇亞說。「我們一直覺得沒被認真當成歌手看待。」凱倫有時會向奧莉薇亞吐露，自己對木匠兄妹的唱片銷售和人氣下滑感到沮喪失望。「他們之前如日中天，然後又經歷人人都會經歷的疲軟期，」她說，「但人生不就是這樣。」

在《愛的細語》之後，凱倫和理查似乎都失去了在前幾張專輯中煥發的能量與決心，要寫出或挑選電臺節目製作人和聽眾想要的歌曲材料似乎也變得更加困難。「過去三年我們的作品一直碰壁，我不明白為什麼，」凱倫在一九七八年對《電臺報導》(Radio Report) 說。「我們使出渾身解數做出最好的作品，理查換了好多方向，可以說能試的我們都試過了。除了古典樂，那個我們倒是還沒試過。」

秉持實驗性、多樣性，甚至可說是亂槍打鳥的精神，木匠兄妹的下一張專輯《旅程》(Passage) 在一九七七年九月二十三日發行。《告示牌》說這是他們「至今最大膽創新、成熟洗練的作品，」並指出「歌曲風格極富變化，從卡利梭（calypso）、搭配大量管弦樂的複雜流行樂節奏、帶爵士風的抒情曲、雷鬼到輕快的快歌都有。」

《旅程》的第一首歌是〈波瓦納她沒家〉（B'wana She No Home），大膽採用麥可・法蘭克斯（Michael Franks）創作的歌曲，並邀請爵士樂大師吉恩・普林（Gene Puerling）編寫和聲，和聲則邀請到聲樂團體高低音（Hi-Lo's）和歌手無限（Singers Unlimited）。這張專輯中的〈波瓦納她沒家〉和另外幾首歌，基本上算是現場錄製的。「錄音的時候，我們通常先從貝斯、鼓和鋼琴開始錄，然後再加上其他音軌，」理查在專輯內頁解釋道，「但有幾首歌幾乎是一次性地現場錄製而成，有些歌就需要這種效果。」

《旅程》的首支主打單曲是〈從愛裡得到的只有情歌〉（All You Get From Love Is a Love Song），凱倫很有信心這首歌會大受歡迎。「我們以為這首歌一定可以，」她說，「結果電臺根本不怎麼播。」這首歌放在專輯裡很適合，但並不是他們急需的強勁單曲。木匠兄妹比起之前更加在意電臺播放率，A&M裡的一些人還使出了賄賂手段，用金錢或其他好處換取播放次數或時段。公司甚至把木匠兄妹的歌迷也拉來幫忙，請他們注意某一首歌在某一電臺的播放狀況，事後會收到小禮物做為感謝。

理查第一次聽到〈呼喚星際住民〉（Calling Occupants of Interplanetary Craft），是托尼・佩魯索催著他聽加拿大樂團克拉圖（Klaatu）一九七六年的專輯。「〔他〕非常想做這首歌，」

凱倫回憶道，「這首歌做出來以後就成了經典。我們算過，花在〈呼喚星際住民〉的時間，比花在第三張專輯的時間還多。工程浩大，理查做得非常好。」除了把這首歌介紹給木匠兄妹，佩魯索還在歌曲剛開始的口白部分，飾演搞不清楚狀況的電臺主持人。

為了這張專輯，凱倫和理查還請來六十歲的彼得・奈特（Peter Knight），十年前他為憂鬱藍調合唱團（Moody Blue）的《未來的日子消失了》（Days of Future Passed）專輯編曲，他的功力讓木匠兄妹印象深刻。據豎琴手蓋兒・勒凡特（Gayle Levant）的說法，能和奈特合作讓她和其他錄音室樂手十分激動。「他是超厲害的編曲家，」她說，「能演奏他的樂譜是一大享受，就是那種魔幻時刻，你一聽到樂譜，就知道這個編曲者彷彿有魔法。」奈特還為《旅程》專輯中的另一首經典歌曲編曲並指揮管弦樂團。取自安德魯・洛伊・韋伯（Andrew Lloyd Webber）的歌劇《艾薇塔》（Evita），氣勢磅礡的〈阿根延，別為我哭泣〉（Don't Cry for Me, Argentina）。A&M的傑利・摩斯不贊成木匠兄妹灌錄〈阿根延，別為我哭泣〉，說那是社會主義頌歌，但理查堅持這首歌很適合凱倫唱，沒必要把它看成政治宣言。長年以來，在阿根廷製作販售的唱片都會抽掉這首歌。

因為合約條款禁止洛杉磯愛樂樂團（Los Angeles Philharmonic）以真名列入幕後製作工作人員名單，所以專輯內頁裡寫的是詼諧的「爆預算愛樂樂團」。這首歌動用一百多人的管弦樂團，再加上五十人的合唱團，在A&M的卓別林舞臺（Chaplin Stage）現場錄音〔再傳輸回錄音室D〕，舞臺下還坐著洛杉磯各家媒體的代表。木匠兄妹大學時代的友人，本身也是低音號手的威斯・雅各正好造訪洛杉磯，有幸參加了這場龐大的錄音盛事。

《洛杉磯時報》的搖滾樂樂評人羅伯特・希爾本極少對木匠兄妹的作品或現場演出有正面評價，卻難得地讚美《旅程》，說這張專輯「實驗性的手法，讓他們的音樂風格多了讓人耳目一新的特質。在〈阿根延，別為我哭泣〉一曲中，凱倫聲音的成熟度遠超過之前的所有作品。」希爾本顯然忽略了〈超級巨星〉、〈下雨天與星期一〉、〈化妝舞會〉和其他數不清的作品，但能贏得他的讚賞總是好事。不過凱倫對〈阿根延，別為我哭泣〉還有更深層的體會，就像她的許多歌曲一樣，這首歌的歌詞就像自傳，寫出了她多年來面臨的掙扎。

And as for fortune and as for fame
I never invited them in
Though it seemed to the world they were all I desired
They are illusions; they're not the solutions they promised to be
不管是名或利
都非我所求
儘管全世界都以為這就是我所渴求

〈甜蜜蜜的笑容〉（Sweet, Sweet Smile）是這張專輯的最後一支單曲，主打鄉村音樂市場。「這是我們第一次傾盡全力打造鄉村金曲，」A&M的國內宣傳副主管蘭尼・布隆斯坦（Lenny Bronstein）在接受保羅・格因（Paul Grein）採訪時這麼說。公司還將這首歌配上〈相信的理由〉、〈什錦燴飯〉和〈世界之巔〉，做成四首歌的《鄉村合集》宣傳EP，分送給鄉村電臺和地區主辦單位。「我們一直想在專輯裡加一首鄉村歌曲，」凱倫在一九七八年對《鄉村音樂》（Country Music）說，「沒有什麼特別的目的，只是因為我們喜歡。我們不是抱著要上鄉村榜的念頭去做音樂，我們一直都是做自己喜歡的東西。」雖然〈甜蜜蜜的笑容〉在流行榜只爬到四十四名，在鄉村榜卻打入前十名，最高是第八名。這次的跨界成功和鄉村電臺的熱烈反應，讓凱倫和理查在一九七八年時考慮做一張全鄉村音樂的專輯，但傑利・摩斯不同意這個計畫，還提醒他們，打造出一張暢銷的流行樂專輯才是當務之急。

〈再次墜入情網〉（I Just Fall in Love Again）原本應該是《旅程》裡的單曲首選，但這首歌和木匠兄妹之前的情歌路數太像了，都有雙簧管間奏和破音吉他獨奏。他們似乎刻意避開這種可預測性，整張專輯也有意無意地沒有一首是原創歌曲。加拿大歌手安・瑪莉（Anne Murray）也同時跨足流行樂和鄉村樂，她在隔年以〈再次墜入情網〉打入排行榜前二十名。

《旅程》是第一張封面沒有凱倫和理查照片的木匠兄妹專輯，和以往兩人笑容滿面的照片封面相比，是相當鮮明的轉變。就連標誌性的「Carpenters」字樣，都只是背面下方的一排小字。整張專輯的封面設計，都交由洛杉磯的知名插畫家盧・畢奇（Lou Beach）自由發揮。「我在探索新彩色全錄機器的極限，」畢奇回憶道，「那個作品是在印刷中心擺弄出來的，也是我接過報酬最豐厚的唱片封面設計案。」

木匠兄妹認為《旅程》在創作方面很成功，只可惜叫好不叫座，這是他們第一張沒達到金唱片的專輯。木匠兄妹的堅定支持者雷・科爾曼覺得他們的前兩張專輯是沒那麼好，但他宣稱《旅程》是「優柔寡斷的」事業低谷。「這些年來木匠兄妹屢屢讓人驚豔，所以我們會期待新專輯也出人意表，」科爾曼在《旋律製造者》的評論中寫道，「但這張專輯讓人失望……凱倫動人的歌聲一直是他們最強大的底蘊，但在〈男人聰明，女人更聰明〉（Man Smart, Woman Smarter）和〈阿根廷，別為我哭泣〉中卻失色了……這麼有才華的藝人招致這樣的評語實在可悲，不過木匠兄妹的歌迷大可略過這張專輯，期待他們盡快回歸自己的音樂路線。」

前經理人蕭文・巴許經常被人詬病，說他沒有給木匠兄妹留出足夠的錄音時間，好製作出高品質的唱片。巴許解釋說，木匠兄妹在唱片銷售量下滑時應該多點耐心。「太多藝人都忘了你不需要在五年內做到一切，」他說，「你可以拉長時間，慢慢來，花點時間充電，坐下來想一想下一張專輯要怎麼做。如果你要自己寫，一兩年能出一張專輯就算幸運了。以今天的生活來說，就算沒有三年出一張，世界也不會忘了你。這世界不差一張專輯，真正缺的是傑出的專輯，但我始終沒能讓理查相信這一點。」

凱倫對她和理查錄製的唱片極為滿意，對外界的批評格外不解，尤其是出自一直以來支持他們的人口中。「在這一行，你不但要證明自己，還要證明那些人錯了。」她在一九七六年宣稱道。

幸好木匠兄妹在國際音樂市場上依舊風靡，〈呼喚星際住民〉在日本大紅大紫，〈甜蜜蜜的笑容〉在德國紅透半邊天。但善變的美國歌迷，讓凱倫和理查急著再度投入製作能讓大眾買帳的作品。「我們真不知道前四十名電臺到底想要什麼，」凱倫對《電臺報導》說，「前一分鐘他們說想要傳統的木匠兄妹唱片，我們做出來以後他們又不要，說要不一樣的東西，我們就做了〈呼喚星際住民〉，結果他們還是不要。我們做了鄉村音樂，他們還是不要。如果有人能告訴我們問題在哪裡，我們一定會改，但每個人給的答案都不一樣。」

凱倫無法把事業上的挫敗與私人生活區隔開來。她太關注且一心追求外在的成就，忽略了自己的內心世界和內在的美好。雖然她言之鑿鑿地說最想要的是傳統的家庭生活，有老公孩子，但她擺第一位的還是事業。事實上，在一九七五年接受雷・科爾曼採訪時，她說如果必須在私生活和名氣之間選一個，她會選名氣。「我們非常投入事業，」她說。「我們的生活就是我們的音樂，就是做音樂。我們盡力把一切做到最好，對於怎麼做事，我們有一套信念和堅持。」

「她非常非常重視事業，」奧莉薇亞・紐頓強回憶道。「那對她很重要，她非常嚴肅看待事業，對成敗也格外在意。我還會談談戀愛，交男朋友，我不覺得事業就是生活的全部，但對她來說事業幾乎就是生活的全部。」

「你們是現代的派瑞・寇摩（Perry Como），」傑瑞・溫特勞勃這麼對木匠兄妹說。不過溫特勞勃還有一個想法，就是讓木匠兄妹透過電視，走進美國的家家戶戶，他覺得這一定能讓他們的事業長青。從寇摩、法蘭克・辛納屈、芭芭拉・史翠珊、佩圖拉・克拉克等人的特別節目，到邀請茱蒂・嘉蘭、湯姆・瓊斯、桑尼與雪兒和葛倫・坎伯（Glen Campbell）等人上節目的常態節目，在一九六〇年代和一九七〇年代，音樂綜藝節目始終是美國電視節目的主要類型。

一開始凱倫和理查不太願意。他們在一九七一年拍攝的夏季節目《做自己的音樂》，在他們看來是一場災難，最大的錯誤就是他們對節目內容毫無話語權。「我們遠離電視好幾年，直到我們和傑瑞・溫特勞勃簽約，後來他幫我們安排了自己的節目，」凱倫說，「那才是我們真正要的。我們要的是能全權掌控要在節目裡放進什麼，呈現什麼。」

一九七六年，溫特勞勃和ABC電視的節目主管佛瑞德・席佛曼（Fred Silverman）談妥後，和木匠兄妹成立了當尼伯恩斯製作公司（Downey-Bronx Productions），製作他們的電視特別節目，溫特勞勃也積極參與製作過程。大多數彩排和錄影時他都會在場，不時提供回饋，或向導演鮑伯・亨利（Bob Henry）提出建議。「傑瑞是凱倫和理查多出來的一對耳目，」多次擔任木匠兄妹特別節目副製作人的傑瑞・賈斯庫斯基（Jerry Jaskulski）回憶道，「鮑伯・亨利主控大局，在節目的視覺效果方面，他們全權信任他。他們知道節目所有的安排，對不喜歡的內容也有否決權。音樂方面當然都是理查在做決定，凱倫對自己的表演要求很高，當然她也應該如此。她也很幽默，看她選擇打鼓就知道，她其實是喜歡自由奔放的。」

在和來賓約翰・丹佛及維托・埔柱（Victor Borge）密集彩排三週後，《木匠兄妹首集電視特別節目》（The Carpenters' Very First Television Special）在一九七六年九月三十日到十月二日間錄影。十二月八日播放當日的收視率是當週第六名，ABC電視欣喜地邀請他們製作更多特別節目。在一九七八年的聖誕特集《木匠兄妹：聖誕肖像》（The Carpenters: A Christmas Portrait）中，他們邀請到傳奇歌舞家金恩・凱利（Gene Kelly）和其他來賓。「做這集特別節目的時候，他們對流程更熟悉，明顯放鬆多了。」副製作人傑瑞・賈斯庫斯基說。

凱倫也這麼認為。她說：「我們覺得一次比一次好，因為你會成長。你很快就能學會在電視上該怎麼做，該做什麼，能做到什麼程度，什麼是做不到的。因為時間的關係，有很多事沒辦法照你的意思做，如果我們自己能決定的話，我們會花一整週錄音，但電視不能這樣做。幸好最後的成果，已經很接近我們想要的完美，有些地方我們只能忍痛放手。整體而言我們非常非常滿意，很感謝有機會跟這麼多出色的伙伴共事。」

電視特別節目裡請來了大大小小的明星，有艾拉・費茲潔拉（Ella Fitzgerald）和金恩・凱利這樣的傳奇人物，也有B級明星，包括吉米與克莉絲蒂・麥克尼可（Jimmy and Kristy McNichol）、蘇珊・薩默斯（Suzanne Somers）和約翰・戴維斯（John Davidson）。雖然搞笑橋段的娛樂效果不差，但腳本實在寫得不太好。「木匠兄妹應該要求更好的腳本、來賓陣容、幽默短劇和舞臺概念，」保羅・格因在一九九一年回顧木匠兄妹的作品時寫道。「也許他們無權做出這些要求，但他們應該要有才對。」

事後看來，腳本的編寫和情節的選擇確實有不少不妥之處。以凱倫的飲食失調病史來看，製作人把她放在廚房場景裡，讓她圍著圍裙唱歌，實在是一件怪事。「我發現要讓派對熱鬧起來，最好的辦法就是端出一大堆食物！」說了這一句之後，凱倫開始在廚房穿梭，擺弄各種廚具，邊唱邊跳——還一邊烘焙。「我們之所以讓凱倫置身廚房，是想呈現她更像普通女孩的一面，」賈斯庫斯基說，「我們想把她塑造成普通家庭裡的一員，讓女性觀眾更能對她產生共鳴，畢竟以前大家只看過她唱歌和打鼓。我們都知道凱倫有飲食問題，但沒人想到最後會演變成那樣的悲劇。」

很可惜，因為製作人眼光狹隘，凱倫在電視特別節目裡的演出就像是平面的諷刺畫。她的對白缺乏深度，結果看起來就是過於天真的樣子，甚至顯得呆頭呆腦。理查討厭這些搞笑元素，之後也後悔把重點放在這些短劇和罐頭笑聲，而不是更高水準的音樂橋段。但凱倫才是主角，而她似乎很喜歡這些內容，讓她有機會唱歌、跳舞、打鼓，甚至演演戲，這次小試身手引發了她想演電影的興趣。「我很想試試看，」她在一九七八年說。「我很喜歡演戲和唱歌，我不知道有沒有那一天，但我很想演出音樂劇。」事實上，凱倫早在一九七一年就暗示過這種想法，有以下這則 A&M 的新聞稿為證。

至於凱倫，較長期（「至少五年後」）的打算，有可能是參演音樂喜劇。「我一直很喜歡百老匯風格的歌舞劇，像《卡美洛》（Camelot）、《菲尼安的彩虹》（Finian's Rainbow）和《國王與我》（The King and I）。希望之後有機會試試看。」以凱倫的明豔大方、會放電的舞臺魅力，再加上純粹甜美又透著性感的歌聲，這樣的夢想顯然觸手可及。對獨具魔力的木匠兄妹來說，夢想似乎打個響指就能成真。

凱倫很喜歡女性喜劇演員，像露西兒・鮑爾（Lucille Ball）、卡蘿爾・伯內特（Carol Burnett）、菲利絲・迪勒（Phyllis Diller）等人，甚至是更偏戲劇的女演員，像芭芭拉・史翠珊，史翠珊在《妙女郎》（Funny Girl）和《我愛紅娘》等音樂劇中的演出都大受歡迎。「史翠珊讓我佩服得五體投地，」她在一九七六年說，那時正好是史翠珊的《星夢淚痕》（A Star Is Born）上映的前兩個月，「她演得真好，我也想試一試。」

熟悉凱倫的人都知道她個性中搞笑的一面。「她真的很搞怪，」卡蘿・科布說，「她很有急智，又是個冷面笑匠，每次都逗得大家笑個不停。」佛蘭達・富蘭克林也說：「凱倫模仿的芭芭拉・史翠珊絕對是你這輩子見過最精采的。她真的真的可以當演員，她也很想演戲，還曾經想過去唸戲劇。現在的藝人似乎都是全方位發展，可是那時候唱歌的就是唱歌而已，能有機會唱歌就很幸運了。不過凱倫不是抱著『喔，我想當電影明星』的這種想法，她只是知道自己還有別的才華。」

一九五六年秋天，哈羅德・卡本特走進新哈芬的熱門唱片行音樂角落（Music Corner），為孩子買下史派克・瓊斯的《聖誕奇觀》（Xmas Spectacular）專輯。這張唱片的風格獨樹一幟，結合了史派克・瓊斯標誌性的創新歌曲和嚴謹的合唱音樂，由朱德・康倫（Jud Conlon）編曲。朱德・康倫是當時的改革派編曲家，他在一九四〇年代開始展露頭角，引領了流行音樂運用緊密和聲的潮流。他所帶領的「韻魔」（Rhythmaires），為賓・克羅斯比、茱蒂・嘉蘭和其他知名歌手，在多張暢銷唱片中擔任和聲。

「有一張專輯從我出生就有印象了，」凱倫說，「就是史派克・瓊斯的聖誕專輯。裡面有很多搞怪的地方……史派克・瓊斯是搞怪大師，很多人都不明白，要做出荒誕的東西，其實比做正經的東西更需要才華和嚴謹……這張專輯就結合了瘋狂與正經，我們從小聽這張專輯長大，愛死它了。」

打從一九六九年和A&M簽約後，凱倫和理查一直想要錄製一張聖誕專輯，他們都熱愛聖誕節，還有數不清的聖誕經典歌曲。但因為四處巡迴和錄音行程過於忙碌，多年來他們只錄了兩首聖誕歌曲，分別是一九七〇年的〈聖誕快樂，親愛的〉，以及一九七四年的〈聖誕老人進城來〉。他們在ABC電視的第二個特別節目《聖誕節的木匠兄妹》（The Carpenters at Christmas），將在一九七七年八月開始錄製。在準備期間，他們很快就決定以這些錄音為基礎，打造一整張聖誕音樂專輯，在電視特別節目播出時同步發行。

史派克・瓊斯的《聖誕奇觀》專輯顯然深印在理查心底，在規畫自己的專輯模式時，他幾乎是照抄了這張他和凱倫從小就喜愛的專輯。他們立刻想到要請朱德・康倫來編曲，卻發現他已經在一九六六年過世了。於是他們再次請來彼得・奈特，在另一位編曲老將比利・梅的協助下，動用了八十人的管弦樂團和七十人的合唱團，將這張專輯從概念化為成品。由九首曲子組成的五分鐘管弦樂序曲，為凱倫的歌聲盛大開場。

Frosted window panes, candles gleaming inside
Painted candy canes on the tree
Santa's on his way, he's filled his sleigh with things
Things for you and for me

磨砂玻璃窗，透出暖暖燭光
樹上放著彩色枴杖糖
聖誕老公公在來的路上，雪橇裝得滿滿當當
有給你的，有給我的

薩米・卡恩（Sammy Cahn）的〈聖誕華爾滋〉（The Christmas Waltz）充滿節日氣氛的歌詞，與凱倫溫暖的嗓音是絕妙的搭配，接著曲調一變，成了創意版的〈乘雪橇〉（Sleigh

Ride）。較少人知道的〈聖誕節到了〉（It's Christmas Time）、〈好好睡，小寶貝〉（Sleep Well, Little Children）、〈第一片雪花〉（The First Snowfall）等曲目，則是選自史派克・瓊斯的聖誕專輯。編曲家比利・梅在一九七五年的《地平線》中就露過一手，這次又負責協助將史派克・瓊斯的原曲進行再創作，力求完美契合凱倫的聲線，包括將〈冬季仙境〉（Winter Wonderland）、〈銀鈴〉（Silver Bells）和〈白色聖誕〉（White Christmas）等曲子，串成令人難忘的組曲。

但這張專輯的製作，顯然趕不及在一九七七年的電視特別節目播映前完成，所以A&M發行了〈聖誕歌（爐邊烤栗子）〉（The Christmas Song〔Chestnuts Roasting on an Open Fire〕），做為當年的聖誕特別單曲，聊以慰藉。凱倫的演唱中傳達出的溫暖與張力，是少數真正能媲美納金高經典原唱的作品。同樣出色的還有〈過個快樂的小小聖誕節〉（Have Yourself a Merry Little Christmas）和〈我會回家過聖誕節〉（I'll Be Home for Christmas），這兩首歌也完全不遜於原唱的茱蒂・嘉蘭和賓・克羅斯比。在一九四〇年代米高梅輝煌的音樂劇和聲及管弦樂環繞下，不管是茱蒂・嘉蘭或賓・克羅斯比的歌，凱倫唱來都得心應手。在凱倫・卡本特才華過人的詮釋下，這些歌曲甚至青出於藍。

這張聖誕專輯的製作，在其他錄音工作、巡迴、電視錄影的空檔中斷斷續續進行，木匠兄妹總計花了十四個月才完成這張《聖誕肖像》（Christmas Portrait）。在製作中途，他們曾經把這些聖誕精選歌曲帶到拉斯維加斯的米高梅大酒店（MGM Grand），現場還搬來了巨大的聖誕樹，並動用近八十位樂手，除了他們在賭城常配合的管弦樂團外，還增加了二十四人的合唱團。

這張專輯的雕琢在新年期間也持續進行。當時〈聖誕快樂，親愛的〉已經是電臺經常播放的熱門聖誕歌曲，但凱倫一直不太滿意這首作品，因為她二十歲時的歌聲較為沙啞，這些年來她的歌聲成熟飽滿了許多，所以她在一九七八年決定重新錄製這首歌，就跟一九七三年重新錄製〈遠行的車票〉一樣。在錄製聖誕歌曲的期間，木匠兄妹也為一九七年年的ABC電視特別節目《木匠兄妹：太空奇遇》（The Carpenters—Space Encounters），灌錄了幾首非節慶的歌曲，包括〈墜入情網〉（When I Fall in Love）和〈小女孩藍調〉（Little Girl Blue）。因為這兩首歌的曲風太相似，最後只選用了〈小女孩藍調〉，〈墜入情網〉則是收進一九八〇年的特集《音樂、音樂、音樂》（Music, Music, Music）。

《聖誕肖像》也收錄了幾首宗教歌曲，包括〈基督誕生〉（Christ Is Born），理查在一九六八年初次聽到這首輕快的音樂劇歌曲，出自《派瑞寇摩聖誕專輯》（The Perry Como Christmas Album）。另外也有傳統的聖誕頌歌〈平安夜〉（Silent Night），以及對聲音要求很高，巴哈／古諾（Bach-Gounod）版本的〈聖母頌〉（Ave Maria）。記者問起這張專輯時，凱倫對聖誕節和聖誕歌曲的熱愛表露無遺，還透露這張專輯一度打算做成雙LP。「唱這些歌帶給我的快樂真的難以言喻，」她說。「我們大概做出了二十九首歌，另外至少還有十二首已經錄好但來不及後製完成……不能全塞進唱片裡我們真的超心痛的，但還是只能忍痛放棄！」

與《愛的細語》和《旅程》的命運截然不同，《耶誕肖像》大獲好評。「他們將日落大道出品的所有聖誕佳作濃縮成一張完美的雙面唱片，」詹姆斯・帕拉德（James Parade）在《唱片之鏡》（Record Mirror）中寫道。「裡面有迪士尼、白雪公主、銀裝素裹、雪橇鈴聲……流光四散、白雪紛飛、聖誕鈴聲叮噹作響，還有許許多多……買下這張專輯，就能立刻擁有佳節氣氛，過個快樂的小小聖誕節。」

聖誕音樂完美展示了凱倫・卡本特的才華，她詮釋的版本在許多方面來說都是歌與歌手的完美結合。「《聖誕肖像》其實是凱倫的第一張單人唱片，原本也應該以單人形式發行，」理查在二〇〇四年解釋道。「但我認為 A&M 不會太喜歡這個想法，尤其是那一年木匠兄妹又沒有推出其他唱片。」

12

鳥兒終於飛離囚籠

艾格妮絲・卡本特是個很愛煩惱的人。她每天晚上都難以入眠，一九七〇年代初就找過醫生。「她一躺到床上，就會開始想有哪些事該做，或是回想有哪些已經發生的事是不該那麼做的，」伊芙琳・華勒斯解釋。「她心裡總是想著事，所以很難入睡，醫生只好開強效藥。」

一九七一年秋天，樂團從歐洲巡迴回來後，艾格妮絲發現理查非常疲憊卻又睡不著。他在煩惱該如何在時限內完成下一張專輯《給你的歌》。「我幾乎每天晚上都睡不著，」他在一九八八年回憶道。「我幾乎沒怎麼睡，下飛機時的樣子也不太好看。不管是之前或之後，我都沒吃安眠藥，只有那時候例外。那時候我真的很需要多少睡一點，整個人的神經都太緊繃了。」

安眠酮是當時常用於治療失眠的處方鎮定劑。當艾格妮絲拿安眠酮給理查想幫助他入眠時，理查毫不猶豫地接受了。「安眠酮按劑量服用的話是很好的藥，」他後來解釋。「她一直用到醫生不再開這種藥才停——按照處方一天吃一顆，她從來沒出過問題。」

頭幾年理查也是乖乖地按照處方服用安眠酮。「在外面巡迴的時候真的很難睡，」瑪麗亞・蓋利亞奇回憶道，和理查交往的時候，她也跟著理查一起服用安眠酮。「我是跟他拿的，也不是每天晚上都用，他只有在睡不著時才會吃。」

據伊芙琳・華勒斯說，「如果理查躺上床後沒有立刻睡著，他就會起來，不是在鋼琴那裡混時間，就是跑到廚房找東西吃。要是你一直忙來忙去，藥效過一陣子就退了，他就會再吃一顆，有時候甚至會吃第三顆。他就是吃太多了。」理查發現自己很享受安眠酮帶來的快感——一種方便但危險的副作用，但他也不是什麼夜夜笙歌的人。他原本不知道安眠酮會被人拿來當作娛樂用藥，但隨著他服用的劑量愈來愈重，藥效就要花更長的時間才會消退。

慢慢地，理查開始嚴重上癮。隨著情況惡化，他的演奏也開始受到影響，身為鋼琴手的自信也日漸崩塌。想要掩飾愈來愈難，他說話開始口齒不清，也幾乎沒辦法簽名，因為手抖得拿不住筆，要彈複雜的琴譜就更別想了。「其中一部分的我對自己說：『你這蠢蛋！你會害死自己，什麼事都做不了，還讓妹妹和爸媽失望，』」十年後他在《電視指南》上寫道。「但另一部分的我又對自己說，我離不開這些藥……我試了幾個排毒方案，但就算把藥從體內清掉，還是連問題的邊都沒碰到。到一九七八年，我已經完全淪陷，無路可走了。」

一九七八年九月他們到拉斯維加斯的米高梅大酒店表演時，理查陷入了最低谷，大部分時間都躺在床上，再不然就是在對抗焦慮和恐慌症來襲。快到傍晚時他會爬起來，勉強撐過表演時間，但他心裡想的只有趕緊下臺，躺回床上，接著又是惡性循環。九月四日星期一，理查突然告知樂團和工作人員，他不幹了。「到此為止，」他說，「我不上臺了。」理查怎麼也沒想到，這次在米高梅大酒店的演出會是木匠兄妹最後一場專業演出，之後只在一九八一年有過幾次公開演出。就連那幾次，再次集結的樂團也只是做做樣子，凱倫和理查則是對嘴，聲音都來自唱片。

華特・哈拉赫（**Walt Harrah**）是洛杉磯的錄音室歌手。由於原本的團員丹・伍德漢斯出了嚴重車禍，哈拉赫在米高梅大酒店表演期間來替補，結果和木匠兄妹的合作提早結束，讓他萬分失望。「我跟了他們的最後一場秀，就是理查甩手不幹的那次，」他回憶道。「原本應該為期兩週，大概有二十八場秀，結果才過四五天他就不幹了。我猜他是受夠了。他不怎麼跟人往來，總是一個人很鬱悶的樣子，凱倫也是。也許是因為她的身體狀況，她看起來就像經歷過大屠殺一樣。」

理查得應付自己的上癮症，還有片面中止賭城演出的後果，這時候他最不想做的事就是準備又一次的演出。但是木匠兄妹早就答應要和法蘭克・普勒的合唱團及母校管弦樂團一起舉辦音樂會。這場音樂會將於一九七八年十二月三日在長堤會議中心（**Long Beach**

Convention Center）的太平洋階梯劇院（Pacific Terrace Theater）舉行，門票收入將捐贈加州州立大學長堤分校的木匠兄妹合唱團獎學金基金（Carpenters Choral Scholarship Fund）。隨著日期逼近，理查開始刪減原訂要表演的曲目，因為他根本無法演奏。「我的手抖得太厲害，」幾年後他解釋道。「我告訴凱倫我要拿掉〈聖誕節到了〉，因為我覺得不適合，然後我又告訴她我要拿掉〈胡桃鉗〉（The Nutcracker），因為我覺得大學管弦樂團配合不上。我幾乎把所有曲目都抽空了，因為大多數曲子我都彈不來。可憐的凱倫，我說什麼她都點頭，即使她知道其實是我有問題。」

演出的週日下午，木匠兄妹在節目將近尾聲時才登臺，由客座指揮道格・斯特羅恩帶領合唱團及管弦樂團。凱倫開場唱的〈好好睡，小寶貝〉平平淡淡，而理查幾乎動不了，不過他還是勉強彈完了預定的《第三類接觸》（Close Encounters of a Third Kind）和《星際大戰》（Star Wars）主題曲的改編版，即使這支組曲在聖誕音樂會上演奏實在顯得有些突兀。

「木匠兄妹終於抵達時已經太晚，來不來幾乎沒差，更別說他們只待了一下下，」查理斯・卡內（Charles Carney）在學生辦的報紙《四九人》（49er）上寫道。「他們應該在前半場出場，之後穿梭表演，要不然就是在最後的時間要拉長一些。事實卻是他們的到來破壞了前三分之二場表演精心營造起來的氣勢，場面瞬間成了老掉牙的賭城秀。」木匠兄妹在長堤的演出幾乎乏善可陳，幸好還有凱倫以飽滿溫暖的歌聲唱出〈聖誕快樂，親愛的〉和〈平安夜〉，以及現場演唱堪比唱片的〈聖母頌〉。

隔週凱倫和理查預定要前往倫敦，要上和BBC的對臺ITV的《布魯斯佛西斯之夜》（Bruce Forsyth's Big Night）。理查連演奏都沒辦法，更別提要到海外。他幾乎無法起身，還想說服凱倫說倫敦的這些宣傳活動不急，即使《單曲精選，一九七四—一九七八》（The Singles 1974–1978）和《聖誕肖像》這兩張新專輯正要在英國市場發行。「我們得去！」她這麼告訴理查，打定主意要履行這些預定行程。

凱倫到了北好萊塢的排練場地後，發現團員們都到了，就是不見理查。她立刻打給理查，卻發現他還在床上，而且拒絕前往倫敦。那天下午凱倫去找他，理查解釋說他的上癮症太嚴重了。雖然凱倫知道他有狀況，但他每次都會找藉口，而凱倫通常都會相信他。「你會想盡藉口，」他事後回憶道。「就跟厭食症患者一樣，但後來實在嚴重到我都下不了床了，我只好老實說：『凱倫，我有麻煩了。』」

因為她的個性就是說到做到——也可能是過於固執——凱倫帶著樂團飛到倫敦，履行表演的承諾。為了幫理查掩飾，她告訴布魯斯・佛西斯的觀眾說理查感冒了。「我們來的前兩天，他得了重感冒，」她邊說邊緊張地笑了笑。「所以他現在在洛杉磯躺平了，不能來讓他很過意不去。」

就音樂而言，這次表演進行得相當順利。多虧友人彼得・奈特和傑夫・衛斯理（Jeff

Wesley）的鼎力相助，衛斯理替補了理查的鍵盤手位置。這次凱倫自由發揮所唱出的〈我需要戀愛〉，可能是對這首歌最柔情的一次詮釋。她還演唱了〈郵差先生，請等一等〉和〈聖誕快樂，親愛的〉，並和佛西斯合唱了〈冬季仙境〉、〈銀鈴〉和〈白色聖誕〉串成的組曲。

佛西斯秀播出後，木匠兄妹即將解散的流言四起，但凱倫極力澄清。「凱倫希望大家知道她不會單飛，」提姆・尤班克（Tim Ewbank）在《太陽報》（Sun）上寫道，凱倫還解釋：「布魯斯的節目是一次令人遺憾的記錄，那是木匠兄妹第一次在預定的演出上沒有兩個人都出場。」尤班克問起她的健康狀況，她回答：「我沒事了，我現在又恢復了活力，隨時準備上場！」

的確，這是凱倫出道以來第一次獨自離家，沒有理查陪同。她從倫敦中央區的公園酒店（Inn on the Park）套房裡寄了明信片給哥哥，郵戳日期是一九七八年十二月十二日，卡片上寫著鼓勵的話語：「一切都很順利——專輯正在熱起來，音樂方面好到不行。想念你——愛你的，KAC1」（凱倫的姓名縮寫，來自她一九七二年賓士350的加州個人化車牌）。

在倫敦的時候，凱倫要求讓約翰・亞德里安來協助她。亞德里安那時已經結婚了，也和凱倫保持適當距離。他們之間的對話通常也只是閒聊。「我送了你結婚禮物，你還沒謝我呢。」凱倫開玩笑地說。

「什麼禮物？」他問。

「我寄給你的禮物啊，」她說，「我寄了配杯組的水晶調酒碗給你！」

亞德里安只覺得一頭霧水。之前他們之間唯一的聯繫是一九七六年凱倫寄了一句話給他，說：「鳥兒終於飛出了籠子」——那是在她從當尼搬到世紀城之後的事。

「凱倫，我沒有收到你的禮物。」他說。

「嗯，」凱倫想了想，「我把東西交給A&M的人了，顯然他們沒寄給你。」兩年前導致他們關係結束的暗中黑手，似乎在他們毫不知情的情況下仍在運作。兩人在倫敦機場最後擁抱了一下，凱倫就登上飛機返家了。

儘管歐洲的唱片銷售強勁，凱倫依舊心情沉重。她回家正好趕上聖誕節，但她的私人問題和哥哥的問題明晃晃地擺在眼前。一年前他們還在賭城的舞臺上慶祝聖誕節，但一九七八年的聖誕節，卡本特家顯然跟歡樂搭不上邊。理查對凱倫的日漸消瘦愈發失望，家中爭執聲不斷。「他對凱倫的態度不太好，」伊芙琳・華勒斯回憶道，「但有時候他甚至會跟他媽媽吵，簡直不要命了！」凱倫也會回嘴，說起他上癮的後果。理查當然不喜歡聽到這種話，尤其是說這話的人也跟他一樣走在自毀的路上。「她很擔心，」佛蘭達・富蘭克林解釋，「其實凱倫對別人的事都很敏感，理查的狀況更是一看就知道糟透了。她真的很想幫理查，理查很不高興，但她還是強勢起來，做了妹妹該做的事。」

傑瑞・溫特勞勃找了理查到他辦公室開會，維爾納・沃芬和其他人也在場。「會還沒開到一半，理查就坐在椅子上睡死了，」溫特勞勃回憶道。「那時候他們就都知道理查在用藥了。」

一九七九年一月十日早上，理查吞了十顆藥，然後就上了飛機飛往堪薩斯州托皮卡。「凱倫壓著他去的，」佛蘭達說，「她帶他坐救護飛機去了梅寧格診所。」理查住進了藥物依賴病房，凱倫和沃芬陪著他辦手續。理查和沃芬都覺得凱倫可以趁機一起解決她的問題，但她覺得自己的飲食失調不是什麼大問題，所以不以為意。她轉身就回到洛杉磯——帶著滿滿的緊張能量——開始找事做，以度過理查養病的期間。「還算可以，」她對《洛杉磯時報說》，「但接著我又急著回到工作。」

第一次去梅寧格診所探視理查時，凱倫遲疑地告訴理查，她打算自己進錄音室做一張單人唱片。理查預計要做六週的療程，那時才第二週，在這種情況下聽見這樣的消息，可以想見理查該有多火大。「他氣瘋了，」伊芙琳・華勒斯回憶道，「他不希望她去紐約自己錄專輯，我想他是知道凱倫能比他賣出更多唱片。」

這時候理查已經很肯定，凱倫得的病就是三年前伊芙琳向他的家人提過的那種。他質疑凱倫的健康狀況，說她瘦得不成人樣。「你在說什麼鬼話？你要去錄單人專輯？！那你怎麼不去住厭食症的治療中心！」他提醒凱倫馬上就是他們的出道十週年紀念了。「我們可以進入八〇年代，就像我們進入七〇年代一樣。我們有才華，我們有唱片合約。」

凱倫安靜了，她死都不承認自己有問題。「沒那回事，」她堅持道，「我沒有生病，我沒有得神經性厭食症。只是腸躁症。」在一九七九年一月二十四日的日記裡，凱倫寫著：「吵專輯的事。」

凱倫對外一律宣稱，自己的身體狀況只是多年來工作過度累積下來的疲憊，但私底下她也知道自己病了，願意向醫生求助——但一定要有佛蘭達・萊夫勒陪在她身邊。「我一直知道她的精神上出了一點問題，」佛蘭達解釋。「我知道她不吃東西不是單純的只因為她不想吃，她是沒辦法讓自己吃東西。我們大概知道可能是什麼問題，但他們不知道該怎麼治療。那時候沒有一個梅寧格診所給她。如果當初能有現在這些高明的飲食失調中心，事情就不會是現在這樣了。」經過凱倫同意後，佛蘭達在洛杉磯找到了幾個治療過食物情結的精神科醫師，並預約看診。每次就診，凱倫都堅持和醫生談話時佛蘭達一定要在場。「我去旁邊的房間，」在一次諮詢時佛蘭達察覺到醫生的不快後這麼說道。

「不要，佛蘭，」凱倫驚慌失措地喊道，「帶我一起走！」

「我只是去旁邊而已，」她不斷安撫凱倫，說不會有事。「我就在外面，別擔心。」

「我跟你走，」說完凱倫就從沙發上跳起來朝門口走去，留下佛蘭達對醫生連連道歉。

凱倫也曾打電話向歌手謝里・歐奈爾求助。「她聽起來沒有很驚慌，但她說她很需要幫助，」歐奈爾說。「凱倫的問題是使用瀉藥，她覺得自己好像沒辦法不用瀉藥。」歐奈爾認為凱倫應該換個環境，她很清楚暫時脫離家人和工作負荷的好處。「你需要離開洛杉磯和演藝圈的壓力環境，把重心放在你自己的生活和身體上。」她說。

「我會的，」凱倫對她說，「我會好起來的，這樣真的好辛苦。」有一次伊芙琳・華勒斯走進辦公室時，凱倫剛好在跟歐奈爾講電話。她聽到凱倫說：「我不想死。」伊芙琳發現凱倫正在討論嚴肅話題，趕緊拿了東西就退出去了。

歐奈爾寄了她即將出版的書稿給凱倫，最後這份打字稿跑到了伊芙琳桌上。《餓求關注》(**Starving for Attention**，暫譯）是歐奈爾的自傳，描述她得了厭食症和最終痊癒的心路歷程。「我不知道凱倫看完了沒有，」伊芙琳說。「我想她是故意放在我桌上的，不然她大可丟掉或塞在角落裡，何必放在我桌上呢？我想她是希望我也讀一讀。」

到了一九七九年，凱倫的歌聲已經稱霸了電臺廣播近十年，同期的傑出女歌手還有芭芭拉・史翠珊、安・瑪莉、海倫・瑞蒂和奧莉薇亞・紐頓強。這些歌手都自己闖出一片天，大眾矚目的是她們個人的才華和能力，但凱倫在眾人眼中卻是雙人組合中的一員。年復一年，葛萊美獎和美國音樂獎的最佳女歌手提名都略過凱倫。雖然她很少流露失望之情，但凱倫身為獨立歌手的實力確實還未得到認可。

凱倫不時就會提起，她想做一張個人專輯，展現她身為獨立藝人的實力。之前就有許多藝人邀請她在專輯中獻唱，但出於對理查的尊重，她全都婉拒了。事實上，幾個月前她才回絕了吻合團（KISS）的成員吉恩・西蒙斯（Gene Simmons）的邀約。西蒙斯邀請凱倫參與他的個人專輯（後來他邀請到了海倫・瑞蒂和唐娜・桑默〔Donna Summer〕）。但此時的凱倫也很希望讓大家知道她是凱倫・卡本特，而不只是木匠兄妹裡的主唱。「那會是最好的讚美，」她在一九七五年時對雷・科爾曼說。「不只是受到歌迷喜愛，更能受到其他同行和歌手的認可。如果能建立起這種名聲並維持住，那就太好了。能讓別人肯定你擁有特別的才華，感覺一定很棒。」

佛蘭達十分肯定，凱倫知道自己很出色，她對自己的才華和能力向來很有自信。「我想她知道自己有種天份，能唱到人的心坎裡，」她回憶道。「我也認為她一直想做自己的專輯，但那是個很大問題。她說了很久了。她不是想傷害誰，她只是想看看自己能做到哪裡。」佛蘭達鼓勵凱倫，她也覺得個人專輯會是追求獨立自主的一大步，而這些都是凱倫迫切需要的。

「那會是她的解放奴隸宣言，」她說。「毫無疑問，那將會是她的出櫃派對，真的就是這樣。但她不知道要付出什麼代價。」

雖然理查的狀況不太好，但凱倫對自己選擇的音樂路線很樂觀。「大家都在嘗試新東西，」她十二月在英國接受電臺訪問時說。「不用說，舞曲現在是最紅的，其實很多舞曲也都很棒。唐娜・桑默有好幾首歌都很棒。」她還表示很喜愛比吉斯合唱團（Bee Gees）的音樂，比吉斯的《週末夜狂熱》（Saturday Night Fever）是史上最暢銷的電影原聲帶專輯之一。

被問到未來計畫以及她和理查是否會各自出專輯時，凱倫說起理查對電影配樂有興趣，同時也暗示自己有可能出個人專輯。「我們經常在想這些計畫，」她在一九七八年說。「我們也討論過，不是要打散木匠兄妹，而是多些觸角。理查一直很想試試為其他人製作專輯。如果他真的去做的話，我可能會出個人專輯或去演戲，不過我們還是木匠兄妹，不會解散的。我們談過很多可能，有很多事能做，能一直改變也很有趣。」

對卡本特家來說，凱倫想自行闖蕩，就會威脅到木匠兄妹這個團體。這對艾格妮絲・卡本特來說格外難受，她不能忍受自己的女兒打破她一手建立的模式。她害怕暫時的分開會變成永遠的解散，害兒子的事業結束。「你要知道，他們教育程度不高，想法也比較簡單，」佛蘭達這麼描述卡本特夫婦。「他們只想守著原來的那一套。艾格妮絲靠洗車才供得起理查學琴，當上明星，那是她的夢想和目標，不能變！你就是要按照計畫走，任何的偏離和威脅都是不好的，所以凱倫不好。」

一開始赫伯．阿爾伯特和傑利．摩斯都支持凱倫出個人專輯，經理人傑瑞．溫特勞勃也贊成。阿爾伯特還推薦由菲爾．拉蒙（Phil Ramone）擔任製作人，《滾石》的羅伯．霍爾伯格（Rob Hoerburger）稱拉蒙是「東岸的昆西．瓊斯（Quincy Jones）」。當時和拉蒙合作過的藝人有比利．喬（Billy Joel）、巴布．狄倫、保羅．賽門（Paul Simon）等人，拉蒙可說是炙手可熱。不久前他為比利．喬製作的《第五十二街》（52nd Street）專輯，贏得了一九七九年的年度最佳專輯獎。凱倫很希望拉蒙能同意和她合作，拉蒙也很欣賞凱倫的歌喉，還自稱是木匠兄妹的歌迷。「她最厲害的地方是，只要歌一播出來，不到五秒，你就能認出那是凱倫的聲音，」拉蒙說。「到現在她的聲音仍然是世界上辨識度最高的之一。」

拉蒙第一次知道木匠兄妹，是一九七〇年在A&M公司為伯特．巴卡拉克製作專輯。「赫伯叫我到他辦公室，」他回憶道。「他說：『喔，你一定要聽聽我們剛簽下的這對年輕人的音樂。』我非常驚豔，之後再聽到他們的消息，是聽伯特說他們翻唱了〈靠近你〉。再快轉一段時間，伯特的巡迴請了木匠兄妹開場，我後來是在紐約的威斯特柏立音樂節見到他們。」

傑瑞．溫特勞勃打電話給拉蒙，問他願不願意擔任凱倫的製作人，並解釋說理查因為工作過度勞累，要休息一年。拉蒙很積極地同意了，完全不知道理查對安眠酮上癮，住進梅寧格診所的事。「我都不知道，」他說，雖然他的確懷疑過可能是出了什麼狀況。溫特勞勃打過電話之後，阿爾伯特和摩斯也接連打電話給他，兩人都對這個計畫表示支持，但也提醒拉蒙他們不打算拆散木匠兄妹。

凱倫和拉蒙的初次見面是非正式的，時間也很短，拉蒙在比佛利山莊的伯頓路（Burton Way）有一間樓中樓，兩人就在那裡見面。「凱倫不想讓任何人知道她打算出個人專輯，」拉蒙的妻子凱倫・拉蒙（Karen Ramone）回憶道。原名凱倫・一氏（Karen Ichiuji）的她當時是拉蒙的女友。「凱倫把自己逼得很緊，根本是過度亢奮，她想繼續自己的音樂事業。她不知道理查什麼時候才能從梅寧格診所出來，或是會不會再回來工作，我想她只是在為可能的狀況做準備。所有人都同意她去試水，赫伯、傑利・摩斯和傑瑞・溫特勞勃都同意了。她開始做的時候，背後的助力是很大的。」

拉蒙第一次造訪凱倫在世紀城的公寓，聽到門鈴是〈我們才剛開始〉的前六個音符時嚇了一跳。「這個門鈴聲很棒吧？」凱倫來應門時說，「我找人做的，跟我唱的一模一樣吧！」

凱倫讓拉蒙感到有點困惑。他對凱倫的認識僅限於公開照片和專輯封面上的天真女孩形象。他對木匠兄妹的熱門歌曲耳熟能詳，也知道他們極為講究音樂細節，但他的目標並不是要達到木匠兄妹那種完美。事實上，他對凱倫的計畫就是沒有任何固定計畫。「我們試了很多東西，」他回憶道，「我們在打造一個歌手完整的夢想。」

凱倫在一九七九年二月十六日飛到紐約，和製作人開進一步的會議。恰好在一週後，拉蒙為比利・喬製作的《最真實的你》（Just the Way You Are）贏得了葛萊美的年度最佳唱片。凱倫說她想在洛杉磯的 A&M 錄音室錄音，和多年來她和理查熟悉且信任的樂手及工程師合作，這時拉蒙出聲打斷了她。「不對不對，」他說，「你要來紐約，A&M 的錄音室是很棒，但這樣會模糊概念。」

經過一番仔細考慮後，凱倫答應前往紐約，到拉蒙在曼哈頓的 A&R 錄音室錄音。「到紐約來做唱片，對她和我來說都很重要，」他說。「我們談了很多，該用什麼手法？當你已經被木匠兄妹框住的時候，你要怎麼做唱片？我自己的話是完全不想去碰。我覺得她就像被定型的演員，就像茱蒂・嘉蘭演了《綠野仙蹤》（The Wizard of Oz）以後就被定型，後來演了一系列的安迪・哈迪（Andy Hardy）電影。歌手也一樣會被定型。我對凱倫說：『這就像諧星想當個認真的歌手，或是歌手想去當諧星。你必須謹慎行事。』」

雖然傑瑞・溫特勞勃同意讓凱倫去做個人專輯，但他還是擔心凱倫的健康狀況。有次他恰好看到史蒂芬・雷文克隆（Steven Levenkron）的電視專訪，雷文克隆是心理治療師兼作家，專長治療飲食失調症。雷文克隆上電視宣傳他的新小說《最乖的女孩》（The Best Little Girl in the World）」，主題是「偏執能要命」。溫特勞勃看雷文克隆說得頭頭是道，心想凱倫如果能和雷文克隆見上一面應該會很有幫助。他不知道的是，凱倫早就知道雷文克隆這個人了，甚至她第一次讀雷文克隆的小說就沉浸其中。總之溫特勞勃打了電話給雷文克隆，幾天後這名心理治療師就回了電。溫特勞勃解釋說他很擔心凱倫，而且她的情況已經好幾年了。

一九七九年三月二十七日，凱倫從溫特勞勃的辦公室打電話給在紐約的雷文克隆，當時理查也在場。凱倫刻意和溫特勞勃及理查拉開距離，而且壓低聲音不讓他們聽清楚。在這次短暫的交談中，凱倫覺得她成功地讓雷文克隆相信她沒有神經性厭食症，只是腸胃問題而已，也就是腸躁症。雷文克隆建議她去看胃腸科，並祝她好運。轉身面對理查和溫特勞勃時，凱倫說了謊。她說雷文克隆和她談過以後，認為她沒有厭食症。理查和溫特勞勃有點懷疑，但覺得她肯打這通電話至少是個進步，兩人也就沒再多說什麼，至少暫時如此。

為了進一步安撫理查和溫特勞勃，凱倫還住進洛杉磯的西德西奈醫療中心幾天，做了完整的診斷。疲累又過瘦的她一定是覺得這樣就能讓身邊的人安心，或至少表現出她有努力讓自己好起來。

一九七九年四月的歌迷俱樂部通訊提到凱倫正在籌備個人專輯，引發歌迷擔心木匠兄妹將會解散。但當時沒人敢把話說死，就連凱倫和理查自己都沒把握。為了安撫歌迷，下一期的俱樂部通訊刊載了以下聲明。

在此澄清木匠兄妹將解散的謠言，凱倫希望大家知道這絕非事實。他們之所以暫停灌錄唱片，是因為歷經十年盡心盡力地雕琢每一張作品，以呈現最完美的音樂，現在理查覺得他需要放個長假，可能會休息到新年之後。凱倫重申，只要理查覺得休息夠了，他們就會繼續投入工作。他很高興能脫離壓力一陣子，我們不能出於自私就不讓他享有應得的休息時間。

據伊芙琳・華勒斯說：「我們就是有點在兜圈子，人總是可以放假的嘛，不用告訴大家你放假要做什麼。」

菲爾・拉蒙記得，木匠兄妹解散的流言傳開時，凱倫覺得很挫折。「她差點被逼瘋，」他說，「彼得、保羅與保麗三重唱（Peter, Paul and Mary），還有克羅斯比、史提爾斯與納許三重唱，都在一九七〇年代解散，各自單飛。大家都認為一旦離開一個團體，你就永遠不會再回去了，以後也不會再合作。但他們永遠不能離根，至少在這個家庭裡不行。」

一九八一年凱倫在接受保羅・格因採訪時，非常明確地表示她的個人專輯絕對不是木匠兄妹要解散的訊號。「我從來沒想過要拋下木匠兄妹自己單飛，絕對不可能！如果不是理查休假去了，我也不會想做個人專輯。」

即使機票和錄音時間都已經定好，在前往紐約的前一夜，對理查的忠誠仍舊重重壓在凱倫心上。結束在梅寧格診所的六週療程後，一九七九年的大半時間，理查都在全國各地走訪親友，四處散心，一邊養回上癮期間掉的體重。為了避開事業壓力，甚至是家庭生活的壓力，他住到蓋瑞・西姆斯和丹尼斯・斯特羅恩（道格的弟弟）在長堤的住處。四月三十日晚上，凱倫打電話到西姆斯家找理查，希望在展開新計畫之際能得到理查的祝福。她很清楚理查一直不贊成這件事，但她還是打了這通電話，邊哭邊說：「你不贊成的話，我真的走不出去。」

或許是想安撫凱倫，理查終究祝福了她，但在掛斷電話前，理查要她答應一件事：「幫我個忙，千萬別做舞曲！」

13

一片好意

一九七九年五月一日，凱倫抱著滿懷期待又複雜的心情登上了飛往紐約的飛機。隔天在開製作會議時，菲爾・拉蒙劈頭就問：「在最理想的情況下，你想做什麼？」

「這個嘛，我很愛唐娜・桑默，」凱倫回答，還說她目前最愛的歌就是桑默的最新單曲〈火熱邂逅〉（Hot Stuff）。「如果能做出這種歌，我什麼都願意！」這讓拉蒙很意外。凱倫完全不顧哥哥的請求，進一步解釋：除了艾瑞莎・弗蘭克林（Aretha Franklin）和芭芭拉・史翠珊等歌手外，她最喜歡的就是舞曲了。

凱倫住進第五大道廣場飯店（Plaza Hotel）的一流套房。她很喜歡眺望紐約天際線，也很喜歡每層樓都有一名管家，但住了幾週後，中央公園優美景色的新奇魅力逐漸消退。「我們聊到高得離譜的房價，」拉蒙回憶道。「我就對凱倫說：『你為什麼要住那裡？反正我們要一起工作，你何不來我家住？我家還蠻大的。』」

拉蒙讓凱倫住進家裡的主臥。拉蒙和女友凱倫・一氏住在龐德里奇（Pound Ridge），那是紐約州和康乃迪克州交界的一個小鎮，這個鄉間社區樸素的環境和凱倫童年住過的霍爾街很相似。兩個凱倫很快就成為好友，一氏本身也是歌手，藝名是凱倫・卡蒙（Karen Kamon），她之後為熱門電影《閃舞》（Flash Dance）錄製了電影原聲帶裡的〈搜捕〉（Manhunt）。拉蒙叫一氏 K.K.，但凱倫喜歡叫她一一。同住一屋，讓這對製作人和藝人能不分日夜地討論個人專輯的方案。「她是工作狂，」拉蒙說，「那裡對我來說是很有創造力的的地方，對她來說也是。」

凱倫和拉蒙開始打造共同願景，從龐德里奇到於曼哈頓西四十八街（West Forty-Eighth）三二二號的 A&R 錄音室。車程要一小時左右，兩人就利用這段時間聽試聽帶。「在路上分享的笑聲和蠢事，讓我們成為永遠的朋友，」拉蒙在他的書《做唱片：音樂背後的場景》（Making Records: The Scenes Behind the Music）中回憶道。「我們開車過去的時候，都由凱倫來當 DJ，她會放那些送來讓她挑選的歌。她會拿著簿子邊聽邊評分，也會問我：『這個應該算 A 級還是 B 級？』」

也就是在這個選歌階段，拉蒙邀請友人羅德・坦普頓（Rod Temperton）來紐約為凱倫寫歌。坦普頓曾經是放克／迪斯可樂團熱浪（Heatwave）的鍵盤手，他接受了拉蒙的邀請，只帶著鍵盤和耳機，就住進了拉蒙家的客房。「只要給他咖啡和菸就行了，」一氏說，「我們家成了大型音樂公社。」坦普頓拿了幾首作品給凱倫挑，包括〈牆外〉（Off the Wall）和〈一起搖滾〉（Rock with You）。不過這些歌都只是用鋼琴彈奏的旋律，還在很原始的狀態，凱倫婉拒了這兩首歌，說太放克風了。據一氏說，「其他人都覺得很棒，」但那時專輯還在製作初期，方向未定。幾個月後，拉蒙帶著坦普頓去參加昆西・瓊斯家辦的烤肉會，拉蒙把坦普頓介紹給這位流行音樂界的大哥大，這兩首歌也很快地被推銷給麥可・傑克森（Michael Jackson）。

一九七九年凱倫曾經去錄音室拜訪過傑克森，當時他正在錄和貝斯手路易斯・強森（Louis Johnson）合寫的〈走進舞池〉（Get on the Floor）。「菲爾想讓她知道麥可的專輯是什麼樣子，」一氏回憶道。「一開始他很氣凱倫不要羅德寫的歌，」最後她還是挑了兩首坦普頓的原創歌曲，〈愛的箴言〉（Lovelines）和〈如果我們試一試〉（If We Try），〈如果我們試一試〉與她絲滑性感的嗓音相得益彰。「羅德開始為她編曲後，他們就處得很好了，」一氏補充道。「她很喜歡他們寫的和聲，他們兩個在音樂上非常投契。她覺得和羅德一起工作很自在，就像和理查一起一樣。」

凱倫沒看中的另外兩首坦普頓的作品，後來成為麥可・傑克森個人專輯《牆外》中的熱門歌曲。這張專輯中的另一首歌〈她走出了我的生命〉（She's Out of My Life）是湯姆・巴勒所寫的作品，一直有傳聞說這是他在一九七八年和凱倫短暫的戀情結束後的心聲。「有些人以為這首歌是我和凱倫分手後寫的，」巴勒說，「其實這首歌早在我和凱倫交往之前就寫好了。我寫的是朗達・里維拉（Rhonda Rivera），她後來嫁給我的朋友約翰・戴維斯（John Davidson）。我和朗達在一起兩年，分手之後我才開始和凱倫交往。」

在跟著菲爾・拉蒙錄音的過程中，凱倫逐漸產生了極大的安全感。雖然和跟哥哥一起工作不一樣，但她覺得在錄音室能感到自在，也受到他的保護。「如果他不是那麼溫柔敏感，我一定沒辦法做到，」凱倫說，「他知道我和理查有多親密。」除了早期和喬・奧斯本的魔燈唱片有過一紙合約外，一直以來凱倫只在A&M錄製過唱片，也始終在理查的指導之下。「在那之前我嚇得半死，」她說。「我只熟悉一個製作人、一個編曲家、一間錄音室、一間唱片公司，就這樣。那是完全不同的環境，和不同的人合作，習慣也不一樣。我不知道他們是怎麼工作的，他們也不知道我是怎麼工作的。我已經習慣只要眨一下眼睛，工程師就知道我要做什麼，或是理查就知道我在想什麼……我習慣了雙人組合，理查就像是我的第三隻手。」

拉蒙為凱倫的錄音請來比利・喬的樂隊，當時他們正在錄製《玻璃屋》（Glass Houses），這是他們和比利・喬合作的第四張專輯，其中的〈還是搖滾〉（It's Still Rock and Roll to Me）更成為比利・喬的第一支冠軍單曲。凱倫在洛杉磯習慣合作的樂手大多技巧精湛，但這支樂隊卻很生猛，有點像是車庫樂隊（garage band），而拉蒙正是看中了他們的無限活力。「比利的樂團完美嗎？」拉蒙在二〇〇七年寫道，「並不是，但那正是我喜歡的，他們是真正的樂團，夜復一夜地在一起熱情演奏。」

鼓手利伯蒂・德維托（Liberty DeVito）十七歲時就和同樣在長島長大的羅素・賈沃斯（Russell Javors）和道格・斯特梅爾（Doug Stegmeyer）組成頂尖樂團（Topper），後來慢慢變成比利・喬的樂團。「以他對我們的認識，和我們跟比利合作的狀況來看，菲爾覺得對凱倫來說，我們會是不錯的核心樂手，」羅素・賈沃斯回憶道。「我們是那種在和歌手合作時會去衝撞框架的樂手，我相信這和凱倫習慣的工作氣氛絕對不同。我們對自己的想法和做法都很勇於表達，比較像一群吵鬧的傢伙，而不是一個錄音室樂手團隊。」

在錄製凱倫的專輯時，樂隊是在位於第七大道（Seventh Avenue）七九九號的A&R A1錄音室錄音。「有點一家人的感覺，」賈沃斯說，「但和她習慣的那種家庭完全不一樣。我們是很『紐約』的，凱倫和我們很不一樣。我們是一群粗野的酒吧樂隊，凱倫加入之後我們也沒什麼收斂。後來她也融入了，就像她成了我們的一分子，我想她應該也玩得挺開心的。」

拉蒙還請來知名柔和爵士樂手兼鍵盤手的鮑布・詹姆斯（Bob James），為凱倫的專輯編曲、編寫管弦樂和彈奏鍵盤，詹姆斯也曾擔任莎拉・范恩（Sarah Vaughn）的音樂總監。「凱倫是編曲家的夢想，」詹姆斯說，他承認在錄音室裡自己有時候也像個歌迷一樣。「這是很受肯定又艱鉅的任務，在錄音室裡從我耳機裡傳出的歌聲，令人著迷又充滿可能性。我還記得當時心想：『哇，我真的在錄音室裡為凱倫・卡本特彈鋼琴耶！』」

賈沃斯第一次聽到凱倫在錄音室裡的聲音時非常驚訝。「你聽她在唱片裡的聲音大而飽滿，可是在錄音室裡聽起來就像是在呢喃。她不是中氣十足的那種唱法，她靠麥克風靠得很近，不是那種很宏亮的聲音，而是很親密、很專注的聲音。她唱歌的那種從容和輕柔，讓我非常驚豔。」德維托也這麼認為。「她幾乎像是在對著麥克風低語，但菲爾能接住，讓她的歌聲凌駕在音樂之上，他從來沒有讓凱倫模糊掉。」

在和佛蘭達・富蘭克林的日常通話中，凱倫說她對這些形形色色的樂手肅然起敬。「他們在錄音室裡平等地對待她，她很喜歡這種感覺，」佛蘭達說，「她玩得非常開心！」

有時候樂團成員看到凱倫露出一些被保護得很好的跡象，他們就會開她玩笑，凱倫本身也很有幽默感，所以倒也樂在其中。「她從來沒有自己搭過飛機，」賈沃斯回憶道。「她還有一堆行李箱，裝著不同的運動服和運動鞋，全都是一樣的顏色，排得整整齊齊。她像是從另一個的世界來的。」就連菲爾有時也會跟著取笑凱倫，尤其是她穿著燙過還上漿的牛仔褲來錄音的時候。「這個女生就是什麼都要弄得妥妥貼貼的，」他笑道。「凱倫老是一絲不苟，我就會無情地取笑她。就連唱片公司發的緞面棒球外套，她也每一件都留著，而且都還配了不同的運動鞋！」

努力了近十年都沒能擺脫木匠兄妹的形象，凱倫發現這次脫離雙人組合的限制，也許正是最佳時機，可以去探索和突破自己的音樂。不是《旅程》專輯裡〈呼喚星際住民〉那種突破，而是去找到一個二十九歲獨立女子的位置。「她並不想做完全脫離木匠兄妹範疇的事，」一氏說，「但她想讓大家知道，她自己就是一個獨立的藝人。木匠兄妹有他們的形象，她並不想呈現和那衝突的形象，但她想要一個屬於自己的形象。我能明白菲爾想做什麼，基本上他是想幫助她成長，擁有身為女人的自信，能大聲宣告她的感受和想法。」

奧莉薇亞・紐頓強能感覺到，凱倫在順從這種渴望和忠於家人之間掙扎不已。「她被家庭、理查和一切綁得死死的，」她說。「她想掙脫，想成為一個人、一位女性，過獨立的生活，她也想探索自己在音樂上的可能性……我想對她來說很重要的是，能相信木匠兄妹的成功不只是因為理查或製作，她也一樣重要。她想找到自己的步伐，還有自己的道路。」

據拉蒙說，「那時凱倫二十九歲，卻沒辦法以成熟女子的方式去思考或表達自己……有些人到現在還是認為，是我逼她走她不想走的路線。我們不是要讓別人震驚，我也沒打算替她做一張驚世駭俗的唱片，那樣會是大錯特錯。但有些人的確受到震驚，你要做唱片就不能怕別人說，做唱片一定是從心裡出來的東西。」

周遭的人都「敬佩欣賞凱倫和她的才華」，羅素・賈沃斯說。「大家都很佩服木匠兄妹的成就，還有他們的作品及風格，但這裡只有凱倫，一切都只是為了讓她更出色。沒人是抱著『等著瞧吧，理查』這種心態，菲爾是有點在尋求突破沒錯，但他並沒有強求。」

〈徹夜熱愛〉（Remember When Lovin' Took All Night）、〈宛若初次〉（Make Believe It's Your First Time）和〈午后偷歡〉（Making Love in the Afternoon）等歌曲引起許多非議，指控拉蒙硬塞給凱倫充滿性暗示的歌詞和主題，只為打造新人設。但當時密切參與合作的人表示，拉蒙給了凱倫完全的主控權和選擇。「菲爾是挑了一些比較挑戰的材料，但絕對沒有逼她，」賈沃斯說。「他比較像是領路人，他開闢了一條道路，你可以選擇走那一條路，當然也可以不走。但他絕對不會說：『你就是要走這條路』……她非常密切地參與所有事務，這百分之一百是她的企畫。」

凱倫選的歌裡有幾首有明顯的性暗示，有些則比較委婉。〈與你纏綿〉（I Love Makin' Love to You）是埃維・桑德（Evie Sands）寫的歌，桑德曾經是A&M唱片的藝人，這首歌收錄在一九七五年她在卡比多／哈芬（Capital/Haven）唱片所錄製的《心靈莊園》（Estate of Mind）專輯。「我聽說凱倫要翻唱這首歌，」桑德回憶道。「我想像中她的唱法應該比較像我，或是偏向芭芭拉・史翠珊那種比較柔和的唱法。結果她是完美結合了這兩種。」雖然凱倫和菲爾完成了這首歌的龐大編曲，也配了優美的和聲和出色的銅管樂，但最後還是沒採用，應該是因為歌詞太過露骨。

There's no lightnin' or thunder, any seventh wonder
Mightier than what you've got
Keep it up forever, no one does it better
Baby, get it while it's hot
雷鳴閃電、七大奇景
都比不上你的強大
永遠不要停，沒人比你行
寶貝，快來及時行樂

至於極富感染力的〈午后偷歡〉，芝加哥樂團的主唱彼得・塞特拉（Peter Cetera）也到錄音室和凱倫合唱他寫的這首歌。「彼得很欣賞凱倫的歌聲，」拉蒙回憶道，那時他剛做完《芝加哥十三》（Chicago 13）專輯。「那首歌塞特拉是為她寫的。」雖然說是二重唱，但其實凱倫還是主角，塞拉特只是陪襯而已。據一氏說，「真正的二重唱會冒犯到理查。和聲是一回事，但二重唱？不行，那樣就越線了。」

據一氏說，「好多人都為這張專輯出力了……我記得比利・喬也到錄音室說：『啊，不好意思，但怎麼沒找我彈琴？』」保羅・賽門也來了。「他們對待她的方式，就像她自己就是一個大牌藝人，」一氏說。「我覺得她真的很需要成為她自己，她也開始建立自信。那是她的場子，大家都來支持她，這讓她非常開心。」

保羅・賽門向凱倫推薦了他寫的〈依舊瘋狂〉（Still Crazy After All These Years）。這首歌出自菲爾・拉蒙為他製作的專輯，並贏得一九七六年的葛萊美年度最佳專輯。「歌裡傳達了許多她想說的，」拉蒙回憶道，「但她要保羅改寫了一句歌詞。原本是『crapped out, yawning（快斃了，打著哈欠）』，她要求改成『crashed out, yawning（累壞了，打著哈欠）』。我們也聊到說這首歌不可能是木匠兄妹的歌。」〈依舊瘋狂〉溫柔又帶點爵士風，凱倫的詮釋也透著自信從容，令人著迷。她還錄了賽門的〈因為愛你〉（I Do It for Your Love），還有很符合木匠兄妹風格的老歌〈吉米麥克〉（Jimmy Mack），這首歌是由摩城發行，是瑪莎與凡德拉斯（Martha and the Vandellas）在一九六七年的熱門歌曲。但是這兩首歌最初的錄音都不太令人滿意，所以沒有繼續完成。另一首真正的滄海遺珠，是〈我的生命少了什麼〉（Something's Missing in My Life），這首極為動聽的抒情歌是由傑伊・艾夏（Jay Asher）和保羅・賈巴拉（Paul Jabara）譜寫，賈巴拉和唐娜・桑默合唱，收錄在賈巴拉一九七八年的《保留時光》（Keeping Time）專輯。

這些歌曲繁複的背景聲樂編曲讓凱倫覺得備受挑戰，其中有許多都帶有銅管樂器風的感覺。有幾首歌是由鮑布・詹姆斯編曲，包括所有曲目中最放克、要求最高、企圖心也最大的〈如果有你〉（If I Had You）。詹姆斯也和拉蒙一樣，覺得應該要讓凱倫脫離木匠兄妹的框架。「我想給她一些不一樣的、更有挑戰性的東西，」詹姆斯解釋道，「我很想知道，她對刻意偏離木匠兄妹風格的編曲會有什麼反應。」〈如果有你〉由羅德・坦普頓作詞，編曲複雜而多層次、互相呼應，而凱倫獨道的詮釋，讓這首迷人的原創歌曲成為耳朵的極致享受。

雖然凱倫曾向哥哥吐露，她唱鮑布・詹姆斯的編曲時面臨很大的挑戰，但她在錄音室裡卻很少向他人提起理查。「在我印象裡，凱倫從來沒有提過他，」羅素・賈沃斯說。據佛蘭達表示，雖然理查答應讓凱倫去試，但在企畫開始後「並不支持」。「我也不想挑他毛病，」她說，「畢竟他那時候狀況也很不好。他和凱倫的時間總是湊不上，但我知道凱倫待在菲爾和一一家做那張唱片的時候，從頭到尾理查都沒表現出支持過……我們都暗自期望，因為她終於去做了這件事，也許能翻轉一切，因為其他事都使不上力。」

凱倫走到鼓手利伯（她和其他人都這麼叫利伯蒂・德維托）身邊坐下來，開玩笑說：「讓你瞧瞧我的能耐。」然後就打起鼓來。德維托是第二代的義籍美國人，他在《艾德蘇利文秀》（The Ed Sullivan Show）上看到披頭四後靠自學學會打鼓。他宣稱在見到凱倫之前，就已經是木匠兄妹的隱形歌迷。「我沒買過他們的專輯，但我每一首歌都會唱，」他說。德維托一開始就受到凱倫吸引，相處的時間愈長，對她就愈是欣賞。「老實說，我是愛上凱倫了，」他說。「我那時候已經結婚了，但心裡很想和她在一起。我知道很傻，我不知道她會怎麼想，所以從來都沒說出口。」在問到他對凱倫作為鼓手有何看法，他搞笑的一面就露出來了：「是不是在這個部分，我應該要因為說『就女生來說還可以』而惹上麻煩？」

凱倫總是不自覺地被鼓吸引。有時候她會比誰都早到錄音室，坐到鼓組前。「那些日子已經結束了，」她告訴拉蒙，「我不再坐在鼓後面唱歌了。」

他敏感地察覺到凱倫的落寞，回答：「很難說喔。」

「那對我的臀部也不好。」她說。

在頭幾次錄音時，拉蒙覺得凱倫看起來狀況不錯，也沒有任何不正常的飲食習慣。即使如此，她那天對著鼓說出的那些話還是深深烙印在他腦海中。其他人警告過他，凱倫有飲食失調的毛病，「但一開始完全看不出來，」他說。「就算真的曝露了，也是後來的事。一開始一切都很正常，坐下來吃飯就是坐下來吃飯，我認識很多會挑食的人，她不是那種人。」

空閒時凱倫喜歡和一氏一起去不期而遇（Serendipity），這是她們在曼哈頓最愛的餐廳，然後再去格林威治村（Greenwich Village）的底線（Bottom Line），一間極為熱門的音樂俱樂部。她很喜歡吃海鮮，但一定要配大量檸檬。「她是吃檸檬配魚！」一氏笑道。「我們每天晚上都會到 A&R 錄音室對面的喬的五十二號碼頭（Joe's Pier Fifty-Two）吃岩蟹螯，一直吃到岩蟹的季節結束。」凱倫、菲爾和一氏三個人也曾經到皇后區的謝亞球場（Shea Stadium）看棒球，凱倫一入場就注意到計分板上寫著「K.C.」，「看，是我的名字耶，K.C.！」

「拜託喔，凱倫，」拉蒙偷笑道，「那是指堪薩斯市（Kansas City），是隊名！」過了幾分鐘後廣播說：「歡迎木匠兄妹的凱倫・卡本特蒞臨球場。」〈我們才剛開始〉的旋律也隨後響起，讓凱倫興奮不已。

「喔，露西和伊塞兒來了。」每次凱倫和一氏一起出現在錄音室，樂隊的人就會這樣取笑她們。據一氏說，不管在什麼地方，她都像是凱倫這個露西的伊塞兒。凱倫到外地時通常都會帶著《我愛露西》的錄影帶，她最愛的一集是〈芭蕾〉（The Ballet），在這一集裡露西跟著教學手段高壓的芭蕾舞老師雷蒙女士學習。「我覺得我們該上把杆了，」雷蒙說。

「太好了，」雷西回答，「我超渴的。」（註：把杆 barre 與酒吧 bar 同音）

後來露西的腿卡在把杆上，她一邊大叫「阿巴、阿巴」，一邊想把腿抽回來。凱倫和一氏看到這裡都會笑到流眼淚，這個「阿巴」的叫喊聲，也成了這對好朋友默契的笑點。「有時候凱倫真的很累，但又不得不『打起精神』表演或什麼的，她就會大叫『阿巴！』」一氏解釋。為了紀念這個姊妹淘之間的笑話，凱倫送了一氏一個腕表，內面刻著「阿巴」。

凱倫有時候會打電話給兒時玩伴黛比・庫提塞洛，問可不可以到她家度週末。庫提塞洛的家在康乃迪克州基爾福（Guilford），距離拉蒙家有一小時車程。「她想散散心，順便吃點義大利家常菜，」庫提塞洛在一九八三年回憶道。「我還記得那時候看著大禮車開進我家車道時還在想，不知道她覺得基爾福這個安靜的小鎮怎麼樣，結果她覺得很寧靜舒適。」

幾週後，黛比和她先生西傑（C. J.）開了兩小時的車到曼哈頓的 A&R 錄音室去拜訪凱倫。凱倫和拉蒙放了幾首歌給庫提塞洛夫婦聽，黛比很喜歡這些歌的現代感。「好聽極了，就像天使的歌聲，」她說，「我覺得很棒。」

西岸的家鄉對這些音樂的反應就冷淡多了。手上累積了幾首作品後，凱倫興沖沖飛回洛杉磯，想把這些歌放給親朋好友聽。她在個人專輯企畫期間回去了幾次，但每一次帶來的都只有打擊，不但影響她的心情，也拖慢了錄音的進度。友人卡蘿・科布覺得凱倫夾這兩種生活中備受煎熬，長時間待在紐約錄製個人專輯這個決定其實讓凱倫壓力很大，「我聽說她決定自己一個人過去，」卡蘿說，「這是很重大的決定，這些事情帶來許多焦慮，要離巢是很辛苦的。」

當然，巢很高興看到凱倫回家，但聽到她帶回來的音樂時就沒那麼興奮了。「艾格妮絲本來就不高興凱倫去做這個企畫，」一氏說。「她的脾氣很差，不過她也不太理我就是了。每次去她家我都是找哈羅德說話，不會找艾格妮絲。凱倫和她爸的感情比較好，只是他們也沒什麼交流。不過他對我很和善，而艾格妮絲就像是蓋世太保的特工。在艾格妮絲那裡不是什麼能做、什麼不能做，而是永遠都只有不能做的。」

雖然艾格妮絲很失望凱倫居然丟下理查自己去做唱片，但整體而言，她並沒有怎麼阻擋凱倫的個人專輯。據伊芙琳・華勒斯的說法，「對艾格妮絲來說，不管凱倫做了幾張唱片，在她媽媽心裡都永遠比不上理查的作品。」

菲爾・拉蒙對凱倫的家人以及後來 A&M 公司的反應不佳感到意外。「我覺得好像帶了你家女兒出門約會，說好要在十二點前回家，結果我們十二點零一分才回來。」他這麼告訴傑利・摩斯。「就好像你站在大門口對我說：『希望你沒有帶壞我女兒。』」

「我能帶壞什麼？」如今拉蒙問道。「反正就是會有一些指控朝著你來，像我做朱利安・藍儂（Julian Lennon）的唱片，就有人說：『你把他做得聽起來像他爸』。拜託喔，我要是真那麼厲害，我幹嘛不用在自己身上？如果不是對方自己願意，你不可能幫他辦到。我們沒想改變世界，但我們這張唱片的確是代表了她的成熟，而且是以最好的方式。」

理查曾經斷言，凱倫的身體狀況不足以展開這麼大型的企畫。而隨著時間過去，凱倫愈來愈瘦弱，理查的說法似乎逐漸被證實了。除此之外，也有跡象顯示凱倫開始會在吃過東西後催吐，營造出她有正常進食的假象。「她非常瘦，」羅素・賈沃斯回憶道。「有一天晚上我和我太太跟她一起吃晚餐，她吃了一大堆東西，然後就去洗手間了。那是我們第一次遇到有人這樣做。」

這一切一氏也都看在眼裡。「她會大吃特吃，」她說。「很誇張，她大概吃掉比我多一倍的食物。她說她有腸躁症，我就說：『噢，我也是。』每次她去洗手間我都會跟著去。她很生氣，因為胃裡塞那麼多東西她很不舒服。」

一九八〇年春天，凱倫在菲爾家，和他一起看她上奧莉薇亞・紐頓強最新的《好萊塢之夜》（Hollywood Nights）電視特別節目的錄影帶。這時凱倫對身體形象扭曲的想法終於浮上臺面。凱倫和奧莉薇亞、桃子與赫伯（Peaches and Herb）裡的「桃子」琳達・格林（Linda "Peaches" Greene）、托妮・田尼爾（Toni Tennille）和蒂娜・透娜（Tina Turner）等人一起唱歌跳舞，她看起來神采飛揚，但身形薄如紙片。「喔天啊，看我有多胖，」她說。拉蒙聽了以後大惑不解，他立刻起身按停錄影帶，抓起放在旁邊的蠟筆，沿著畫面上每個人的身形畫出線條，說她像枝鉛筆。「你是兩條直線耶，」他說，「你看不出來嗎？」

「才不是，你看我有多胖，看我的屁股有多大！」

拉蒙簡直不敢相信，但也說服不了凱倫她真的是舞臺上最瘦的一個。有一天下午，情況變得更糟。菲爾聽到廚房傳來砰的一聲，他衝過去一看，發現凱倫昏倒在地。她那麼瘦弱，

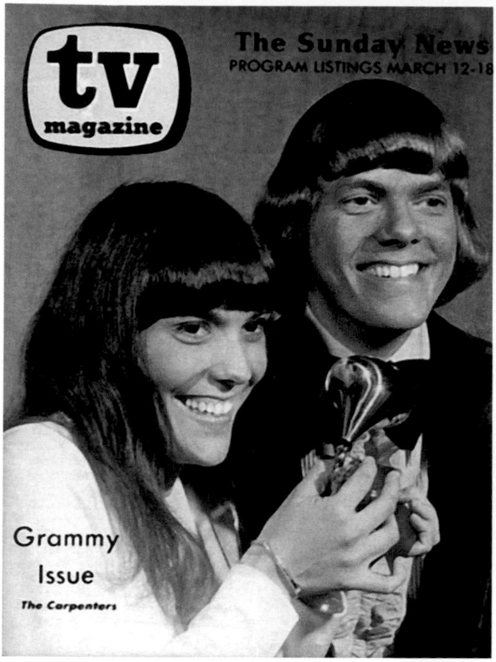

1971年3月16日，第十三屆葛萊美獎。

Author's Collection

（右）1972年寄給歌迷俱樂部成員的卡本特家族聖誕卡。

Author's Collection

（下）1972年聖誕節的紐維爾街。

Ken Bertwell

1973年6月在阿卡普科表演期間的閒暇時光。

Maria Luisa Galeazzi

(下) 1973年7月在賓州的福吉谷 (Valley Forge) 和理查一起看壘球比賽。Maria Luisa Galeazzi

(左) 和理查與瑪麗亞．蓋利亞奇同遊彼德拉庫埃斯塔。「不管去哪裡，我們都是三人行，」瑪麗亞說。「去哪裡都是她、我、理查。後來我真的煩了，我告訴你。」

Maria Luisa Galeazzi

1974年和男友邁可·科布在聖地牙哥港的一艘船上。 Mike Curb

1976年在拉斯維加斯的米高梅大酒店，在台上擺出搞笑姿態讓歌迷拍照。 Rhonda Martinez

1975年的巡演節目單。

Author's Collection

（下）凱倫與她的乾女兒以及乾兒子——萊夫勒家的艾希莉與安德魯。

Frenda Franklin

（上）凱倫對婚宴賓客奧莉薇亞‧紐頓強展示她的鑽戒。

Frank Bonito

（右）1980年8月31日，婚禮當天的美麗新娘。

Frank Bonito

艾格妮絲‧卡本特和兒子在比佛利山莊飯店的婚宴上跳舞，負責演奏的是麥可佩吉大樂隊。

Frank Bonito

1980年秋天與湯姆・伯利斯合影。

Globe Photos

1981年11月，在里約熱內盧的都會電台。

Sydney Junior/Brazilian Carpenters Friends Club

（左）1981年11月，骨瘦如柴、一臉疲憊的凱倫準備離開里約的若比姆國際機場。

Vitor Bruno/Brazilian Carpenters Friends Club

（上）凱倫最後一次公開亮相是1983年1月11日在CBS電視城，當時她和理查（第四排左二、左三）和歷屆葛萊美獎得主合影。「看哪，我有屁股了！」她對狄昂．華薇克說。

The Recording Academy

（右）位於加州賽普雷斯森林草地紀念公園的卡本特家族墓室。

Randy Schmidt

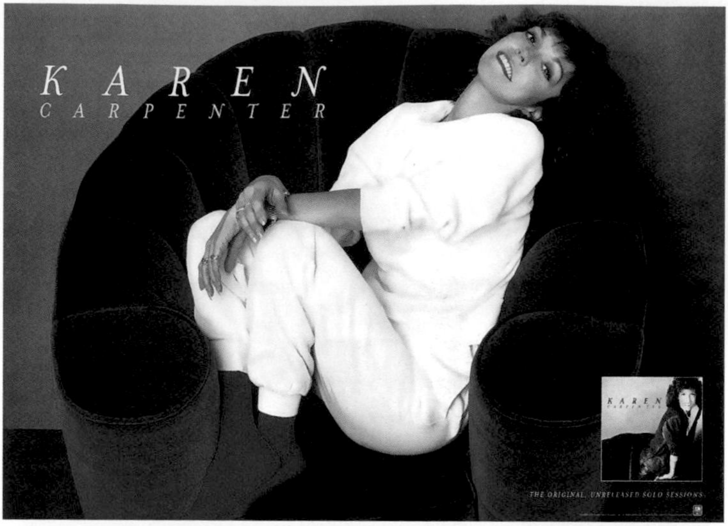

1996年發行的《凱倫・卡本特》專輯宣傳海報，這就是她原本未發行的單人唱片。

A&M Records

（上）加州州立大學長堤分校的理查與凱倫卡本特表演藝術中心大廳內的卡本特展覽。

Randy Schmidt

木匠兄妹在好萊塢星光大道上的星星，位於好萊塢大道6931號。

Randy Schmidt

（右）辛西雅・吉布和米契爾・安德森在1989年的傳記電影《凱倫・卡本特的故事》中擔綱演出。

CBS-TV

菲爾不禁擔心她會不會骨折了。他小心地把凱倫搬到沙發上，然後打電話叫了救護車。救護車抵達的時候，凱倫還有點暈眩，但已經清醒了。她拒絕上救護車，又開始擔心救護人員認出她的事，因此菲爾代她懇求救護人員不要洩露她的名字。凱倫說她會昏倒，應該是因為之前她服了半顆安眠酮。有過理查上癮的事件，她為什麼還會帶著這種藥，實在令人費解。

在這次驚嚇事件後，為了安撫拉蒙，凱倫答應會好好吃東西，但才幾天後一氏就發現家裡到處都藏著瀉藥。在凱倫的房間裡，包括行李箱、枕頭下、甚至是鞋子裡，在各個櫃子深處，甚至是水果碗裡都有。凱倫向她保證說她沒吃，只是備而不用。菲爾、一氏和他們的朋友都非常擔心，他們知道這樣很不對勁，但也承認沒人知道到底是怎麼一回事。「線索就在那裡，」他說「但是沒有對策。」

雖然凱倫對參與企畫的人一直都很溫暖友善，但羅素・賈沃斯察覺到她總是「有種淡淡的哀傷，你可以感覺到不太對勁。線索都在……但這個企畫是關於音樂，而不是飲食失調。我們身在其中，最重要的任務就是做唱片，你是來做音樂的。」

一九八〇一月，這張個人專輯的錄製終於完成。此時凱倫已經花光了 A&M 唱片撥給的十萬美元經費，她自己又出了四十萬美元。隨著唱片進入混音階段，A&M 唱片開始安排宣傳活動，也給唱片編了序號，準備在一九八〇年春天發行。A&M 唱片有幾個人記得，當時公司裡都說這張唱片一定會大賣，菲爾・拉蒙也注到凱倫又漸漸樂觀了起來，終於對自己的作品流露出幾分自信。「她愈來愈有信心，」他說。

「凱，你覺得莉薇這樣好看嗎？」一氏問道，她手裡拿著奧莉薇亞・紐頓強最近發行的《熱力十足》（Totally Hot），讓凱倫看唱片封套。

「噢，瞧瞧奧姬！」凱倫喊道，微笑地看著這張法國魅力攝影師克勞德・穆金（Claude Mougin）拍攝的封面照片。雖然凱倫覺得好看，但卻很難想像自己打扮成奧莉薇亞那樣，穿著黑色皮衣，畫著濃重的眼妝。菲爾覺得凱倫的照片應該要和專輯性感的歌詞風格一致，他聯繫了穆金，請他來為凱倫拍攝專輯封面和宣傳照。一九八〇年二月二日，他們花了兩小時拍攝這些照片。凱倫習慣在巡迴時自己弄頭髮和化妝，或是讓助理幫忙，但她很少有做魅力護理的經驗。拍攝這個《Vogue》風格照片的裝扮過程很令人興奮，但凱倫也顯得緊張焦慮。

「也許你該來點花草茶，凱倫，」一氏建議道。

凱倫不知道的是，一氏偷偷壓碎了一錠煩寧（Valium），加在她的花草茶裡。「我在她的菊花茶裡加料，」一氏回憶道。「我加了蜂蜜和五克煩寧，她完全不知情！之後她就冷靜了，也漂亮極了。」

等照片樣張送到後，凱倫對影中人感到又驚又喜：她看起來性感又挑逗。她拿給一氏看的時候樂壞了：「一一，你看看這個！」她說著，眼睛和嘴巴都因為震驚而張大。

「看到了，你覺得怎麼樣？」一氏問道。

「我看起來很漂亮，」凱倫震驚地說，「我居然看起來很漂亮。」

「凱，你一直都很漂亮。」一氏向她保證。

凱倫和菲爾從錄製好的二十多首歌裡選出了十一首，又安排了一連串會議，將新專輯呈現給唱片公司。第一次的試聽會是在紐約的 A&R 錄音室舉行，倫敦分公司的德瑞克・格恩應傑利・摩斯的要求，代表 A&M 唱片出席。會中四處都在舉杯祝賀，人人都在恭喜凱倫和菲爾成功打造出細膩又極富質感的音樂。「一顆巨星正要冉冉升起，」一氏說，「在紐約，每個人都開懷地慶賀，所有人！」

接下來只剩回西岸好萊塢的 A&M，讓阿爾伯特和摩斯試聽了。應凱倫的要求，公司也請了理查來試聽。據拉蒙說，「這世界上最難的事，就是讓一家對你熟到不能再熟、認為你就是那樣的公司聽你的新唱片。凱倫當然對我們的作品很有信心，但她也緊張得要命。整體來說，我覺得她最害怕的是理查，他很明顯不喜歡這張唱片。」

歌播了一首又一首，赫伯、傑利和理查依舊面無表情，拉蒙說簡直是「一片死寂」。他都開始咬指甲了。隨著歌曲一首首播放，他心中的疑惑也愈來愈擴大，同時也察覺到凱倫愈來愈失望。她期待的是每播一首歌都會迎來歡呼與擁抱的慶賀，就像在紐約那樣，但這三巨頭卻紋風不動。「如果現場有十幾個人，可能還容易一些，」拉蒙說。「我的人生就是在不停地傾聽、觀察、感受觀眾的反應，即使觀眾只有四個人。現場的氣氛讓人很不安，他們真的找不到任何可以欣賞的地方。」

「你們怎麼可以做舞曲專輯？」試聽完後其中一人問。「你們怎麼會做這種歌？」另一個質疑道。「看來你們得刪些東西，」他們說，「我們很不滿意。」凱倫沒想到還得為自己的專輯辯護，更因為被要求這麼做而徹底失望。

「這張專輯不適合她嗎？不是，」拉蒙說，「是不符合期待嗎？是的。但我想如果我們做了一張延續木匠兄妹風格的唱片，只會被挑剔得更厲害。理查決定他要繼續做木匠兄妹這個團體，唱片公司也為他撐腰。我想我們當時的處境是：誰都不想破壞這個團體，尤其是在他們正要和公司續約的當下。」

凱倫之前就放過新專輯裡的歌給佛蘭達聽，她開心極了，但絕大部分是為了凱倫。「我喜歡，」她簡單地總結道。「這張專輯很不一樣，當然我不會說那是完美的唱片，不過如果你心裡還留著木匠兄妹的音樂，聽到這些歌的時候，你得花點力氣忘掉它們，才能聽下去。」

凱倫把這張專輯放給邁可・科布聽的時候，科布對凱倫身上顯而易見的焦慮感到震驚。「她回到洛杉磯了，打電話給我說想讓我聽聽專輯，」他回憶道。「我過去了，她放給我聽，但她看起來好像很不想做這張專輯，也很不想發行。她擔心會對家人造成影響。」

據奧莉薇亞·紐頓強說，「要跟上木匠兄妹的唱片很難，他們的音樂和製作是極為細膩的。她會受到批評，這點毫無疑問。」凱倫放給紐頓強聽的時候理查也在場。「我還記得理查說：『你偷了木匠兄妹的聲音。』這實在是諷刺，因為她就是木匠兄妹的聲音，她的歌聲就是『木匠兄妹』。」

從這項企畫剛開始時，佛蘭達就知道 A&M 那裡一定會有人反對，尤其是理查。據她說，他對凱倫個人專輯的冷言冷語，是兄妹倆關係生變的轉折點，而且凱倫始終無法釋懷。「他說那是狗屎，」佛蘭達說，「凱倫最想要的就是他的認可，那原本可以改變她人生的一切，但卻落空了。最令人難過的是他得帶著這樣的認知活下去，我想他甚至不以為意。當然，我們的確是不能過分苛責他，因為他也有他自己的問題。但是老天爺，寬容一點很難嗎？他們眼看著她在他們面前像雪人一樣融化，還是連一句好話都不說，太殘忍了。」

凱倫對個人專輯懷抱的希望和夢想碎了一地。過去一年樂此不疲的大膽探索、創意勃發、全心投入所打造出的成果，被她在家庭和事業上最敬愛的人全盤否定。「我們抱著很高的期望，結果沒人喜歡，」拉蒙說。「當然，他們是可以不喜歡，但我們從沒想過會這麼慘。總之，結束了，一切都結束了！不會再有第二期的補救或修正企畫，這不是換幾首歌就能搞定的事。有時候靠混音就能調整或挽救，但他們覺得那也沒用，整張專輯被貶得一文不值。凱倫的心情一落千丈，我也一樣，什麼都安慰不了我們。還能說什麼呢？那時我們沒看出來是他們故意和我們對著幹，還以為是我們做錯了。『我們做錯了什麼？』『我們怎麼會做錯？』」

凱倫和菲爾那天心灰意冷地離開 A&M 公司。「她被這種拒絕給徹底打倒了，」一氏說。「你要知道，她是什麼都往心裡去的人，也一直都很自卑。她想成長，想去關注自己身為藝人、身為人、身為女人的需要，結果一切都被打碎了。她就像被人狠狠踩在腳底，抹去了她的所有努力。」

14

婚姻美夢破滅

凱倫回到洛杉磯後，不再需要在東西岸兩邊奔波，所以多出許多時間和朋友聚會。奧莉薇亞・紐頓強約她到聖地牙哥的金門（Golden Door）水療會館放鬆，一同前往的還有兩人的共同朋友克里斯蒂娜・費拉（Christina Ferrare）。費拉本身也是演員，嫁給產業界高級主管約翰・德洛林（John DeLorean）。凱倫在水療會館告訴費拉和紐頓強，她終於準備好找個人嫁了，安定下來，又說了一遍愈來愈長的理想丈夫條件清單。費拉和紐頓強都笑了，還說她要是能找到符合一半條件的人就已經是超級幸運了。

也差不多是在這個時候，凱倫震驚地得知前男友泰瑞・艾利斯訂婚了。她一直很後悔當初不告而別，也暗自希望有一天能再續前緣。內心掙扎了好幾週，又在一氏的不斷鼓勵之下，凱倫終於拿起電話，約艾利斯共進午餐。畢竟在她看來艾利斯只是訂婚了，又還沒結婚，也許還有機會讓他對自己重拾愛意。「那個，我犯了一個大錯，」她說，「和你分手真的是錯了，我們復合好嗎？」

「凱倫，我訂婚了，」他說，「我要結婚了。」

除了奧莉薇亞・紐頓強和克里斯蒂娜・費拉，卡蘿・科布也是凱倫的密友。她們一直都眼觀四面耳聽八方，希望能幫凱倫找到「對的那個人」。「有個人你應該會想認識一下。」卡蘿說。

「是啊，當然了，卡蘿，」凱倫回答，隔著電話線都能想像她翻白眼的樣子。

雖然凱倫相信卡蘿的品味和識人之能，但她覺得這句話聽過不下千次了。再說，就算牽紅線的人是一片好心，她也不喜歡和不認識的人約會。「但他人很好，又帥，還是慈善家喔，」卡蘿不死心地鼓動她。

這次卡蘿想介紹的人是來自紐波特比奇的湯瑪斯・詹姆士・伯利斯（Thomas James Burris），卡蘿是跟著哥哥邁可・科布參加晚宴時認識他的。邁可・科布在和凱倫漸行漸遠後，事業生涯也跟著轉向意想不到的方向。一九七四年，拉斯維加斯度假村巨頭柯克・科克萊恩（Kirk Kerkorian）賣掉了米高梅影視公司和米高梅唱片，在那之後科布在唱片業只放了一半的心神，重心漸漸轉向政治。一九七七年他娶了南加州名主播傑利・鄧菲（Jerry Dunphy）的女兒琳達・鄧菲（Linda Dunphy），一九八〇年科布已經是加州副州長兼隆納德・雷根（Ronald

Reagan）總統選舉全國競選團隊的副主席。科布兄妹認識的伯利斯是雷根的熱情支持者，也是科布主掌的另一組織，加州委員會（Commission of Californias）的活躍成員，這個組織的主旨是促進加州和下加州（Baja California）之間的關係。「我妹妹卡蘿是有幫他們牽線，」他回憶道，「但我沒有，那是我最忙碌的時候。不過我的確認識伯利斯，他看起來也的確像個好人。」

三十九歲的伯利斯符合凱倫理想丈夫的一部分條件。「他很有魅力，人很好，出手也大方，」卡蘿說，「他捐了好幾輛救護車給下加州的醫院。」伯利斯不是音樂圈的人，他在長堤長大，十三歲時輟學當起了黑手。一九五八年他加入美國海軍陸戰隊，退伍後在長堤一間焊接店工作。後來他做起鋼鐵包商和建築總包商，一九六四年在長堤成立了伯利斯公司，自稱是「產業開發商」。一九七五年他將生意轉移到加州科羅納市（Corona），在波莫納路（Pomona Road）蓋了科羅納市首座計畫性產業園區。

伯利斯是賽車迷，金髮藍眼，長相英俊，出手大方，看起來就像成功人士，只可惜他不是單身。事實上，伯利斯不但已婚，還有一個十八歲的兒子。他告訴卡蘿，他和妻子早就分居，正在辦離婚。

一九八〇年四月十二日星期六，凱倫在卡蘿和她當時的丈夫托尼・史考提（Tony Scotti）的陪伴下，第一次和伯利斯見面。四人在「自宅」（Ma Maison）享受晚餐，這間西好萊塢的小酒館正是名廚沃夫甘・帕克（Wolfgang Puck）名聲大噪的地方。那時凱倫剛從東岸回來不久，還有點時差。事實上凱倫原本想取消這次約會，但艾格妮絲催著她去。用餐時，伯利斯告訴凱倫他不太知道木匠兄妹或他們的音樂。「他真的不知道我是誰，」她說。「那時我認識他還不到一小時，但我在第一次見面時就對他說：『什麼？你這十年都與世隔絕了嗎？』」雖然這麼說，凱倫還是信了伯利斯的說辭，而且也深受對方吸引。「我一下就喜歡上他了，我喜歡他的舉手投足、長相打扮，還有他的車，」她笑道。「那是我第一次一見面就喜歡上一個人。」

那天晚上回家後凱倫打電話給佛蘭達，出門前她的頭髮和妝容還是佛蘭達幫忙弄的。「怎麼樣？」佛蘭達問道。

「噢，佛蘭，」她驚喜地說道，「他讓我想到查！」（「R.C.」和「查（Chard）」都是凱倫對哥哥的暱稱。）

第一次約會後，伯利斯無端消失了一陣子。沒有立刻得到他的回應讓凱倫很失望，還以為是自己把他嚇跑了。「她跟我們說認識了一個男的，還說真的很喜歡他，可是後來就沒他消息了，」法蘭克・博尼托說。「其實他是去賭城還是哪裡離婚去了。」但伯利斯很快就帶著雄心壯志回來了，而且迅速和凱倫展開熱戀。「他們進展飛快，」卡蘿・科布回憶道，她很高興看到這一對甜蜜蜜的。「怎麼會不高興呢？」她說，「他開著銀色勞斯萊斯，又很迷人，他們相處愉快，看起來也挺投契的。他看起來真的不錯。」

凱倫最好的朋友佛蘭達和一氏就沒有卡蘿那麼樂觀了。「我看到他的第一眼就不喜歡這個人，」佛蘭達說，「我覺得他很假、自吹自擂。自我中心，又很自大。」

一氏試著往好處想，但還是有點疑慮。她聽朋友說伯利斯的背景沒問題，不會是來騙財騙色的，凱倫看起來又那麼興奮。「一開始我還算是喜歡他，」她說，「但我不怎麼相信他。他有一頭金髮，長得也好，不過外表打理得有點太精心，人也好像過於完美。他總是掛著標準的微笑，而且從來沒有直視過我的眼睛。」聽到凱倫說「我覺得他要問那個問題了，」一氏大吃一驚，前一天她和菲爾才第一次見到伯利斯。

「等等，凱，」她回應道，「我才剛認識他，你也是啊！他知道厭食症的事嗎？他知道該注意什麼嗎？他知道有什麼症狀嗎？」

「沒有沒有，我早就沒事了，」凱倫向她保證，「我有吃東西了，而且我真的真的很快樂！」

一氏有點驚慌，但沒再多說什麼。她不想打擊凱倫，「她尋尋覓覓了那麼久，我真的不想澆她冷水。」

菲爾・拉蒙贊同妻子和凱倫其他朋友的看法。「感覺他太完美了，」他說，「但這反而更吸引她。」

「你覺得怎麼樣？」四個人一起吃過飯後凱倫這麼問菲爾。

「我不喜歡他的髮型，」他開玩笑地說，「他太完美了，簡直是完美哥。」

凱倫很快就把伯利斯帶回家見家人。「她把他帶進辦公室介紹給大家，」伊芙琳・華勒斯回憶道。「他長得一表人才，又彬彬有禮，看不出有什麼不對。我想凱倫真的很愛伯利斯，也許是一時迷戀，我不知道，但她看起來是身陷愛河。」和伊芙琳一樣，卡本特家的人一開始都覺得伯利斯很不錯。「他和我的家人處得好極了，」凱倫這麼告訴《時人週刊》。

不管是因為他長得帥、個性好，還是因為凱倫說他是房地產大亨，卡本特家的人似乎都覺得伯利斯是個好對象，就連理查一開始也覺得不錯。「伯利斯本能地知道該怎麼做，」一氏回憶道。「他開始和理查稱兄道弟，即使理查那時候好像也有點疑慮。」

伯利斯對凱倫的家人說，在認識凱倫之前他還不太知道木匠兄妹，也沒怎麼聽過他們的音樂。說起這件事他還笑了：「我對木匠兄妹一無所知。」

這反而讓伊芙琳・華勒斯起了疑心。「你是說你從沒聽過他們？」她問道。「電臺常播他們的歌，你沒在廣播上聽過嗎？」

「噢，我太忙了。」他答道。

回想起和伯利斯的那次對話，伊芙琳很生氣自己居然沒看穿他在做戲。「我早該知道他很清楚凱倫・卡本特是誰……也知道凱倫很有錢。」其他朋友也這麼想，並警告凱倫對方可能是騙子。「他是聾子嗎？」一氏問道，「難道他從來不聽廣播也不看電視？少來了！」

歷經了事業上的打擊與幻滅，也難怪凱倫會轉而把心思全放在和伯利斯剛萌芽的戀情上。她的個人專輯在一九八〇年五月五日被正式擱置，這場戀情讓她得以不再去想這件傷心事。「雙人組合優先，」《告示牌》雜誌寫道，並宣稱這張專輯是「應凱倫的要求擱置的，以免干擾木匠兄妹的唱片。」文中還引述 A&M 唱片總裁吉爾・弗里森（Gil Friesen）的說辭：「凱倫考慮了很久，決定以雙人組合為優先，因為對她來說這才是最重要的，她不希望個人專輯成為干擾。」

據伊芙琳・華勒斯說，菲爾和一氏非常想看到凱倫的唱片推出，因為那是凱倫想要的。「他們什麼都願意做，只希望能讓她如願以償，但理查一刻也沒有讓步過。」事實上，理查回來工作後，就為各種木匠兄妹相關的企畫預約了錄音室，包括他們的「回歸」唱片。他們的《音樂、音樂、音樂》電視特別節目再幾週就要播出了，這也是木匠兄妹跟 ABC 電視合作的最後一集，而凱倫個人專輯的重要性顯然不及這些。

據菲爾・拉蒙說，「一旦理查不喜歡這張專輯，他們家向來的反應就是『我們也不喜歡』。

沒有人會跳出來說：『等一等，這是凱倫想要的，我們應該要接受。』而專輯一旦被擱置，就是被擱置了。」他和一氏都很希望看到這張專輯在唱片行上架，希望看到凱倫在俱樂部和演唱會上唱自己的新歌。據一氏說，「為這張專輯出過力或支持她想法的音樂人，都覺得這件事真的很奇怪。想想她是誰，他們又是誰。到頭來注意力還是集中在理查身上，理查想要什麼、理查需要什麼。」

樂手羅素．賈沃斯聽說理查和 A&M 反應冷淡時覺得很擔心。「可憐的凱倫，」他說，「她是一個藝人，她只是想探索自己才能，身為藝人她也絕對有權利這麼做。合作裡的每一方都好，總合才會更好，你應該要讓每一方都發揮到極限才對。每一方應該都是平等的，不該有誰受支配。對這些唱片來說，凱倫的重要性不亞於另一方，說不定還更重要，她有權利探索自己的才能。那時候理查也有自己的問題，我相信他並不贊同這個企畫，但如果他沒出狀況，能好好工作，凱倫一定會跟他合作，而不是來找我們。」

在一九九三年的一次採訪中，理查解釋，關於這張個人專輯，旁人對他有許多不實的指控。他再次強調暫緩發行是凱倫的決定，不是他的。「大家都怪我，」他說，「認為『理查壞／凱倫好』的那些人，把凱倫出的事都怪在我頭上。他們說是我叫凱倫不要發行個人專輯，因為我想做新專輯。這完全是胡說八道，如果不相信，你可以去問赫伯、問傑利、問德瑞克……他們覺得裡面沒有一首歌能紅，所以不肯發行，跟我一點關係也沒有。」

A&M的主管一致通過取消發行凱倫的個人專輯。雖然德瑞克・格恩在紐約試聽時顯得很熱情，但他覺得從商業角度來看，這張專輯「不行」。「多虧了所有人，這張專輯暫緩了，」他告訴雷・科爾曼。「對這樣的藝人來說，絕大部分的責任應該要落在製作人身上，這次配合得不好。」

多年來，被問到這張專輯擱置的事時，赫伯・阿爾伯特幾乎總是會緊張地遲疑一下才回答，用字也很謹慎。據阿爾伯特說，這張唱片沒有像木匠兄妹的唱片一樣感動他。他還形容凱倫猶豫了很久，對這張專輯的感覺在喜愛和討厭之間反覆。有時候他乾脆就說記不清楚了。「我不太記得原因了，但我確定她不滿意這張專輯。」

據傑利・摩斯說，他們完全是考量到凱倫的最佳利益。「我們認為這張專輯不會有太好的反應，」他說，「我們不想讓凱倫經歷這種事。」

在公開場合面對媒體的時候，凱倫則是一臉正經，又輕描淡寫說起專輯被取消的事。「那是一張好專輯，」她在一九八一年說，「但是拖太久了，好像突然之間就阻礙了我們的回歸……後來我只好做出決定，因為理查想回來工作，而且……我也想再以木匠兄妹的身分開始工作……我相信如果真的發行一定會有人感到震驚，但一定也會有人很喜歡。我不是因為不滿意才把它收起來，只是時間不夠而已。」

「我想和你共度餘生，」交往兩個月後，伯利斯就這麼對凱倫說。她不知道該怎麼解讀這句話，所以她打電話給凱倫・一氏。一氏原本就不贊成凱倫對伯利斯的盲目信任，聽到他們進展如此神速更是大為震驚。「我覺得湯姆這是在求婚了，」凱倫說。

「這不是『你覺得』就好的事，」一氏說，一邊解釋說求婚絕對不該含糊其辭、模稜兩可。

凱倫懸在半空中的心幾天後就放下來了。一九八〇年六月十六日星期一，伯利斯正式向她求婚，還送了她一顆十克拉的梨形鑽戒。雖然她一直期待伯利斯的求婚，卻沒有當場接受，因為伯利斯仍是已婚身分，還要再兩天才會塵埃落定。凱倫問母親：「我該嫁給他嗎？」

艾格妮絲沒幫上什麼忙，只告訴女兒，她都這麼大了，應該心裡有數。「你自己決定吧，」她說。凱倫知道自己一直以來想要的是什麼。她在六月十九日——也就是伯利斯確定離婚後的隔天——正式回覆，答應了他的求婚。為了慶祝他們訂婚，伯利斯送了未婚妻一輛全新的勞斯萊斯 Corniche 敞篷車。「一一！」凱倫大清早就打電話吵醒朋友。「你想不想當 B.M.？」

「什麼？」

「湯姆求婚了！我們明年就要結婚了，你想不想當 B.M.？你知道的，就是伴娘啊！」

巧合的是，在多家媒體聯合刊載的星座運勢專家喬伊斯・吉爾森（Joyce Jillson），幾週前預測了凱倫會訂婚。「雙魚座有意結婚……」她在一九八〇年五月二十一日專欄中的「名人運勢」中寫道。「受雙魚座的幸運影響，凱倫・卡本特可能會宣布訂婚。」

他們在七月時宣布將於八月舉行結婚典禮，將原本一年的訂婚期硬生生縮短成不到兩個月。「他們好像是希望愈快愈好，」卡蘿・科布說。她很震驚，但她說當時她相信他們夠成熟了，做什麼都心裡有數。「我也只能祝福他們一切順利。」

這麼倉促的婚期讓凱倫的朋友都覺得不太妙。一氏說：「那時候大家心裡都警鈴大作。」雖然凱倫對訂婚和即將舉行的婚禮興奮不已，但伯利斯對他們來說還陌生得很，卻在極短時間內就娶到他們的好朋友。凱倫告訴他們，伯利斯的房地產開發做得很成功，要他們放心，還說他有多處豪宅、多輛賽車、多艘遊艇，甚至還有一架十一人座的私人噴射機，但朋友還是覺得不對勁。據佛蘭達說：「感覺就像『幸會，你願意嫁給我嗎？』凱倫是被迷了眼，但我們怎麼也沒想到真相會是那樣……我不知道他根本沒半毛錢，我相信她告訴我的那些事，我怎麼會不信呢？傳出話來的是可信的人，邁可和卡蘿絕對不是信口開河的人。」不過佛蘭達也不怪他們：「要是他們早就知情，還會把凱倫介紹給那個混蛋嗎？不會！」

這時凱倫已經鐵了心要嫁給伯利斯，怎麼也聽不進親朋好友的警告。她的家人還私下找了私家偵探調查伯利斯的背景。「如果當初能調查得更詳細就好了，」佛蘭達說。「他的意圖從一開始就很明顯，他早有預謀。但誰能想到呢？別以為我們沒有提醒過她，但不想聽的人就是聽不進去。」

佛蘭達・萊夫勒把對伯利斯的厭惡放在一邊，打起精神幫她最好的朋友打理婚禮的大小事宜。凱倫希望她的大日子能比照佛蘭達跟她妹妹阿蘭娜・梅格達爾（Alana Megdal）的婚禮，成為比佛利山莊的社交盛事，有成群的伴娘和伴郎，所有細節都要極盡講究。要在幾週內籌辦出這麼豪華的婚禮，那麼一刻也不能耽擱了。

「佛蘭達立刻就接手了，」伊芙琳・華勒斯回憶道。「她一手包辦。」得知有許多重大事項沒問過她就決定了，艾格妮絲很不高興，她宣稱想陪凱倫處理這些事，但在她開口說要幫忙之前，很多事早就安排好了。「一般人在女兒要結婚的時候都會陪著出主意，」伊芙琳解釋。「艾格妮絲什麼都沒做，全是佛蘭達在做，是佛蘭達幫忙她挑婚紗、選蛋糕，甚至發請帖。」

凱倫的首席女儐相佛蘭達和伴娘卡蘿把凱倫的婚前派對主題訂為「為凱倫送上滿滿的愛與關懷」。這場派對在八月三日星期日舉行，地點是奢華的希爾克斯特鄉村俱樂部，正好和凱倫所住的世紀塔毗鄰，當天有一百多位女性前來。奧莉薇亞・紐頓強出席了，一氏也帶著未婚夫菲爾・拉蒙一起飛到西岸來參加。那個週末拉蒙還招待凱倫和湯姆，參加比利・喬在加州印格塢市論壇體育館（Forum in Inglewood）舉辦的演唱會。

希爾克斯特俱樂部會所的花園房，以薰衣草紫和蜜桃粉妝點，還擺滿了從夏威夷空運過來的百合和蘭花。「凱倫喜歡熱鬧的派對，」佛蘭達回憶道。「那天穿著黃色蟬翼紗的她好美，就像在春天綻放的水仙花。」凱倫穿的兩件式洋裝和遮陽帽，是出自比爾・貝魯（Bill Belew）之手，凱倫的婚紗也是交由貝魯設計。貝魯曾為許多電視特別節目擔任服裝設計師，包括木匠兄妹即將播映的《音樂、音樂、音樂》特集，之後並因此榮獲艾美獎提名。

曾擔任凱倫的髮型設計師，同時也是理查前女友的瑪麗亞・蓋利亞奇，也是當天造訪希爾克斯特的賓客之一。幾週前她在路上巧遇凱倫，她們兩個正好都到比佛利山莊購物。「我看到她的時候嚇了一大跳，」瑪麗亞回想起在羅迪歐大道上的那一天。「聽說她瘦了，但我很久沒見到她了，她變得好瘦。」

艾格妮絲似乎很高興能在眾多賓客中見到熟面孔。「噢，瑪麗亞・路易莎，」她說，「你都不知道理查發生了什麼事！」

艾格妮絲說起兒子對安眠酮上癮的事，其實在一九七〇年代初，瑪麗亞還在理查身邊時就看過他吃這種藥。「我沒有很喜歡用安眠酮，」她說，「巡迴回來後我就沒有再用。我猜他還是繼續在服用，知道的時候我很震驚。」相較之下，聽到理查還在和他表妹瑪麗・魯道夫交往的事，瑪麗亞就沒那麼驚訝了。「不然呢？」她說。「不管他和誰勾搭上，他們都會明槍暗箭的來，他也只能找家裡人了。」

據友人說，凱倫發現哥哥和表妹有私情時嚇呆了。一氏很早就注意到凱倫強烈反對這段關係。「我想是因為基因的事吧，但後來被問煩了，理查直接吼：『看在老天份上，我們做過篩檢了！我們好得很，完全可以生出健康的孩子！』凱倫不願意理查娶她。」

凱倫不知道有多少次請一氏為理查做媒。「不管我們是在哪個國家或哪個城市，她都在替他物色女友。我還不認識理查的時候，就得替他介紹人了。就連我也被扯進去過，她還想撮合我和理查！」

「這下我確定你是瘋了！」一氏對凱倫說。聽到凱倫提議讓她去和理查約會，她頗不自在地笑了笑。

「但我想要一個姊妹，」凱倫回答。

「我們還是可以當姊妹啊，說真的，凱，我絕對不可能跟理查有什麼。」

奧莉薇亞・紐頓強一直是凱倫未來嫂嫂的優先人選。事實上，有些人還記得凱倫認為奧莉薇亞是她哥哥的「夢幻對象」。「我那時候有男朋友，」奧莉薇亞說，「但凱倫認為我很適合理查。這可以說是她對我最高的恭維，因為她超級崇拜理查。」

八月七日，凱倫和湯姆在洛杉磯郡民政局辦理結婚登記，不到一個月後就要舉行結婚典禮，但還有許多細節有待確定。在此同時，木匠兄妹歌迷俱樂部的祕書蘿珊娜・蘇利文（Rosina Sullivan）也透過通訊發布喜訊。

加州當尼市的哈羅德・卡本特先生與夫人，非常高興地宣布，他們的獨生女凱倫・安，即將與加州橘郡詹姆士・伯利斯 夫婦的長子湯瑪斯・詹姆士・伯利斯喜結連理，婚禮將於一九八〇年八月二十一日星期日，在加州比佛利山莊舉行。……人人喜上眉梢、昂首期盼，理查打算特別創作一首歌曲，讓新娘在婚禮上唱出對新郎的情意，這真是扣人心弦的舉動……可以想見那將是多麼深情款款的時刻。

伯利斯對媒體是這麼說的：「理查正在特別為我們寫一首歌，她說『我願意』之後就會開始唱歌，一定會很有意思。」理查立刻找來長期合作的老朋友約翰・貝帝斯，一同打造百老匯等級的華麗大作，之後又請彼得・奈特特別從英國趕過來，為這首歌編曲配樂。這項任務比奈特想像中還艱鉅許多，歌曲本身有如史詩，曲風和音域也極為跳躍，可以想像奈特要在短時間內完成任務會有多麼為難。凱倫原本打算在典禮時當場演唱，但她和理查最後還是選擇預先錄製。「我們本來想現場演唱，但要搭配龐大的管弦樂隊，」凱倫回憶道，「而且我仔細想過以後……我說不行，我不想現場演唱……我應該沒辦法專心演唱，而且這首歌又特別難唱……我站都站不穩了。」

就在婚禮彩排的前幾天，湯姆突然丟出爆炸性的消息，把凱倫炸得七葷八素，甚至嚴重到足以結束這段關係。凱倫和湯姆原本說好結婚後就要孩子，凱倫也萬分期待當媽媽，但直到最後一刻湯姆才告訴她，他在認識她之前就已經結紮了，她想懷他孩子的願望注定落空。凱倫當場傻住，湯姆說他可以去做接回手術，但成功懷孕的機率還是很小。凱倫痛心疾首，湯姆騙了她，明知道生兒育女是凱倫一直以來最期盼的，卻在殷勤追求她的時候對這件事隻字不提。湯姆犯了她的大忌，婚禮不用辦了。

凱倫打電話給佛蘭達時已經歇斯底里。她的首席女儐相立刻趕到她身旁，盡其所能地安慰她。朋友雖然都不忍心看到凱倫這麼痛苦，但也暗暗鬆了一口氣，看來這場惡夢總算能結束了。在佛蘭達的陪伴下，凱倫拿起電話打給母親，哭著對艾格妮絲說那個騙子讓她別無選擇，只能取消婚禮。但她母親的反應前所未有地強烈。艾格妮絲說她絕對不能這麼做，親朋好友會從全國各地前來參加婚禮，哈羅德的弟弟和弟媳甚至會從倫敦趕來。再說，婚禮的籌辦已經花了不少錢了。「之後再說，」艾格妮絲說。「請帖都發出去了，記者和攝影師都會來，

《時人》雜誌也會到。婚禮照常舉行，你要步入禮堂。」凱倫簡直不敢相信，這麼嚴重的欺騙，不足以中止她嫁給湯姆的計畫嗎？但艾格妮絲不為所動。「這是你自作自受，」她說。

一九八〇年八月三十一日星期日，日落大道上富麗堂皇的五星級比佛利山莊飯店即將舉行十年來最盛大的婚禮，但在凱倫心裡一切都失了色。伊芙琳・華勒斯得知凱倫遭受的痛苦後非常難過，「她步入禮堂的時候，已經知道湯姆是個表裡不一的人，」她解釋。「但她還是嫁了。雖然嫁的那個人不是她原來以為的那樣，但她還是沒有取消婚禮。她按照計畫嫁了，那天還裝出無比幸福的樣子。」

從婚禮上的照片看來，凱倫就是一個容光煥發的新娘，但少有人知道凱倫內心的掙扎。她聽進了母親的話，決定之後再解決問題。她向來善於隱藏內心真正的感受，而這也許是她發揮到極致的一次。「我不知道她是怎麼做到的，」一氏看著凱倫對著鏡頭微笑，忍不住對她說：「凱，你是在演戲，還是真心覺得快樂？」一氏問道，但凱倫只是靜靜地望著她。

「她就像所有的新娘一樣，最多有點緊張，」黛比・庫提塞洛回憶道，她對前一週發生的事一無所知。「她很興奮，也很美麗，笑容滿面。整個婚禮就像童話一樣，對我來說就像灰姑娘那樣的盛宴。事前我們有很多事要準備，要量尺寸、試衣服、彩排。」比爾・貝魯帶著ABC電視和NBC電視的服裝部人員組成的設計團隊，為眾人量尺寸和試衣服。「伴娘服是絕美的薰衣草紫搭配寬大的遮陽帽，」卡蘿・科布回憶道，「非常奢華。」

法蘭克・博尼托和妻子也出席了這場婚禮。「凱倫讓所有女生都試戴她的戒指，我太太也有一枚梨形鑽戒，當然比凱倫的小多了。」博尼托覺得名氣和財富從來不曾改變過凱倫，鑽石和其他奢侈品當然更不會。婚禮當天她曾經走到他面前，說：「法蘭克，我項鍊上的鑽石位置不太對，你可以幫我把後面的鍊子縮短一些嗎？」在他的記憶中，凱倫對待東西常是比較隨興的。「然後她取下鑽戒洗手，戒指差點掉進洗手槽裡！我跟她說：『我的天啊，凱倫，要是那掉下去，我們就得拆水管了。』」

水晶宴會廳的名字來自廳內優雅的枝形吊燈，銀色格架遮掩了原本的裝飾藝術主題。格架上裝點著白色蘭花、梔子花、紫羅蘭和檸檬葉，營造出一九三〇年代古老英式花園的氣氛。吊燈上點綴著巨大花籃，蘭花從天花板上懸垂而下。

當天到場的名流，有許多都是一個月前婚前派對的賓客，此外還有凱西・凱瑟（Casey Kasem）、約翰・戴維斯、喬喬・史塔巴克（JoJo Starbuck）、狄昂・華薇克、伯特・巴卡拉克、赫伯・阿爾伯特、桃樂絲・漢彌爾（Dorothy Hamill）、托妮・田尼爾和她的先生狄倫・德拉貢（Daryl Dragon）。婚禮的首席招待邁可・科布帶著州警隨扈抵達比佛利山莊，因為州長傑瑞・布朗（Jerry Brown）參選一九八〇年的總統大選，所以科布除了原本的加州副州長職務之外，此時也兼任加州代理州長。

菲爾・拉蒙穿著燕尾服抵達婚禮現場。「凱倫跟我說這非常正式，」他解釋。「『你要穿燕尾服喔，』她是這麼跟我說的。結果當天穿燕尾服的只有我和服務生。這是她在報復，因為我說不喜歡湯姆的髮型。我覺得真是太幽默了！」

管風琴師法蘭克・布朗斯德（Frank Brownstead）彈奏著巴哈〈善牧羊群〉（Sheep May Safely Graze），在樂曲聲中賓客一一就座。新娘的母親身著薰衣草紫雪紡禮服，頭戴和新郎母親同款的闊邊帽，由兒子理查隨侍在側。這時突然傳出一陣響亮的弦樂聲，以及眾人再熟悉不過的歌聲。賓客紛紛轉頭，想看新娘唱歌的模樣，但大多數人很快就察覺到這是預錄好的歌曲。雖然製作時間不長，但成果精緻得出奇，就算是倉促之作，木匠兄妹的錄音作品依舊完美。事實上，這首歌的母帶直到婚禮前三天才完成，在婚禮彩排前幾小時才送到現場。凱倫將約翰・貝帝斯的歌詞詮釋得極富感情，歌聲中洋溢樂觀堅定。

Because we are in love we reach for our tomorrows
And know we won't be lonely in laughter and in sorrow
Where love abides there is the place we'll keep our home forever

You and I, because we are in love
因為相愛，我們一同為明天努力
從此歡笑悲傷都有人分享
只要有愛，就有我們永遠的家
我和你，因為我們相愛

佛蘭達三歲的雙胞胎艾許莉（Ashley）和安德魯（Andrew）以及他們的表哥布魯克・梅格達爾（Brooke Megdal）一起擔任花童，身後跟著伴郎和伴娘群，在華格納的〈婚禮合唱〉（Bridal Chorus）樂曲中走上紅毯。伴娘身著長及小腿的薰衣草紫雪紡禮服，搭配綠色披肩。擔任伴娘的都是凱倫的好友，包括康妮・查普曼（Connie Chapman）、琳達・科布（Linda Curb）、黛比・庫提塞洛、珊蒂・荷蘭、凱倫・一氏、阿蘭娜・梅格達爾、卡蘿・科布・史考提、伊莉莎白・凡奈斯（Elizabeth Van Ness），以及凱倫的表妹瑪麗・魯道夫（Mary Rudolph）和瓊恩・威爾。令人意外的是，伴娘群中少了奧莉薇亞・紐頓強，她和《仙納度的狂熱》（Xanadu）的編舞家肯尼・歐葛塔（Kenny Ortega）一同赴宴。這部電影幾週前才上映，奧莉薇亞因為要去澳洲參加首映會，所以婉拒了擔任凱倫的伴娘。「正好我也希望大家的焦點放在凱倫身上，」她說。

理查・伯利斯（Richard Burris）擔任他哥哥的首席男儐相，其他男儐相和招待都穿著傳統晨禮服，男儐相和招待群包括馬克・安布斯特（Mark Armbruster）、艾菲・比爾德（Effie Beard）、湯姆的兒子麥克・伯利斯（Mike Burris）、湯姆的弟弟詹姆斯・伯利斯（James Burris）和范恩・伯利斯（Vern Burris），以及裘林・吉賽爾（Jolyn Gissell）、凱西・凱瑟、艾德・萊夫勒、托尼・史考提以及傑利・凡奈斯（Jerry Van Ness）。比爾・貝魯還用多年來為木匠兄妹電視特別節目設計的禮服碎布製成了戒指枕。

哈羅德・卡本特在女兒的手上親吻了一下，然後挽著凱倫走過兩旁綴滿白色梔子花和粉色菊花的走道，來到新郎身旁。凱倫的婚紗用了十四公尺長的白色硬挺莫塞林極薄絲織布，造型仿照十八世紀的英國騎馬裝，長袖禮服和立領小外套上點綴以貝殼和亮片排成的花卉圖案，閃閃發亮。凱倫頭戴經典款闊邊帽，帽子是珠飾茱麗帽加上可拆卸的白色雪紡帽簷，絲質面紗固定在帽子上，凱倫手裡則拿著鈴蘭、白蘭花和白茉莉組成的花束。

在由彼得・奈特指揮的湯姆・巴勒四十人合唱團（Tom Bähler Chorale）和聲伴奏之下，理查演唱了大衛・威廉斯（David Williams）的〈婚禮祈禱〉（The Wedding Prayer）。面紗下的凱倫肅穆低頭、緊閉雙眼，就像在虔誠祈禱。

Bless thou the ring, bless thou the promise

Strengthen our love throughout each day
All happy moments, all times of sadness
Teach us to trust and share them all with Thee
賜福這戒指，賜福這誓言
讓我們的愛一天比一天更穩固
所有快樂時光、所有悲傷時刻
教我們信任並傾訴於祢

加登格羅夫社區教堂（Garden Grove Community Church）的牧師羅伯特・舒勒博士（Dr. Robert H. Schuller）主持了儀式，他是知名的電視布道家，這時正好是他著名的水晶大教堂（史上第一座全玻璃教堂）落成典禮的兩週前。

「湯姆在典禮上開了舒勒牧師的玩笑，」巴勒合唱團的成員華特・哈拉赫回憶道，他和其他人都因為新郎的輕浮舉動而感到緊張。舒勒牧師用他獨特而威嚴的聲音問伯利斯：「你是否願意娶這女子為妻？」新郎回答時居然模仿起牧師的腔調。「他說『我願意』的時候學了牧師，大家都笑了，」哈拉赫說，「真的很詭異。」

伊芙琳・華勒斯覺得湯姆對婚禮誓言漫不經心。「他八成知道娶到凱倫後會怎麼樣。他就是為了錢來的。他心裡根本沒有她，他心裡想的只有錢。」

反之，凱倫則是非常莊重肅穆，幾乎是生硬地說出她的誓詞。「所以請上帝幫助我們，」她複述道，堅定地凝視著新郎許久，然後點頭說：「阿們。」

儀式結束後，賓客都到複式廳（Maisonette Room）邊喝雞尾酒邊聊天，凱倫和湯姆則到波斯廳（Persian Room）參加媒體記者會。理查也在場，和這對新婚夫妻拍下略顯突兀的三人照。按照其中一位記者的說法，他看起來「比較像是嫁女兒的老父親。」

水晶廳被布置成巨大的宴會廳，兩萬五千美元的婚禮午宴將於下午三點開席。「最引人注目的是奧莉薇亞・紐頓強，」法蘭克・博尼托回憶道。「不久之前《火爆浪子》才正當紅，所以很多人都在討論莉薇會坐在哪裡，大家都跟凱倫說：『噢，奧莉薇亞可以坐我們那桌！』」婚宴時博尼托舉起自己的相機拍照，還一度有保全人員上前關切。他拿不出媒體證，於是被保全人員警告：「請停止拍攝奧莉薇亞・紐頓強小姐。」

「我是新娘的朋友，她請我拍照的，」他扯謊道。

優雅的宴會桌上鋪著薰衣草紫桌布，並以紫色蘭花、白睡蓮和非洲紫羅蘭妝點。菜色包括凱倫最喜歡的蝦沙拉，主菜是法式獵人燉雞，並搭配青花菜波蘭沙拉、香料飯、草莓羅曼諾夫和 Parducci Chablis 葡萄酒。婚禮蛋糕是五層的巧克力摩卡蛋糕，最頂層裝飾著傳統的新郎新娘糖偶，凱倫和湯姆一起切下蛋糕後，由邁卡・科布率先舉杯祝賀。「不好意思，服務生！」傑瑞・溫特勞勃在宴會中不時地對菲爾・拉蒙叫道，藉此取笑他的燕尾服裝束。麥可佩吉大樂隊（Michael Paige Big Band）現場演奏起舞曲，邀請新人開舞，而他們跳的第一支舞當然是〈我們才剛開始〉。

15

結束的開端

在下加州短暫停留後，這對新婚夫妻飛往大溪地的波拉波拉島（Bora Bora），他們預計要在這個「全世界最浪漫的島嶼」度過十天蜜月。波拉波拉島以白色沙灘、湛藍海水和獨特的水上屋著稱，能滿足任何雙人行的浪漫憧憬。但他們不是雙人行，而是四人行。畢竟凱倫・卡本特和湯姆・伯利斯的婚姻可說是還沒開始就已經結束了，因此也就不難理解凱倫為何能毫不在意地邀請湯姆的弟弟瑞克（Rick）夫妻同行。其實她還邀請了伯尼絲阿姨和其他親人，只是其他人都婉拒了。

蜜月地點是湯姆選的。凱倫一抵達島上就開始抱怨環境，說波拉波拉就像孤立的荒島，還說這座島應該改名叫無聊無聊。凱倫說她之所以如此厭惡這裡，是因為她在巡迴期間已經住習慣了有客房服務和 24 小時禮賓服務的酒店。確實，度假村的客房裡沒有電話、沒有收音機、也沒有電視，但凱倫之所以改掉回程航班、提前結束蜜月，其實和她不喜歡住宿條件沒什麼關係。她只是想盡快回到洛杉磯的家。

凱倫和湯姆的家在紐波特比奇琳達島（Linda Isle）六十一號，隔著利都水道（Lido Channel）就是他們在比亞耶拉（Via Yella）一一七號的另一處房產。除了凱倫在世紀塔的公寓，他們還在貝列赫（Bel Air）有一棟大房子，甚至在墨西哥還有另一處房產，是坐落在門禁森嚴的名人飛地埃爾佩德雷加爾（El Pedregal）內的度假屋，那裡也是卡波聖盧卡斯（Cabo San Lucas）的第一座住宅社區。「凱倫把他們的房子買在紐波特比奇，所有房子都是她出的錢，」一氏・拉蒙回憶道。「我、佛蘭達、莉薇和卡蘿，心裡全都警鈴大作。我們知道事情不對勁。」

有一段時間，凱倫還扮演著快樂的新婚妻子，至少在她認為能騙得過的人面前是如此。「棒極了，」她在接受日本廣播主持人的越洋電話採訪時說起結婚後的感受。「我覺得很開心，非常非常快樂。」

這對夫妻住在紐波特比奇的時間並不長。凱倫更喜歡住在貝列赫占地三千坪的租賃住處，因為佛蘭達・萊夫勒住在附近。自從凱倫搬到世紀城之後，她就有了自己的小社交圈。「她在世紀城交了一些朋友，」佛蘭達解釋，「但她其實沒有真正自己一個人過。但這回搬到貝列赫，她已是人妻，反而變成一個人了。」

「沒有人被偷，」凱倫在一九八〇年秋天公開露面時向媒體保證。理查和湯姆也盡力在鏡頭前保持笑容，但依舊顯得很不自在。因為凱倫訂婚後又忙著結婚，木匠兄妹新專輯的進度暫時中止，不過理查也沒有閒著，他忙著為凱倫回到錄音室做準備。傑利・摩斯建議他們回歸原本的木匠兄妹路線，不要像一九七七年的《旅程》專輯選曲那樣，落得像個大雜燴。

也許是為了複製一九七三年翻唱喬・拉普索的〈唱啊〉的成功經驗，木匠兄妹告訴保羅・威廉斯，他們想錄製他和肯尼・阿舍爾（Kenny Ascher）寫的〈彩虹相連處〉（The Rainbow Connection），也就是一九七九年的超賣座電影《布偶電影》（The Muffet Movie）的主題曲。「我在因為《星夢淚痕》拿到葛萊美獎後見到凱倫，」威廉斯說，「她很恭喜我，還說〈常青〉（Evergreen）是很棒的歌。後來《布偶電影》也很成功，他們說很喜歡電影的主題曲，說想灌錄〈彩虹相連處〉，」但歌詞的音節劃分讓理查有點困擾，尤其是科米蛙唱的開頭部分。「理查希望我改一改，」威廉斯回憶道，「但這首歌是奧斯卡金像獎提名的耶！本來就是照科米蛙說話的節奏寫的，我當然不肯改。這首歌是寫給科米蛙的，就應該用科米蛙唱歌的方式去錄。」

木匠兄妹後來還是錄了〈彩虹相連處〉，而且自行改動了部分節奏和旋律，不過凱倫對成果還是不滿意，所以她的原音就和其他被篩選掉的曲目一起塵封了。直到一九九九年理查才完成這首曲子，收錄在《流金歲月》（As Time Goes By）專輯中發行。「我很希望他們錄〈彩虹相連處〉，」威廉斯說，「但我不喜歡他們改動的部分。不過，能聽到她唱我寫的詞，還是讓人非常欣慰。」

一九八〇年，傳奇吉他手萊斯・保羅意外來電，他想見見凱倫和理查，那時他們正在A&M的D錄音室裡忙著工作。萊斯・保羅的原名是萊斯特・威廉・保羅福斯（Lester William Polsfus），他和伊芙琳・華勒斯一樣都在威斯康辛州沃基肖（Waukesha）長大。「他是我小時候的鄰居，」伊芙琳・華勒斯說，「他和我上同一所學校，我們住在同一條街上。」伊芙琳打電話到A&M給理查，說萊斯・保羅想到木匠兄妹的錄音時段裡旁聽一下。凱倫和理查經常提到，萊斯・保羅與瑪麗・福特是他們早期的音樂啟蒙之一。他們和萊斯・保羅討論了他們的錄音技巧，還有萊斯・保羅做為開路先鋒的疊聲演進。

幾個月後，一九八一年一月二十日當天，凱倫穿著一套愛國主題的慢跑服到A&M錄音室，胸口上寫著大大的：美國出品（MADE IN AMERICA）。雖然木匠兄妹有共和黨友人，但他們兩人都不怎麼對政治表態。不過這一天是美國總統就職典禮，雷根在當天宣誓成為美國第四十任總統。理查看到凱倫的衣服後立刻說：「就是這個！」他覺得「美國出品」很適合做為新專輯的名稱，凱倫也同意了。

一九八一年六月十六日，《美國出品》（Made in America）發行，這是木匠兄妹近四年來發行的第一張傳統錄音室專輯。雖然內頁照片裡的凱倫看起來神情安然，身體也很健康，但這其實是A&M美術部門大幅修圖的結果。未處理的原始照片裡，她雙眼充血，一臉憔悴。從約翰・恩斯帝德（John Engstead）為他們拍照到專輯發行的短短幾個月內，凱倫又瘦得更多了。

《美國出品》中最出色的歌曲就是〈擁我入舞〉（Touch Me When We're Dancing），也是首支單曲的不二選擇。〈擁我入舞〉的試聽帶從威克出版（Welk Publishing）送到時，凱倫和理查一聽就知道，這是最適合他們回歸排行榜電臺的歌曲。事實也確實如此。這支單曲比專輯提前一週發行，迅速攻占排行榜第十六名。〈擁我入舞〉擁有一九七一年木匠兄妹金曲的所有元素，再以一九八一年的製作手法妥善包裝。「當所有元素融為一體，結果就是勢不可擋，」約翰・托布勒在樂評中寫道，「這支單曲就是一道完美的木匠兄妹糕點，讓人想起七十年代初期的經典時光。」

〈盼你回頭〉（〔Want You〕Back in My Life Again）是木匠兄妹的所有作品中最具八〇年代風格的歌曲。順帶一提，操作合成器的是兩位本身就拿得出手的知名藝人，隊長與田尼爾（Captain and Tennille）裡的「隊長」狄倫・德拉貢，以及發明之母（Mothers of

Invention）裡的伊恩・安德伍德（Ian Underwood）。〈盼你回頭〉旋律性強，朗朗上口，看似是第二支單曲的好選擇，但成績卻不如〈擁我入舞〉。第三支單曲〈往日美夢〉（Those Good Old Dreams）是理查和約翰・貝帝斯合作的鄉村風歌曲，讓人想起〈世界之巔〉。〈逝去的已逝去〉〔When It's Gone (It's Just Gone)〕是專輯內的另一支鄉村抒情曲，聽起來有點像《旅程》裡的〈兩邊〉（Two Sides）。蘭迪・韓德雷（Randy Handley）詩意的歌詞述說一段痛苦的單相思，凱倫的詮釋飽含感情，就像歌詞是她親手寫的一樣。

Where's the word for the sadness
Where's the poetry in the pain
Where's the color in the stain where the tears have fallen
It's gone, it's just gone
悲傷的字眼何處尋
痛苦的詩句何處尋
淚水浸染的漬跡可有顏色
逝去的已逝去

凱倫還是很愛老歌。自從一九七三年的《過往今日》專輯後，幾乎每張木匠兄妹的專輯都會有一首老歌。《地平線》裡的是〈郵差先生，請等一等〉，《愛的細語》的第一首曲目就是專輯同名歌曲，最後一首則是薩達卡的〈分手太難〉。之後《旅程》的〈男人聰明，女人更聰明〉，出自一九五六年哈利・貝方拉堤（Harry Belafonte）的專輯，凱倫在籌備她一九七九年的個人專輯時，也錄製了瑪莎與凡德拉斯的〈吉米麥克〉。「我和理查總是說要找回老歌，」邁可・科布說，他在木匠兄妹最新翻唱的老歌發行前，就先聽為快了。「我要放首歌給你聽！」凱倫對他說。「你一定會覺得很過癮，真的很有趣！聽了回憶都回來了。」放完〈山毛櫸四－五七八九〉（Beechwood 4-5789）後，她在電話另一端問：「你覺得這首歌做單曲怎麼樣？」

科布最後是說了些鼓勵的話，他實在開不了口說這首歌恐怕進不了排行榜前四十名。「那是她放給我聽的最後一首歌，」他說。〈郵差先生，請等一等〉是在恰當的時機最適合的翻唱曲，〈愛的細語〉就有點多餘，而翻唱驚豔合唱團的〈山毛櫸四－五七八九〉純屬浪費。因為〈山毛櫸四－五七八九〉在A&M的卓別林舞臺拍攝的宣傳影片，更讓這首歌被歸類到泡泡糖流行歌曲類別中最甜膩的那一種。三十一歲的凱倫穿著寬擺裙，在假咖啡店裡搖搖擺擺，看起來有點不自在（這麼說還是客氣了）。〈山毛櫸四－五七八九〉在一九八二年三月二日，也就是凱倫生日當天發行，這是木匠兄妹排名最低的單曲，只升到七十二名，也是凱倫生前他們最後一次打入美國單曲榜。

從聽試聽帶、寫新歌到母帶處理，《美國出品》花了一年多才製作完成，是木匠兄妹唱片平均製作時間的兩倍。他們在一九八〇年到一九八一年間錄製了大量未被選用的歌曲，像是〈不請自來〉（The Univited Guest）和〈如昨夜般吻我〉（Kiss Me the Way You Did Last Night），這兩首歌都在凱倫去世後才發行，考量到這一點，也許《美國出品》原本可以有更好的成績。保羅・格因在《告示牌》的樂評中寫道：「〈郵差先生，請等一等〉和〈山毛櫸四一五七八九〉這種毫無殺傷力的小曲，根本無法發揮凱倫歌聲的深度，她需要更有張力的歌詞，才能展現她的威力。」

一九八一年六月二十九日晚上，赫伯・阿爾伯特和全公司在貝列赫酒店舉行的慶祝派對上頌揚了木匠兄妹的新專輯以及他們對 A&M 唱片的貢獻。現場有超過兩百名賓客出席，一起看著阿爾伯特歡迎凱倫和理查回到音樂界，還送了他們一對牌匾，牌匾上展示著他們在 A&M 製作的十一張錄音室專輯。阿爾伯特還宣布，截至當年三月，木匠兄妹的唱片總銷量已突破七千九百萬張。

《美國出品》收錄了為凱倫的婚禮所寫的〈因為我們相愛〉（Because We Are in Love），但在專輯發行上架時，凱倫的婚姻已經是苟延殘喘。「她以為自己嫁對人了，」瑪麗亞・蓋利亞奇說，「結果卻是一場騙局。」他們的友人，包括卡蘿・科布，開始聽到一些「感覺不對勁、聽起來也不對勁的點點滴滴。我聽說湯姆冒出了一些財務問題，是之前我們都不知道的。她很不能接受，有的人真的是虛有其表。」

據一氏說，凱倫在婚禮當天早上知道了湯姆的真實財務狀況。「他們一直都在調查，但時間不夠，」她說。但凱倫更難過的是家人背著她調查，也拒絕聽取維爾納・沃芬和其他人的警告。「藝人很容易愛上會偷偷花他們錢的人，」菲爾・拉蒙解釋。「凱倫自己很節儉，想法比較老派的藝人把每分錢都看得很緊。木匠兄妹他們有很好的財務顧問，所以我很意外湯姆居然能得逞。」

大多數人都以為，伯利斯的生活方式和身家財富，應該和凱倫不相上下。他的豪車和其他財物都讓人以為他是百萬富翁，但大家都不知道他其實入不敷出。他有幾次招待卡本特夫婦和他們的朋友到紐波特港乘坐遊艇，甚至還教伊芙琳・華勒斯怎麼駕船。「噢，我有六艘船，」他向她吹噓。

「湯姆希望凱倫以為他是有錢人，但他們結婚後沒多久，他就開始向凱倫要錢，」伊芙琳回憶道。「他會找一些藉口，凱倫就會給他錢，他一次會要三萬五千美元或五萬美元。到最後凱倫只剩下股票和債券了。」

一氏回憶：「湯姆根本買不起房子、車子和她的婚戒，他什麼都買不起。」凱倫開始向朋友傾吐她內心不斷擴大的擔憂，不只是關於湯姆的財務狀況，還有他根本對她沒感情。他經常失去耐性，凱倫承認有時他發脾氣時她會覺得很害怕。「他對凱倫很殘忍，」一氏說。但凱倫想當母親的願望還是壓過了離開丈夫的想法。在紐波特比奇的房子裡，凱倫對湯姆說她想懷孩子。當然，這需要湯姆去做輸精管接回手術，之前他也答應會去做，但這時候凱倫其實只是想和丈夫親密。她怎麼也想不到湯姆的反應會是那麼殘酷。她打給一氏尋求支持時，還在劇烈地哭泣著。據凱倫說，湯姆對她放話說一點也不想和她生孩子，還說她是「一把骨頭」。凱倫也知道自從一年前嫁給湯姆之後，自己又清減了許多，但在她想貼近丈夫的時候，親耳聽到這麼冷酷無情的話，還是令人萬般難受。

凱倫和湯姆的第一個結婚紀念日，在不怎麼歡快的氣氛下過去了。八月的最後一週，他們展開近一萬公里的自駕遊，開的是湯姆龐大的四輪傳動 Dodge Ramcherger，車上還搭載民用波段無線電和冰箱。雖然木匠兄妹很少在巡迴或旅行時講究奢華，但這次的旅行用簡陋來形容還是客氣了。在科羅拉多州杜藍哥（Durango）附近的聖胡安山（San Juan Mountains）停留過後，凱倫和湯姆緩慢地朝北前進。在加拿大的健行之都——班夫國家公園——的露絲湖停留之後，他們造訪了溫哥華。終於回到洛杉磯後凱倫鬆了一口氣，她覺得這次度假簡直是遭難。

一氏飛到洛杉磯，想親自查看好友的婚姻出了什麼問題，並向凱倫表達她的愛與支持。他們約在常去的漢堡村（Hamburger Hamlet）吃午餐，但凱倫向帶位員要的位子不是他們固定的座位。「我們通常都坐在固定位置，所以我覺得很奇怪，」一氏回憶。「我們坐在暗處，她還戴著大大的深色太陽眼鏡。」

「你想要我做什麼嗎，凱？」她問，心裡知道事情的嚴重性。「你不能再這樣下去了。」

據一氏說，這段婚姻是「壓垮駱駝的最後一根稻草，絕對是發生在她身上最糟糕的一件事。她是那麼有愛心又那麼好，可是現在坐在你對面的好友，卻渾身是傷。怎麼可以這樣？她幾乎不成人形了。」凱倫一開始不想多談，但她連一頓飯都熬不過去。「她吃不下，一直在哭，我們只好離開，因為我們不想讓別人認出她。」

在親朋好友苦口婆心的勸告下，凱倫在一九八一年九月一日和法律顧問見面，修改她的遺囑。她還無法下定決心訴請離婚，但心中的天平顯然已經往這個方向偏移。「在我丈夫和我自己所住的家中，所有的家具和飾物，房屋設備和電器，我將全部給予我丈夫，」她在遺囑附錄中聲明道。「我死時我丈夫和我自己所居住為家的任何房產，我將給予我丈夫。」凱倫將其餘財物全部留給哈羅德、艾格妮絲和理查，列出估計總值在五百萬到一千萬美元的資產。

朋友建議她和湯姆去做婚姻諮商，但木匠兄妹這時準備前往歐洲和南美。一氏全程陪著凱倫走這趟巡迴宣傳之旅，第一站是法國巴黎，在這裡凱倫的瀉藥依賴症成了問題。「她少不了瀉藥，」一氏說。「在巴黎的時候，我們在酒店對面的藥局爭執不下，因為她想買更多瀉藥。我建議她用天然食物群來緩解她的『便祕』問題，但這種爭執總是她贏。」

在阿姆斯特丹短暫停留後，一九八一年十月二十一日星期三，木匠兄妹抵達倫敦的希斯洛機場。在倫敦時他們多次公開露面宣傳，也上了許多電視。星期四他們為BBC電視臺的熱門新聞雜誌節目《國內》（Nationwide）錄製訪談，開場還不到一分鐘，主持人蘇・勞利（Sue Lawley）就把矛頭對準凱倫最黑暗的祕密。「有傳言說，你得了叫做神經性厭食症的瘦子病，」勞利說，「是真的嗎？」

「沒有，我只是太累了，」凱倫緊蹙眉頭說。「累壞了。」

「你現在的體重應該只有六英石吧？」勞利問道。

「我不知道『六英石』是什麼，」凱倫答道，而且明顯不自在起來，臉上也現出惱意。她努力擠出一個笑容，又朝主持人翻了翻白眼，勞利立刻就換算說是三十八公斤。「不是，」她堅定地搖頭，「不是。」

事實上，她當時的體重是三十六公斤左右，主持人還想繼續追問凱倫為何變得骨瘦如柴，逼得理查趕緊開口為凱倫解圍：「我覺得不應該再談變瘦的事了，」他告訴勞利和製作人。

「這一段還是不要了，我們不是來談這個的。」

「我只是在問大家都想知道的事，」她回答。

所有相關人員重新集結，主持人提議將採訪主線改為詢問凱倫的婚姻狀況。對凱倫來說，這同樣是不愉快的話題，但至少這一項她還能裝過去，理查也就同意繼續接受採訪。當勞利指示木匠兄妹盡量放鬆時，凱倫領子上別的麥克風捕捉到一聲重重的吐氣。「現在讓我們假裝一切都沒發生過，」勞利開玩笑道。

「是啊，我覺得好極了，」凱倫帶著濃濃諷刺意味地笑出聲，然後採訪繼續。這時候凱倫已經成為作者雷・科爾曼口中的「專業厭食者」，完美地偽裝，並不斷告訴身邊的人她沒事。熟悉她且愛她的人都認為她是最誠實開放的人，但對神經性厭食症這件事，她卻極少說真話。

回到洛杉磯後，凱倫和理查和卡本特家的親戚會合，一起慶祝哈羅德・卡本特的七十三歲生日。一九八一年十一月九日晚上，家人朋友齊聚卡本特家在當尼市最喜歡的餐廳東京三味（Sambi of Tokyo）享用晚餐。晚餐後大家回到紐維爾街的房子繼續慶祝，凱倫和湯姆則上樓，就像理查說的「把話說開。」

伊芙琳．華勒斯記得在晚餐時毫無徵兆，但她解釋：「凱倫不可能在餐廳翻臉，她在外面是個淑女。」過了一段時間後，湯姆氣急敗壞地衝下樓，大嚷：「你們留著她吧！」然後就大步走出門，跳上車急馳而去。表姊瓊恩跑上樓安慰凱倫，抱著她告訴她，她有多愛她、關心她。樓下的賓客都不知該說什麼好，凱倫覺得很丟臉，傷心欲絕。

雖然凱倫的家人都說這是凱倫最後一次見到她丈夫，但佛蘭達之後還到貝列赫拜訪過凱倫，而且震驚地發現他們正在翻修租屋處，花了兩萬美元在別人的房子上。這一點也不像凱倫的作風，因為她和父母一樣節儉成性。趁著湯姆不在家，佛蘭達向凱倫表達疑慮，認為花這筆錢裝修房子根本沒有必要。畢竟這只是租來的房子，而且她和湯姆不久就要分開了。「凱倫很節儉，」佛蘭達回憶道，「她買禮物或買東西送人時並不吝嗇，但她的錢都是自己辛苦賺來的，她不會大手筆地花錢。我尊重這一點，也覺得這樣很好。她有些地方是比較沒概念，但對財務這一塊，她非常有概念。如果只是五百美元我也不會說什麼，但這次的數額不小。」

回到家後，電話響起時佛蘭達並不意外，是凱倫打來的。雖然才不到二十分鐘，但她倆「每天要聊上五千萬次，」她說。但這通電話卻不一樣。凱倫十分驚慌：「我的天啊，佛蘭達！我的天啊，我的天啊，」她說，聲音因恐懼而顫抖。

「凱，怎麼了？」

「有個人來敲門，我讓他進門了，他說是關於車子的事。」

「別告訴我車被偷了，」佛蘭達責難地說。「凱，你不應該讓人進門！」

「不是不是不是，他們真的是車商，」凱倫解釋道。

「喔，那是什麼問題？」

「湯姆送我的車根本不是他買的！是租的，而且他兩個月沒付租金了，所以他們要來收回車子。他們說我可以補繳，我說『不用，你們拿走！』」

「凱！天哪，我去接你。」

「不不不，」凱倫告訴她，「等湯姆回來我要和他談這件事。」

「好吧，」佛蘭達說，「我還是叫艾德過去一趟。」

湯姆回家後，凱倫質問他關於租車的事。湯姆知道車子被車商回收後勃然大怒，而且還向凱倫要更多錢，又叫她在另一項貸款上簽名。凱倫鼓起所有的勇氣，直視她丈夫的眼睛說：「湯米，我不是銀行，我不是銀行。」

那天艾德・萊夫勒和友人去打高爾夫球了，所以佛蘭達一時找不到他。正急著聯絡她丈夫時，她聽到黃銅大門傳來三聲輕輕的敲門聲。她打開門後發現是凱倫，凱倫和湯姆大吵一架後，開車穿越了大半個城市來找她。「她一下子就倒了過來，」佛蘭達回憶道。「天啊，我嚇壞了，但我得努力冷靜，家裡還有兩個寶寶。我把她扶進屋，只要我還活著，我永遠忘不了那一天。我說：『夠了，到此為止！』她再也沒回去那間房子，我們把它處理掉了，一切都結束了。」

凱倫搬進佛蘭達家住了一陣子，很快又搬回她在世紀塔的公寓，對親友的說法則是貝列赫那附近發生了幾件竊案，所以她不敢回去。「她不肯回去，」佛蘭達解釋，「她也不能回去，我們也不會讓她回去。結束了，我知道她之後再也沒見過湯姆。那真的是她人生末路的開端。」

婚姻的不幸讓凱倫的精神狀況和身體都更加敗壞。「婚姻當然有起有落，」菲爾・拉蒙說。「令人遺憾的是，她婚姻的起伏就像她的個人專輯，只是換成了人生，但都一樣的失敗。這是任何人都難以承受的痛，不管怎麼看，這樁婚姻都是最後的致命一擊。」據一氏說，「凱倫總是努力擺出一臉笑容，但沒人願意坦然承認自己被騙，尤其她又是活在鎂光燈下的人物。她的婚禮登上《時人》雜誌的中央跨頁，但事實上，她的婚姻根本維持不到三個月。」

凱倫羞於回到當尼的家。在這段抑鬱至極的時期，凱倫完全仰賴佛蘭達和佛蘭達的父母——班（Ben）與瑪爾巴（Melba）——的支持。「她坐在我母親旁邊，我母親會抱著她搖晃，就好像她是個小嬰兒一樣，」佛蘭達回憶道。萊夫勒家的用餐時間成了所有人都坐立難安的時刻。「我做了所有她喜歡吃的東西，所有。她愛吃白肉魚，她愛吃我煮的白肉魚。我還煮了豌豆，我做了所有我知道她愛吃的東西，結果她只吃了一粒豌豆！」更讓萊夫勒夫婦深感挫敗的是，凱倫還會一絲不苟地切開、分類、擺放盤裡的食物。「你會忍不住去注意，」佛蘭達說。「她還弄出一套花樣來，我就看著，就連那也是藝術性的，即使得了那樣的病，她依舊是個藝術家。」

佛蘭達會耐心地陪著凱倫坐在餐桌前，即使家人都早已吃完離開了餐廳，她用盡了所有想得到的辦法，想勸她的朋友進食。「好了，凱，我們不能這樣，」她會說，「別逼我把你當寶寶餵！」但凱倫只是靜靜坐著。「好吧，張開嘴，嘟嘟火車來囉！」

等凱倫好不容易吃下幾口，她會立刻說想吐，然後就消失在最近的廁所裡。「她完全吃不下，」佛蘭達說。「那是很嚴重的抑鬱，毫無疑問。我知道她真的深陷憂鬱，因為她連歌都不想唱了，像她那麼熱愛音樂的人，突然之間根本不想去想這件事，問題當然很嚴重。重點不再是音樂，也不再是樂趣，而是試著吃進東西，只求生存。」嚴重缺乏食物和營養，讓凱倫非常衰弱，也很容易疲憊。這讓佛蘭達憂心忡忡，但凱倫更深層的意志力，還是會不經意地流露。「真的很可怕，」她回憶道。「但即使凱倫病得那麼厲害，她還是會想幫雙胞胎洗澡，她會在他們小小的背上打著圈搓洗。看，她還是會努力去做一些她喜愛的事。」

凱倫身邊的許多人都認為，凱倫是被飲食控制的偏執占據了心神，但真正親近的人都說並非如此。其實到了某個時刻，她已經不想再瘦下去，但這時病情已經失控了。她想停下來，甚至對自己的模樣感到羞恥，所以她又開始像多年前一樣，用層層衣物來掩飾自己的瘦骨嶙峋。她會跟別人說她覺得冷，在高領毛衣外又加一件運動服。「她會穿很多層衣服，因為她不想讓人知道她變得那麼瘦，」佛蘭達說。「我總感覺她是想消失不見，我當然知道這不是什麼醫學診斷，但感覺起來就是這樣。」

「理查，我知道我病了，我需要幫助。」一九八一年即將結束時，凱倫終於能開口向家人和朋友說出這句話。她找到理查，對哥哥承認事情已經超出她的掌控。她需要幫助，而且要盡快。

「我該怎麼做才能好起來？」她在比佛利山莊酒店和姊妹淘聚餐時問道。她向朋友坦承，覺得自己肩上的擔子很重。除了努力維持事業成功，她還花了很多時間擔心家裡的事。朋友都覺得凱倫總是在努力讓家裡的每個人都開心，完全沒留點時間照顧自己。她想尋求幫助，但想到要因為自己的問題而停下手邊的一切，又覺得很愧疚。「也許我應該等到最佳時機，」她說。

「凱，人生不可能總是那麼完美，」佛蘭達一次又一次告訴她。「真的不是那樣，你不可能永遠滿足所有人，你只有一個人吶！」

「她臉上就只剩一對大眼睛了，」卡蘿・科布回憶道，「她看起來好像只有三十六到四十一公斤之間。現在回想起來，她那時候是在求助。她其他事都做得很完美，所以她也想要有一套科學公式，可以解決這個問題，只是她一直有心無力。再回頭看，她那時是在懇求幫助，我們都希望當時能再多盡點力。」多年來，卡蘿自己也有體重情結，也在不斷地和厭食症作戰。「在這方面我們有時都會有點小發作，算是那時候的風氣吧，也許也從來沒有退過流行。我沒她那麼嚴重，我從來沒有瘦到三十幾公斤過，但她會問我問題，我也盡量給她一些答案。」

從奧莉薇亞・紐頓強開始注意到凱倫的飲食問題，到這時也已經有好幾年的時間了，但紐頓強坦承她很難同理或理解凱倫的遭遇。「那時候大家對厭食症不是那麼了解，也很少人在談，」她說。「有些人很瘦，但你不知道原因。我看著凱倫的時候，在她臉上看到的是一對美麗靈動的棕色大眼睛，還有搞笑古怪的個性……在外人看起來她就像個小丑，但你也知道小丑是什麼樣子，有時候他們是內心悲傷，外表好笑，凱倫就是這樣。」

凱倫也再次向謝里・歐奈爾求助。「我的完全康復給了她希望，讓她認為自己也許也能做到，」歐奈爾說。「我覺得她是想在邁向康復的道路上獲得一些鼓勵和指引。凱倫承認自己有飲食失調的問題，也積極尋求幫助。我想她很清楚，她必須要認真地對待這件事，但她不是和什麼人都能談這個問題。身為公眾人物，她很清楚自己所承受的壓力和期待，和一般有飲食失調問題的普通人大不相同。也許她是覺得，我會比一般人更能理解這些壓力和期待吧。」

歐奈爾覺得凱倫是真心想要好起來。「她說起這件事的時候很直率坦誠，她知道自己能做到。」最讓凱倫心動的是謝里這時已經完全康復，不但結了婚，還有了小孩。這些仍然是凱倫渴望的生活，即使她內心深處很清楚，和湯姆・伯利斯在一起，這些永遠不會成真。她很少提到自己的婚姻問題，或和湯姆分開的事，只把所有力氣放在眼前的問題。「過去已經被她拋在腦後，她只想專注在未來，持續向前，」歐奈爾說。「她覺得她已經盡力了，只是很遺憾婚姻失敗了。她不喜歡失敗，或許也覺得自己有哪裡沒做好。這對完美主義者而言很難吞得下去，幾乎所有厭食者都有完美傾向。」

就像她幾年前就對凱倫說過的，謝里・歐奈爾認為凱倫必須大幅改變環境，也建議凱倫離開洛杉磯，去一個更安靜平和的地方，好好處理自己的心結，給自己足夠的時間療癒。「其實我建議她到西北部來，找幫助我痊癒的醫生，」她說。「這裡的步調慢多了，價值觀也沒那麼膚淺。這裡的自然景色更能讓人心生敬畏、恢復活力。」

但在凱倫的世界，有個人的名字和厭食症治療是同義詞，那個人就是史蒂芬・雷文克隆。

幾年前凱倫在傑瑞・溫特勞勃的辦公室和這位治療師通過電話，這時他所寫的暢銷書《最乖的女孩》已經改編成電視長片，在一九八一年五月播映後廣受讚譽。雷文克隆的高知名度是凱倫做出這個決定的主因。再說，從洛杉磯搬到紐約這麼遠的地方，怎麼也算是大幅度的改變了吧。但事實上，就生活步調和環境壓力而言，沒有比這兩個城市更相似的地方了。

在凱倫的同意下，一氏・拉蒙打電話給史蒂芬・雷文克隆，說她代表一位匿名的明星。雷文克隆自認對病患名單保密至極，所以對這種繞圈子的作法感到不悅。他拒絕做進一步的討論，並堅持要這位「不知名的名人」直接打電話給他。「好吧，是凱倫・卡本特，」一氏最後還是透露了。雷文克隆立刻回想起兩年半前和凱倫之間的短暫通話。凱倫那時向他保證自己沒問題，絕對不是厭食症。一氏告訴他那並非實情，凱倫對他說謊了，她覺得很抱歉，也真心希望能和他見面。

隔天凱倫從洛杉磯親自打電話給雷文克隆，告訴他她已經買了到紐約的機票，還詳述她的康復計畫，也就是她會在週六抵達，跟他見面三小時。而這位治療師說他很重視家庭，週末不工作，凱倫一聽就崩潰痛哭。「只會花你幾個小時而已，」她保證道。取回談話主控權後，雷文克隆堅定地解釋，凱倫認為一次短短的會面就能解決問題，完全是錯誤的想法。他列舉了治療的最低要求，要她好好想一想是否真的已經準備好對抗疾病。如果她的回答是真心誠意的「是」，那麼他很樂意幫助她，但她需要搬到紐約，至少待一段時間。

凱倫立刻打電話給一氏告狀，說雷文克隆害她很難過。但一氏贊成治療師的提議，說她應該考慮搬到紐約。一氏和謝里・歐奈爾一樣，覺得凱倫如果能離開洛杉磯，脫離嚴苛的工作和生活，對她會有很大的好處。一氏的鼓勵讓凱倫立刻回電給雷文克隆，與前一通電話只隔了三小時。她的新計畫是搬到紐約，一週見他五天，一次一小時。他同意了。

凱倫把這個消息告訴家人朋友後得到許多支持，沒有人質疑。不過伊芙琳・華勒斯倒是很努力勸凱倫，說她不需要搬到紐約。「凱倫，洛杉磯也有很多好醫生可以幫你，」她說，「這裡的醫院也一樣優秀。」但伊芙琳只是白費口舌。「她想盡可能地遠離她母親，」她解釋道，「她想她母親總不能隨便跑到紐約去吧。」

雖然凱倫坦白告訴伊芙琳她病了，但她們卻從沒談過厭食症這件事。雖然凱倫想坦誠相待，但她從來不提「神經性厭食症」這幾個字。佛蘭達・富蘭克林回憶道：「她不喜歡那幾個字。」

16

黑暗中跳舞

凱倫將破碎的婚姻拋在腦後，於一九八二年一月住進紐約市的麗晶絲酒店（Regency Hotel），展開長達一年的治療計畫。凱倫的經理人傑瑞・溫特勞勃與酒店的負責人熟識，安排凱倫和一氏・拉蒙（這時她已經嫁給菲爾）兩人同住一間雙房套房，還附客廳和廚房。一氏裝了私人專線，還有配備錄放影機的大螢幕電視。凱倫每週必看的電視節目是週五晚上的黃金時段肥皂劇《豪門恩怨》（Dallas），而一氏必看的則是《朝代》（Dynasty）。

每個月的酒店住宿費高達六千美元，還不包括服務費和電話費。雖然凱倫向來把荷包看得很緊，但她覺得這筆支出大體來說還是必要的。治療師史蒂芬・雷文克隆每小時收費一百美元，一週五天，一個月就是兩千美元。「我喜歡雷文克隆，至少一開始是的，」一氏說。「他是治療界的新秀，不過至少他能提供一些答案。沒人知道為什麼有人會得這種病，也不知道該如何治療。我們對這種病一籌莫展，所以只能寄望他能真的『拯救』她。」

凱倫抵達雷文克隆在曼哈頓東七十九街十六號的診所，這時她的體重只剩下三十五公斤了。雖然她的家人認定她的神經性厭食症起自一九七五年，但她自己覺得這病是在近期才在她身上紮根。凱倫坐在治療室的棕色皮沙發上，解釋自己的厭食行為始於「她走出梅寧格診所，把理查留在那裡的那一天。」雷文克隆在一九九三年受訪時解釋：「她不得不把親愛的哥哥關在精神病院……她認為那就是她厭食症的開始。」

每日療程進行了一週後，凱倫向雷文克隆坦承，她服用的瀉藥劑量大到難以想像——一晚上吞掉八十到九十顆樂可舒（Dulcolax）。大量服用瀉藥這一點雷文克隆並不意外，事實上，這是許多厭食症患普遍具有的行為。「我自己也有一陣子一次就吞掉六十顆瀉藥，」謝里・歐奈爾坦承，「主要是一盒就是那麼多……我乾脆就全吞了，才不會留下證據。」

真正令雷文克隆震驚的是凱倫後來不經意吐露的：她同時還服用甲狀腺藥物——一天十顆。更讓他驚訝的是凱倫說自己的甲狀腺其實完全正常。他要求凱倫把藥瓶拿來，凱倫就在下次約診時帶了過來。這份左旋甲狀腺素鈉片（Synthroid）的處方日期是一九八一年八月十七日，由紐波特中央藥局（Newport Center Pharmacy）開立，開立對象是凱倫・伯利斯。雷文克隆知道她是在用藥加速自己的新陳代謝，當下沒收了藥瓶和剩下的藥丸。他在這塊領域行醫十幾年，見識過病患各種自虐般的行為，但這是他第一次碰到有人濫用甲狀腺藥物。

凱倫和一氏很享受在麗晶絲酒店共度的時光，就像青少女到好友家徹夜談心一樣。「所以，你的理想對象是誰？」一氏問。

「馬克・哈蒙（Mark Harmon），」凱倫回答，她在一九七〇年代末曾經和這名演員約會過幾次。

雖然哈蒙也是圈內人，但他不是凱倫口中的那種「好萊塢老油條」。據一氏說，「馬克是她的理想對象，符合她清單上的所有條件。他自己就是明星，但很樸實，他很重視家庭，這也正是她想要的。但說老實話，我不覺得馬克能躲過她身邊的那些鯊魚。」

一氏拿著紙筆，把凱倫理想對象的條件一一列出來。「我們寫下她希望另一半擁有的任何小細節，」一氏回憶道，顯然凱倫在情感上已經和湯姆・伯利斯切割了，這也理所當然。她的要求和嫁給伯利斯之前差不多，但她也下定決心，絕對不會再被欺騙。她還是想要一個談吐得宜、積極正向、聰明風趣的男人。一定要很帥，穿著打扮得體，出身良好，最好不是圈內人。他可以是名人，但一定要真誠無偽，最重要最重要的是要無條件、毫不保留地愛她。

在紐約慢慢安定下來後，凱倫再次打了電話給謝里・歐奈爾，聽到凱倫終於踏出尋求專業協助的第一步，歐奈爾鬆了一口氣。她也很高興聽到凱倫願意離開洛杉磯，遠離她口中「音樂界和娛樂圈無所不在的壓力，以及家人、經紀人、經理人、唱片公司高管的期待。」但歐奈爾認為紐約市的步調太過緊湊，和洛杉磯不相上下。「我真的覺得她在那裡對康復的幫助不大，到更鄉村、更純樸、更低調的環境，對她會更有好處。那會讓她別無選擇，只能慢下腳步，專注在自己身上，關注健康，努力康復。」

謝里也有點擔心雷文克隆的治療方法。就她所知，他會先讓病患「發展出對他的依賴，同時削弱對原生家庭或配偶的依賴，因為這些人可能無意間導致了病患的飲食失調。」就凱倫的情況來說，家人和配偶似乎都是加重她病情的因素。

根據雷文克隆一九八二年的著作《治療與克服神經性厭食症》（Treating and Overcoming Anorexia Nervosa）所說，病患必須完全依賴治療師。「治療師必須與這些認為關係總是充滿競爭的人建立一種關愛的關係。」這種依賴對凱倫來說很難做到，她更習慣去關愛他人，接受關懷似乎會讓她覺得無助且失去自我價值。歐奈爾盡可能地鼓勵凱倫，即使她知道雷文克隆的治療方案遠比凱倫規畫的時間長得多。「凱倫心裡對治療有一套自己的時間表，所以可能無法完成整個療程。等病患改為依賴治療師後，雷文克隆會教他們建立自我認同感，協助他們培養新的行為、習慣和思考模式，讓他們脫離對他的依賴。但這需要很長的時間！」

一九八二年四月，凱倫返回洛杉磯待了兩週。大多數見到她的人都覺得她瘦得可怕，不過雖然外表瘦得嚇人，凱倫看起來卻很有活力。她甚至還抽空和理查在A&M的錄音室錄了幾首歌。誰也沒想到這會是她最後一次錄音。這次她錄了幾首歌的原音，包括兩首新的卡本特－貝帝斯歌曲〈一曲終了〉（At the End of a Song）和〈足夠〉（You're Enough），還有露比與浪漫派的老歌〈你的寶貝不再愛你〉（Your Baby Doesn't Love You Anymore），以及羅傑・尼可斯寫的〈現在〉（Now）。理查覺得凱倫雖然健康欠佳、身體孱弱，但她的歌聲還是一如既往地令人驚豔。但從事後之見來看，她的歌聲還是有些問題。她的詮釋、斷句和咬字都很優美，事實上是近乎完美，但她的音色少了些什麼。

佛蘭達苦口婆心地和凱倫擺事實、講道理，還拿她的聲音做例子，說明保持健康活力有多重要。「凱，你一直以來都很幸運，」她對凱倫說。「但你現在要毀掉自己的天賦嗎？我自己是不在意啦，事實上，就算你永遠不再唱歌我也不在意，你已經有足夠的錢可以過下半輩子。這些理由其實都不算什麼，最重要的還是為了你。我覺得你要是失去歌聲一定會不知所措，如果你再不吃東西，總有一天你會發不出聲音的！」

回到紐約後，凱倫趁著和煦的春日展開了新的運動計畫，走路去雷文克隆那裡看診再走回來，快走三公里左右。這當然是為了燃燒掉更多的卡路里。她偶爾也會在麥迪遜大道上的繡藝店停留一會兒，有時候會有路人認出她，向她要簽名，但如果是好幾年沒見過凱倫的人，幾乎都認不出她來。喜劇演員大衛・伯納（David Brenner）曾在拉斯維加斯和木匠兄妹合作過，一天下午他在麥迪遜大道上的戶外咖啡店和朋友共進午餐。「嗨，大衛，」他聽到路旁的行人這麼說。伯納抬頭笑了笑，對這位他以為是支持者的女子打個了招呼，然後又繼續用餐。「大衛，是我呀，」她再度說道，「我們合作過啊！」伯納疑惑地再次抬頭，完全不知道對方在說什麼。「我是凱倫啊，」她笑著說，伯納這時才從聲音和笑容認出她。

「凱倫！」他邊說邊站起來抱了她一下，「真對不起，我沒認出你，你瘦了好多。」她沒接話，只說來紐約拜訪朋友。「太好了，下次一起吃午餐吧，」他說。

「那大概是對厭食的人所能說的最蠢的話了，『一起吃午餐吧』，」伯納說。「但我那時候不知道她病了，很可惜，那是我最後一次見到她。」

木匠兄妹的前經理人蕭文・巴許也在一九八二年中期在紐約見過凱倫。那天他正要穿越南中央公園，突然聽到一個熟悉的聲音：「蕭米・布許！」

「她從來不叫我蕭文・巴許，」他解釋，「永遠是『蕭米・布許』。」

巴許轉過頭，看到凱倫向他跑過來。「我將她抱個滿懷，親了她一下，」他回憶道。「她穿著毛衣、外套什麼的一大堆，但我還是摸得到她的骨頭。她說她還好，現在她知道自己得了厭食症，正在接受治療，已經在好轉了。」

凱倫每天都會打給佛蘭達和艾格妮絲，向她們報告在紐約市的生活和最近碰到的朋友。艾格妮絲會等著女兒的電話，總是才響一兩聲就接起來。她們會聊很久，但凱倫很少和哈羅德通電話。「艾格妮絲從來沒問過哈羅德要不要跟凱倫講話，」伊芙琳・華勒斯回憶道。「她就是一直講一直講，然後砰一聲掛斷。」有一次，哈羅德在辦公室接到凱倫的電話。「等一下，我去叫你媽，」他說。

「噢，不不不，爸，」她回達，「我想和你說話。我從來沒跟你說到話，拜託別走。」

伊芙琳建議哈羅德到較隱密的音樂室去講電話。她知道如果艾格妮絲發現是凱倫打來的，一定會把電話搶過去。那天下午，這對父女終於得以暢談一番。「我覺得她真的很愛她爸爸，」伊芙琳說，「她什麼都不必說，但你從她待在爸爸身邊的樣子就看得出來。她和爸爸說話時總是一臉開心，聲音也總是甜甜的。我知道她很敬愛她爸爸，不過對她媽媽就不太一樣了。」

據佛蘭達說，哈羅德很盡力補償艾格妮絲不足的地方，「他真的、真的、真的很愛她，」她說。「就算她一個音符也不會唱，他也愛她。就算她又矮又胖，他也愛她。」

離家三千多公里遠的凱倫，依賴著東岸一個小但緊密的朋友圈。「拜託來紐約住，」她會這樣央求童年玩伴黛比・庫提塞洛。黛比和她的丈夫西傑到麗晶絲酒店的套房去找過凱倫好幾次，帶她出去吃晚餐，但他們每次都是當晚就趕回康乃迪克州的家。「我大概兩三週會帶凱倫來這裡一次，讓她在我家過週末，」黛比說。「我比較喜歡她來安靜的基爾福這裡，比待在紐約好多了。」

凱倫也很喜歡和庫提塞洛一家人一起度周末，除了庫提塞洛夫婦，還有他們的寶寶傑米（Jamie）。西傑和黛比去做禮拜或約會時，凱倫就幫忙看小孩，當起代理媽媽。跟佛蘭達・萊夫勒的雙胞胎一樣，傑米・庫提塞洛對凱倫來說也很特別。她給了他滿滿的愛，還有一大堆禮物，包括她親手繡的作品。她似乎也很享受和這一家人一起打理家務的時光。她會幫忙準備餐點、洗碗，也幫忙做其他家事。「她非常愛孩子，」一氏・拉蒙回憶道。「她一定會是個好媽媽，當媽媽完全是她的本能，她甚至還教我燙衣服！」

在造訪基爾福的時候，凱倫告訴黛比，她的治療進展得比預期得還好。據凱倫說，原本的療程是一年，而她「進展飛快」，治療師覺得她半年就能完成，說不定只要四個月。但這完全是自欺欺人的說法。事實上，凱倫很清楚成功的治療要花好幾年，而不是幾個月。她按著自己的速效時程表，告訴朋友和家人他們想聽到的話，最重要的是，那是她自己想相信的。

表面看來，凱倫似乎很認真在接受治療，但她其實並不願意做出重大改變來取得真正的進展和效果，這一點從她每天堅持走路運動就看得出來。包括卡蘿・科布在內的友人都說，凱倫在接受雷文克隆治療期間甚至出現更嚴重的厭食症舉止。「她還是走很多路，她還運動，」卡蘿說。「然後她還催吐，吃能排除水分的利尿劑，全是些讓身體更衰弱的事。」

雷文克隆和凱倫諮商了幾個月後，開始懷疑她又故態復萌，所以他打電話給一氏，請她幫忙做一件後來讓她懊悔不已的事。「等她離開房間後，去她臥室搜一下她的床，」雷文克隆指示。「檢查她的床底下和浴室，任何你想得到的地方。」治療師想知道凱倫是否真的已經把所有的瀉藥、利尿劑和其他藥物都丟了。就連她偶爾會服用的半顆安眠酮，對她過瘦的身體來說都藥性過強。「但那真的能讓我好睡，」她這麼告訴一氏，一氏也始終堅稱凱倫沒有濫用安眠酮。

「我覺得糟糕透頂，但又非做不可，」一氏說。「她一直跟雷文克隆說她已經停用瀉藥，也沒吃安眠酮了。我說：『不可能，她太瘦了！』後來我回電給雷文克隆說：『我找到了，現在我該怎麼辦？』」

隔天一氏帶著凱倫到診間，把她找到的東西都交給雷文克隆。得知兩人暗中商議，一氏又背著她收集證據，凱倫非常生氣。「我告訴她我做了什麼的時候，真的覺得好像我背叛了她，」一氏回憶道。「我只能說，『我真的真的很希望你好起來。』」

那次諮商後，一氏發現由於她和雷文克隆的合作，凱倫喪失了對她的信任。「她非常非常生氣，」她說。「事後回想，其實有反效果。她開始覺得難以信任我了。我說：『我真的很抱歉。』我是真心抱歉，因為我侵犯了她的隱私。我不知道自己在做什麼，因為太關心她而亂了手腳……在那之後，我覺得她只能靠自己了。」

但雷文克隆猜對了，凱倫的行為確實如他所料。就和許多找他諮詢過的女子一樣，凱倫其實抗拒自己所尋求的治療。他沒有被她的技倆愚弄，也明白告訴她這一點，就像他也告訴其他數百名病患一樣：「你是一種疾病的受害者，不是用創意來表達獨特性的設計師。」他書中有一段名為「致病苦者」的訊息，從中可以一窺這位治療師在與病患諮商時所用的語言。「你正在受苦，」他寫道，「而且還注定要捍衛自己所受的苦，好讓自己感覺強大而不是羞恥。只要你能為自己所受的苦自圓其說，就至少還能讓你顯得狡滑而善於矇騙，而不是絕望無助。這些暗示你有力量的標籤，顯然比那些暗示你很無助的標籤更能讓人接受。」

依賴對凱倫來說不是一件簡單的事，那那意味著不完整與脆弱。和許多飲食失調者一樣，凱倫經常會說自己根本不需要任何治療。她覺得自己所做的一切都很成功。雷文克隆持相反意見，而且用最犀利的語言告訴她。他說她「無能」，沒辦法讓自己活下去。雷文克隆的目標是要讓她學會依賴，並把依賴他視為健康的。「這種病的受害者必須學會成為病人，」他的書中寫道，「病人必須勇於信任，並學著接受支持、引導、關心，甚至是關愛。」

深入探索凱倫的內心世界幾週後，雷文克隆邀請了卡本特夫婦和理查到他的診間，參加九十分鐘的家庭治療。「他們確實來了紐約，終於，」一氏回憶道。「當然也是千催萬請了很久。那時候，凱倫在情緒上似乎也開始有了一點起色。」

因為精神病的污名——甚至嚴重到需要治療——對這家人來說太可怕了。尤其是艾格妮絲，她覺得凱倫只是在飲食控制上有點過度而已，只要凱倫別再那麼固執，吃東西就好了。多年來，家人嘗試了各種方法想讓凱倫明白過來，並讓她吃東西。「她身邊的每個人，可以說能試的方法都試過了，」理查在一九九三年說。「我什麼都試過了，掏心掏肺、循循善誘、大聲斥責……你真的會被逼瘋。我什麼都試過了，顯然一點用也沒有。我也覺得很沮喪。」

雷文克隆解釋，說家人試圖用威脅或賄賂的方式讓凱倫改變她的行為，永遠不可能奏效。據他書中所寫：「家人若無法理解，就會在家庭之中造成分裂，產生憤怒與罪惡感。家中氣氛會顯得混亂，進一步強化厭食症者的信念，認為除了自己，沒人知道怎樣對她比較好。」

艾格妮絲是雷文克隆所謂的「壓迫性依賴型」母親。她乍看顯得專橫，但之所以有這種強勢表現，其實是為了掩飾自己害怕失去女兒，或至少是害怕失去對女兒的控制。雷文克隆告訴這家人，凱倫需要一種更具體、表達得更明白的愛。凱倫在這次會談中哭到難以自持。她哭著對家人說真的很對不起，讓他們陷入這樣的處境，還要為她被養大的方式辯解。她甚至為毀了他們的生活而道歉。

「我想凱倫真的很需要聽到你們說愛她，」雷文克隆告訴這家人。

「我當然愛你，」理查毫無保留地說出口。

「艾格妮絲？」治療師用他的鞋子碰了碰艾格妮絲的。

艾格妮絲沒有對她女兒說話，而是先說請叫她卡本特太太。「我是北方來的，」她繼續說，「我們不來這一套。」

「艾格妮絲做不到，」一氏・拉蒙說。這家人離開後，她和凱倫及雷文克隆討論了這次會談。「她做不到！……在治療中，一個人基本上是赤裸裸的。而自己的母親卻連愛都不肯說？而她對理查又是百般寵愛！大多數孩子為了讓父母更愛自己，都會拼了命地表現得更好。但我想在那個時候，凱倫決定是時候退一步了。」

雷文克隆不經意地對這家人說，凱倫結束治療後，也許會意識到她不再喜歡唱歌。聽到這裡，理查就再也聽不下去了。他對雷文克隆的不信任從此根深柢固。在他心裡，凱倫對唱歌的熱愛絕對無可動搖，她在這世界上最熱愛的就是表演和錄音了。如同她在一九七六年對雷・科爾曼所說的：「我非唱不可，我熱愛觀眾。」凱倫始終認為自己很幸運，能以自己熱愛的事養活自己。「很多人沒有這種機會，」她在一九八一年受訪時說，「只能一輩子做自己痛恨的工作……我們則是開心地唱歌、錄唱片、巡迴全世界。」

和雷文克隆會談後，理查對整個治療方案感到憤怒，他覺得這根本沒用。「那時候他對雷文克隆的尊重降到最低，」一氏說。「一開始每個人都很急切地想要抓住雷文克隆給的資訊，希望能幫到凱倫。但過了幾個月，突然變成大家都在問：『這傢伙是認真的嗎？』」

理查很不高興凱倫沒有找一個戒除上癮症的住院式醫療機構，類似貝蒂福特戒酒中心那種，只不過是針對飲食失調的。據雷文克隆說，凱倫一到紐約，他就想讓她住進戒斷中心，但凱倫完全不考慮。他只好以「較不完美的方案」來治療，他在接受雷・科爾曼訪問時這麼說。他還說，其實後來是哪種方案都無關緊要了，因為最後讓凱倫喪命的傷害早已造成。「到最後，」他解釋，「害死她的是她到紐約之前的所有行為。」

卡本特家的人回到當尼。雖然心驚不已，但在這次和雷文克隆的痛苦會談後，他們選擇保持距離。他們只想直接探問凱倫，再也沒聯絡過雷文克隆。「我發現一件耐人尋味的事，」雷文克隆在一九九三年說，「凱倫在紐約期間，我從來沒有接到過他們家人的來電。我治療過的每一個神經性厭食症患者，家人多少都會每隔一段時間打來關心一下。」同樣地，理查也宣稱從沒接過雷文克隆打來的電話。

凱倫和一氏得知雷文克隆不是真正的醫生時很意外。「後來我們發現他甚至不是真正的醫生，如果她有任何醫療問題，都要去雷納斯希爾醫院（Lenox Hill Hospital）看醫生。」

據伊芙琳・華勒斯說，「她選錯人求助了。他甚至不是醫生！雷文克隆只會耍嘴皮子，想靠嘴巴說動凱倫擺脫厭食症。他應該是某種顧問吧，我不知道是什麼，該叫他騙子才對！

他就是騙子。」

由於距離遙遠，伊芙琳愛莫能助。她想親眼看看凱倫，擁抱她，給她支持與愛。雖然她不願意搭飛機，但伊芙琳打電話給地區火車站，詢問從洛杉磯到紐約的來回車票。「我要去探望凱倫，」一天下午她這樣對艾格妮絲說。

「不行，你不能去，」她回答道。

「哦？我不會待太久，也不會打擾到她，」她解釋道，「只是去看一看。」

但艾格妮絲堅持她不能去見凱倫。「醫生說她不能再有訪客了！」

這讓伊芙琳大惑不解，甚至有點生氣。她知道凱倫又不是被關起來。「她自己一個人待在酒店房間裡，」伊芙琳說，「我很生氣！我心想：『她到底得了什麼病，難道會傳染？』」

一九八二年秋天，凱倫還是沒有真正好轉的跡象。事實上，她每天走去雷文克隆的診間再走回來的舉動，讓她的體重始終無法超過三十六公斤。一氏・拉蒙打給雷文克隆，說出她的憂慮。「凱倫愈來愈瘦、愈來愈瘦，」她惶恐地說，「而且她也不像以前那麼有活力了，你覺得什麼時候才會有起色？她只剩皮包骨了！」

雷文克隆也認為凱倫看起來格外疲憊，對治療的反應也不如他的預期，但他保證會改採別種方法。結束和雷文克隆的又一次會談後，凱倫問一氏可不可以跟她借泳衣。「什麼？」一氏問道，「酒店裡又沒有泳池，再說外面很冷耶！」

「不是，我是明天要穿給雷文克隆看，」凱倫回答。

她們倆一起到一氏的公寓，去拿一氏二號尺碼的淺綠色比基尼泳衣。凱倫換上比基尼後笑容滿面地走出來，一氏看到後嚇住了，根本藏不住自己的反應。「怎麼了？」凱倫問道，「很合身啊。」

「對，很合身，」她遲疑地說。「我想你明天可以用上。」

隔天回到診間時，雷文克隆要求凱倫換上泳衣，站到鏡子前面，要她審視並評估自己的身體。「她不覺得自己的樣子有什麼不對，」一氏回憶道。「事實上，她還覺得自己胖了一點。但她只有三十五點八公斤而已，回家以後我就躲進廁所裡哭了。」

凱倫也因為進展不如預期而漸漸感到不耐煩和灰心。她自己設下的期限就快到了，但將近一年的治療卻拿不出什麼成果。「要是我沒有變重，我媽會殺了我，」她這麼告訴伊芙琳・華勒斯。據說她也這麼對治療師說過。

九月中，凱倫打電話給雷文克隆，說她的心臟「跳得怪怪的」。她很生氣、焦慮又困惑，還說頭暈到難以行走。雷文克隆判斷她的症狀是極度脫水，也知道她需要立刻就醫，但他沒辦法憑自身資歷將凱倫轉介到醫院，所以只能請傑拉德・伯斯坦醫生（Dr. Gerald Bernstein）為凱倫評估。

一九八二年九月二十日，凱倫身心兩方面都降到谷底，住進了紐約的雷納斯希爾醫院，接受靜脈營養，也就是透過靜脈注射輸入營養液。「如果做到這一步，就表示醫生真的很擔心你會死，」佛蘭達解釋。「所以他們才這麼做，那是最後手段。」

雷納斯希爾醫院位於中央公園以東兩個街區，是曼哈頓上東區的重症照護醫院。「一開始她當然沒有表明身分，」一氏回憶道。她想用凱倫・伯利斯的名字登記住院，掛號人員卻認出她是木匠兄妹的主唱。據伯斯坦醫生說，她「很害怕但也很堅定」。醫生為凱倫做了一系列檢測，結果顯示她血液中的鉀濃度低到只有一點八，正常範圍應該是三點五到五點五之間。以雷文克隆的話來說，住進醫院時的凱倫「是三十四點九公斤重的脫水骨頭架子。」

第二天早上凱倫接受手術，將一根小口徑導管植入上腔靜脈（右心房）。手術後她向護士抱怨胸口劇烈疼痛，後來發現是意料之外的併發症。X光片顯示，醫生在插入管子時不慎刺破了她的一邊肺部。她一有機會就給佛蘭達打了電話。「我幾乎聽不懂她在說什麼，」她回憶道。「我跳上紅眼班機趕到紐約，簡直是一場惡夢！」

凱倫在休養時，一氏則不辭勞苦地把病房改造成和她在麗晶絲酒店的套房一樣。「雷納斯希爾醫院真是惡夢一場，」她說，「我把她的病房改造成多媒體播放室，護士大概都很想殺了我！我裝了電視和冰箱，還帶了一大堆錄影帶和卡帶播放器，你想得到的都有。」聽著堆成小山的卡帶和試聽帶，讓凱倫得以度過被四面橘色牆壁包圍的孤獨時光。「她不管到哪裡都在打鼓，」一氏回憶道。

在各種注射的空檔，她看《我愛露西》的回放，甚至終於找時間看了謝里・歐奈爾書的手稿。歐奈爾在書中說厭食症是「一種複雜的自殺方式，折磨著數百萬年輕女性。」這兩人的生命故事極為相似。和凱倫一樣，謝里在愛好音樂的家庭家中長大，和手足一起出道唱歌，也同樣很想取悅身邊的人。她們家裡都信仰基督教，而且都有歐奈爾所謂的「威權式父母」。

在書中接近尾聲處，凱倫讀到：謝里新發現的自由，引發了一場她和母親之間遲來的對峙：「你什麼時候才能不再把我當小孩？你為什麼不能把我當成大人一樣去理解我？我已經二十四歲了，雖然我永遠是你女兒，但我已經不是小寶寶了！」這些話就像是凱倫渴望自主的吶喊，但她深深恐懼要和母親對峙的這個想法。幾個月前在雷文克隆的診間，她曾試著面對母親，結果卻更像是在懇求原諒。但現在她知道了，她遲早必須面對艾格妮絲，以獲得她的注意。

「我做到了！」謝里以勝利之姿寫道。「我終於說出多年來始終無法說出口的感受，我宣告了獨立，擁抱成年，迫使我母親正視我們倆都視而不見的事實。這隻學飛的小小鳥兒終於激烈反抗，雖然遲來了一點，因為牠不願羽翼被剪除。」《餓求關注》在許多方面來說都像是凱倫的寫照，只是多了「從此幸福快樂」的結局，不是虛構，卻勝似童話。

隨著肺部逐漸復原，凱倫的身體也很快對營養輸入有了反應。靜脈營養完全補充了她的營養需求，透過導管每日給予精準定量的卡路里。這種失去主控權的情形經常會引發病患的恐懼，但醫護人員安撫凱倫說，他們的目標是幫助她增重，而不是強迫她增重。反對靜脈營養的醫生認為，這無法教導病人學會如何適當飲食，所以無法從中學到經驗。兩天內凱倫就增加了五點四公斤，這麼快速的增加讓一氏有點心驚。她立刻打電話給佛蘭達、傑瑞・溫特勞勃以及凱倫在洛杉磯的醫生。「請幫幫我，」她告訴他們，「凱倫不到一週就增加了五點四公斤！這樣下去還得了？這樣增加得太多太快了，對她的心臟不好！」

黛比・庫提塞洛和她的母親泰瑞莎・沃索到雷納斯希爾醫院探視凱倫。「他們說我有厭食症，」她說，「可你們看，我的牙齒都還在，頭髮也還在，」她開玩笑道，像是在說這些診斷根本不準確。這對母女看到原本年輕有活力的凱倫變得如此虛弱，都感到十分難過。她才三十二歲，看起來卻是不符年齡的蒼老憔悴。

看到曾交往過的美麗女孩變成這副模樣，邁可・科布心中痛惜。雖然在他來探視時，凱倫已經能在房裡走動，但還是得推著點滴架和輸液幫浦，「看到她變得那麼瘦，我眼淚都要掉下來了，」他說。「我不知道該說什麼。我不只是震驚，是心痛到無以復加。」

隨著靜脈注射的量減少，凱倫也慢慢開始攝取固體食物，體重也穩定增加。不同於其他病患，她似乎對這種情況很滿意，總是興奮地向來探病的人展示她的進步。理查在十月二十五日飛來看她，期待能看到她在電話中所說的那些好轉跡象。點滴滴落的聲音和監視器的嗶嗶聲成了這次家人團聚的背景音樂。卡片、禮物、米老鼠玩具、各式各樣的布偶塞滿了四處，卻無法為冰冷陰沉的病房帶來暖意。就像大多數在這裡看到她的人一樣，理查感受到的大部分是震驚和悲傷。她還是瘦得可怕，幾乎讓人認不出來。「你看我是不是好了很多？」她問。

理查贊同地點點頭，但只是為了讓妹妹開心一點。也許是想岔開話題，別再集中在自己身上，她開始談起其他情況更糟糕的病友。但理查並沒有順著她的話題聊下去。他終於打破沉默：「凱倫，這是狗屁，」他說。「你還不懂嗎？這全是狗屁！你從頭到尾都錯了，那傢伙根本什麼也沒做到，因為你進醫院了！」

三天後，一九八二年十月二十八日，在雷納斯希爾醫院的病房內，凱倫在離婚申請書上草草簽了自己的名字。

到了十一月，凱倫在雷納斯希爾醫院已能一天吃三餐，並努力對體重增加抱持積極的看法。這時她已經增加了將近十三點六公斤。前一年就停止的月經也回來了，似乎在宣告著凱倫情緒和身體上的改善。「我要格外強調她有多勇敢，」伯斯坦醫生回憶道。「體重逐漸上升的時候，病患通常都會非常恐慌。」凱倫看著自己逐漸加粗的手臂，對治療師說：「我得一直告訴自己，手臂本來就該是長這個樣子的。」

和佛蘭達通話時，凱倫炫耀了增重的事。「我變重了！」她說，「我會回家過感恩節，我一定會讓大家大吃一驚！」

是啊，但你是靠靜脈營養，佛蘭達默默想著。又不是吃回來的，是靠導管注入。就算你變重了，也毫無意義！

一九八二年十一月八日，凱倫滿懷希望地出院了。但如同謝里・歐奈爾所說，「那時候雷文克隆不在紐約，凱倫特定選這個時候自己辦了出院。她提前終止了治療，她知道大家都在等她做新唱片，就自行把感恩節定為期限，好迎合別人對她的期待。」好萊塢的內科醫師艾文・喬治・紐曼（Irving George Newman）曾經對謝里說過：「健康方面沒辦法依約行事。」他同時也是樂手蘭迪・紐曼（Randy Newman）的父親。謝里曾和凱倫分享過這則諫言，但凱倫顯然沒聽進去。「這也算是忠言逆耳吧，尤其是對我們這種從來不願讓別人失望的人來說。只可惜治療和康復不是這樣運作的，治療和康復需要好幾年的時間。飲食失調相關的行為和思維模式是多年養成的，所以也要用一些時間才能一一解開、轉向，往另一個方向扭轉。」

伯斯坦醫生簽署了出院同意書，讓凱倫能離開雷納斯希爾醫院，及時趕回家過感恩節。他感覺離院那天凱倫非常積極樂觀。「她對未來有一點焦慮，」他回憶道，「但也迫不及待想回洛杉磯唱歌。」

凱倫出院後又在紐約停留了兩週。她回到麗晶絲酒店，這次有私人看護陪伴，而且被明令禁止以步行來回雷文克隆的診間。也是在這段期間，理查打電話給菲爾・拉蒙，他擔心妹妹出院後會太過逞強。「答應我你不會進錄音室，」他說。「我也跟她說了我不會進錄音室，你得跟我統一陣線。還有她得吃東西，她看起來只剩骨架子了。」

拉蒙答應了，說他和一氏都會看著凱倫，但也很奇怪理查居然會認為他們會選在這個時間點錄音。「他要求我別去錄音。怎麼可能呢？唱片都被塵封了！」

回到酒店讓凱倫又開始想家了。她打給維爾納・沃芬，請他安排回洛杉磯的事。他強烈建議凱倫不要自行中斷療程，但凱倫不為所動。她在實質上和精神上都出院了。「我不在乎，」她說，「我要回家。我已經好了，就這樣。」

十一月十六日，凱倫最後一次去見史蒂芬・雷文克隆。她送了他道別的禮物，是一幅裝幀的繡字，以綠色繡線繡出大大的字：「你贏了，我重了」，有如凱倫在醫院獨自度過漫長時光的實質證據。得知凱倫打算離去，雷文克隆提醒她，說她放棄得太早，這類療程至少要花上三年。他甚至建議了另一位在洛杉磯的治療師，好讓凱倫回家後也能繼續類似的療程，但凱倫婉拒了。她答應會打電話給雷文克隆，也承諾不會再服用瀉藥和利尿劑。艾格妮絲和哈羅德那天到雷文克隆的診間和凱倫會合，他們飛到紐約市去接女兒回家，並幫忙帶回她的二十二箱行李。

大多數人都認為凱倫接受的治療不適當，又結束得過早。佛蘭達覺得時機是最不利的一點。「她想尋求幫助，」她說。「她到紐約去求醫，但是方法用錯了。如果是現在的話，我想凱倫能活下來，至少成功的機會大很多。現在醫學界知道的多太多了，我們那時候就像是摸黑跳舞。」

17

太少、太遲、太早

伊芙琳・華勒斯從辦公室窗戶瞥見禮車停在紐維爾屋前。她跑上前迎接走近的凱倫，兩人抱在一起。雖然凱倫這時體重已經回升到四十五點三公斤以上，但看到凱倫虛弱的樣子，伊芙琳還是很震驚。「她看起來完全沒有比離開之前胖半分，」她回憶道。「我知道不能把她抱得太緊，我也沒有，只是用手臂圈著她。但連這樣都能摸到她背上的骨頭。」

凱倫在感恩節時開懷大吃，家人看了都覺得很欣慰。那天晚上凱倫還打電話給一氏・拉蒙，細數她吃了些什麼。「她跟我說：『我吃了這個那個，所有我愛吃的東西，』」她回憶道。「她很為自己感到驕傲。我們都很為她感到驕傲，都覺得這是進展啊。」

回到洛杉磯後的幾週，凱倫一刻不歇地投入購物和社交活動。雖然她還是會固定和雷文克隆通話，但大多數友人都認為她無意再接受治療。在家裡她吃得很少，睡得很多。這讓艾格妮絲很擔心，但伊芙琳說，她被警告過「別多嘴。」「雷文克隆警告過她，不要嚴厲批評凱倫。他告訴艾格妮絲，凱倫正在盡她最大的努力回復健康，叫艾格妮絲不要打擾她，不要對她吼叫，說她病了。『不要打擾她，』他這麼說。」

一九八二年十二月十七日，凱倫到加州謝爾曼奧克斯（Sherman Oaks）素負盛名的巴克利學校（Buckley School），為佛蘭達・萊夫勒的雙胞胎艾許莉和安德魯，和他們的表哥布魯克・梅格達爾，以及他們的同學唱歌，這成了凱倫的最後一次公開演出。「我怎麼也想不到那會是最後一次，真的、真的、真的沒想過，」佛蘭達說。「怎麼可能呢？但真的是。她太瘦了，全身沒剩沒少肉了。」艾德・萊夫勒很擔心凱倫，畢竟她不久前才住院好一陣子，所以萊夫勒試圖說服凱倫取消這次表演。「但她想為孩子唱歌，」佛蘭達解釋道。「除了我們的小孩，其他小孩都不知道她是誰。對他們來說，她只是一個來唱歌的好心女士而已。」

凱倫在高領毛衣外罩上一件充滿節日氣氛的開襟羊毛衫，搭配紅色休閒褲和相配的鞋子，坐在小禮堂一頭的平臺上，面前有四、五十名孩子，每個孩子都用小拳頭抵著下巴專心觀看。在佛蘭達的記憶中，那天凱倫的喜悅之情溢於言表。「她在這世界上最喜愛的就是唱歌了，」她說，「還有誰比她更適合唱歌給孩子聽？她天生就該當個母親，如果生命能有所不同、更加仁慈，她一定會有一個美好的家庭。家庭對她是那麼重要，她一定會像熱愛每一場表演一樣，盡心盡力地去愛自己的家。就連這一點她也會追求完美，她只知道這種方式。」

赫伯・阿爾伯特在新年過後見過凱倫，雖然其他人都覺得凱倫很孱弱清瘦，但阿爾伯特記憶中的凱倫看起來很有精神也很健康。她跳進他的辦公室，說：「嗨，看看我，赫比！你覺得呢？我看起來怎麼樣？」她很興奮，轉了一圈展示她的新身材。阿爾伯特覺得她比之前看起來更健康快樂了，也認為她似乎打贏了這場戰役。「我好開心，」凱倫對他說，「我準備好錄音了。理查和我也在談要找回樂團，再一起演出。」

一九八三年一月十一日，公關人員保羅・布洛赫（Paul Bloch）載凱倫到CBS電視城，他們在那裡和理查會合，一起參加慶祝葛萊美獎二十五週年的特別合照活動。過去的葛萊美獎得主齊聚一堂拍照，包括葛倫・坎伯、狄昂・華薇克和海倫・瑞蒂等人。凱倫接受記者採訪，也和其他朋友寒暄，像黛比・布恩、強尼・瑞佛斯和托妮・田尼爾。這也成了她最後一次公開露面。她看起來很疲憊、老態龍鍾，不像個芳華正茂的三十二歲女子。活動結束後她和理查到梅爾羅斯大街（Melrose）上的聖日爾曼（St. Germain）用晚餐，那天晚上凱倫吃了前菜、主菜、法式麵包和葡萄酒。

一月十四日晚上，凱倫和理查及大學老友丹尼斯・希斯（Dennis Heath）見面聚餐，還是一樣在聖日爾曼。凱倫吃到一半突然放下刀叉，一臉害怕或痛苦地看向其他兩人，讓他們嚇了一跳。她好像想說些什麼卻說不出來，在洗手間待了很長一段時間後才回來，並向兩人保證她沒事。晚餐結束後三人開車到就在附近的A&M錄音室，聽一九八二年四月的錄音片段。

一月二十五日晚上，黛比·庫提塞洛看完奧莉薇亞·紐頓強在HBO的演唱會特別節目後，打電話給凱倫。順帶一提，奧莉薇亞一九八二年的《情欲交織》（Physical）巡迴演唱會，凱倫曾跟著去了幾站。兩人甚至還討論過讓凱倫在幾場演唱會上打鼓，但最終因為凱倫的健康惡化而沒能實現。一九八二年時她衰弱到根本不可能做這種事，但一九八三年時，黛比·庫提塞洛覺得她聽起來精神很好，至少在電話上是這樣。「她很有活力衝勁，感覺她已經振作起來，準備好要展開新人生。我要她寄一些新照片給我，她說好。」

雖然凱倫努力想讓朋友和家人相信她已經痊癒，但她的眼睛卻透露出實情。原本靈動溫暖的棕色眼睛像是蒙上了一層暗影，死氣沉沉。就連想要強打起精神似乎也辦不到了。她開始經常小睡，有時候晚上七點就躺上床睡了。理查向維爾納·沃芬打小報告，說他覺得凱倫看起來不太好，沒想到這話傳到凱倫耳裡，凱倫氣壞了。她查到理查的行蹤，追到當尼市的石林購物中心（Stonewood Center），發現理查的捷豹停在柏德威（Broadway）店門外。理查一走出店外，就發現凱倫的捷豹XJS停在他的XJS旁邊。他慢吞吞地走近，凱倫顯然正怒火中燒，在停車場就痛罵了哥哥一頓。「我要你知道，我已經很努力了，」她堅持道，還提醒理查他從曼寧格診所回來後，也不是一夜之間就全好了。他則回嘴說，雖然那時他的行為還有點怪，但也好得差不多了。反之，他不相信她已經好了，而他也實話實說。

後來凱倫要求再和理查碰一次面，繼續對峙，這次維爾納·沃芬也在場。她說覺得自己受到不公平的攻擊，他們沒有給她機會等她完全康復。問到他們是不是不相信她能做到時，她哭了起來。「我不是不相信你，」理查對她說，「而是因為我很愛你。」

一月二十七日星期四，芙洛琳・艾利開車到世紀城，為凱倫在世紀塔的公寓做每週一次的打掃。但這一天她大驚失色。「我打掃時發現了凱倫，」艾利說，「她倒在衣帽櫃裡。」她輕輕搖了搖凱倫，又撫了撫她的背。凱倫醒了過來，但還不太清醒。「凱倫，你怎麼了？」她問道。

「沒事，我只是太累了，」她回答，一邊昏昏沉沉地抬頭看向芙洛琳。

「也許你還是到床上躺一下比較好，」她邊說邊把凱倫扶到床上，再為她蓋上被子。「這樣你會比較舒服。」芙洛琳在離開前又去查看了凱倫的狀況，這時她已經完全清醒了，並堅稱自己沒事。但芙洛琳還是很擔心，隔天先打電話給凱倫問了她的情況，才到紐維爾去工作。

二月一日星期二，凱倫又一次和哥哥一起用餐。這次是在日落大道的史坎迪亞(Scandia)，在場的還有舞臺製作人喬・林頓，三個人討論了木匠兄妹再次開始巡迴的計畫。凱倫吃得很起勁，用完晚餐後就返回了世紀塔。這是理查最後一次見到會說會笑的妹妹。

隔天凱倫開車到艾瑞與曼拉法律事務所找維爾納・沃芬，事務所和星光大道只隔了幾條街。她和W（她對這位律師的暱稱）約好審閱她的最終離婚判決。「你打贏他了嗎？」她調皮地對沃芬說。因為還需要進一步修改，所以她約了二月四日星期五下午三點過來簽署文件。

沃芬記得她當時很急著想完成離婚手續，好重新展開沒有湯姆・伯利斯的新人生。

那天凱倫也和一氏・拉蒙通了電話，這時一氏正懷著她和菲爾的第一個孩子。從得知一氏懷孕那一刻起，凱倫就一直在準備迎接寶寶的誕生，而且每次和拉蒙夫婦提起時都說是「我們的寶寶」。「凱倫瘋狂採購了好幾輛推車，還有遊戲護欄、鞦韆、寶寶高腳餐椅、汽車安全座椅，所有你想得到的東西，」一氏說，「而且全都是藍色的，她覺得一定是個男孩。」凱倫還說了她那週的計畫：週五她要去簽署離婚文件，然後就準備前往紐約。「那個週末是二月六日，她準備要跳上飛機，來等寶寶出生，」一氏回憶道。「但在那之前，她終於要簽離婚文件了，付錢叫湯姆走人。她寧願給他錢叫他離開，整整一百萬美元。她是這麼說的：『我給你一百萬，滾吧！』」

二月三日星期四，凱倫打電話給理查，問他哪個牌子的卡帶式錄放影機比較好，她打算買一臺新的。他記得在通話的時候她一直打呵欠。那天下午凱倫開車回當尼，她打算在附近買一臺新的堆疊式洗衣機和烘衣機放在公寓。她原本的機器故障了，但她不打算叫技師來修，也不想讓直接叫他們送一臺新的。這對她來說當然不成問題，但在購買家電方面她還是只相信當尼的店家，她覺得在這裡可以買到最好的價錢和最佳的服務。「凱倫和艾格妮絲都會去最划算的店，她也會在特價店購物，」黛比・庫提塞洛說。「她們從來都不擺闊，每次買東西都精打細算。也不是說她們小氣，而是她們不忘本，記得自己的出身。」

凱倫到紐維爾接艾格妮絲，順便到辦公室和伊芙琳・華勒斯打招呼，兩人擁抱了一下，母女兩人就去採購了。因為傑可百貨（Gemco）堆疊式洗烘衣機沒有存貨，兩人就決定之後再看看。凱倫答應在家裡睡一晚，隔天，也就是週五早上，再去附近的西爾斯百貨（Sears）找找看。

「我們要去大男孩，你要去嗎？」艾格妮絲經常邀請伊芙琳一起共進晚餐，但這次伊芙琳婉拒了，要他們和凱倫好好地吃頓晚餐。他們一家三口開車到位於佛羅倫斯大道（Florence Avenue）的鮑伯的大男孩（Bob's Big Boy）用餐，凱倫點了她常點的蝦沙拉，還加點了一份。回家路上她告訴爸媽她覺得還餓，於是半路去買了一份墨西哥捲餅。「哇，真好吃，」回家後她在廚房流理臺旁，邊吃邊這麼對爸媽說。

收拾完後，一家三口聚在休閒室看《幕府將軍》（Shogun）的重播，《幕府將軍》是NBC在一九八〇年播映的迷你影集，由李察・張伯倫（Richard Chamberlain）主演。當天晚上凱倫睡在二樓理查的舊房間。凱倫來紐維爾住時通常都睡在這裡，因為理查的房間裡有電視和錄放影機。這天晚上她看了一集錄製的《夏威夷之虎》（Magnum, P.I.），在就寢前又打電話給菲爾・拉蒙，和他確認隔週在紐約的行程。凱倫還向拉蒙提起，她最近又重聽了自己的個人專輯，然後她略帶遲疑地輕聲說道：「我可以用不雅的字嗎？」

「可以啊。」

「我覺得我們做的唱片他媽的讚！」

拉蒙說他也這麼覺得，並鼓勵凱倫把他們一起做的唱片當成生涯中一個正向的里程碑，不用管別人怎麼看。「你還會和你哥一起做更多唱片，」拉蒙對她說，「但不要因為它沒發行，就忘了這個地標。」

當晚十二點過後不久，凱倫打電話給佛蘭達說起她的待辦事項，兩人對了一遍隔天要做的事。「我會先去看洗烘衣機，」她說，「然後再開車過去，那時候車應該不多。」據佛蘭達說，凱倫很喜歡收聽交通情報。「我們就可以一起去做紅色指甲了！」她們兩人約好中午一起去美甲。凱倫很興奮，也早就說好這次要做鮮紅色的指甲油，慶祝自己離婚。「然後我們再去沃芬那裡簽字。」

佛蘭達說沒問題。「親愛的，我陪你一起，明天一定會很精采！」從聲音聽來，凱倫累壞了。「佛蘭，我好累喔，」她說。「不知道是怎麼了，我覺得胸口好累。」

然後兩人互道晚安，但佛蘭達有點擔心，因此打給樓下的艾格妮絲。「幫個忙，」她說，「請你幫我上樓看一下她好嗎？」

艾格妮絲不久後就回電給她。「我想她沒事，佛蘭，」她說。「她不會有事的，我幫她蓋了被子。」

雖然艾格妮絲和佛蘭達不和，但她們都一樣關心凱倫的健康。「在這一點上我們立場一致，」佛蘭達說。「我們都想救她，那是我們的共同目標。」

二月四日星期五早上，凱倫醒來後下樓到廚房，煮上她母親昨晚準備好的咖啡壺，然後又回樓上換衣服。早上八點四十五分左右，艾格妮絲・卡本特聽到位在她和哈羅德房間上方，帶鏡衣帽櫃厚重的拉門滑動的聲音。「凱倫起來了，」艾格妮絲說，她起來後去了廚房，一如往常為家人準備熱咖啡和穀片。

到廚房後她看到凱倫已經把過濾式咖啡壺插上電，也擺好了餐具，包括兩個咖啡杯和兩個吃穀片的餐碗。「她以前都會把自己那一份餐具也擺上，」伊芙琳・華勒斯說，「還有所有醫生開給她的藥。那天早上她只擺了哈羅德和艾格妮絲的杯子，沒有凱倫自己的。」

艾格妮絲沒有用喊的告訴凱倫咖啡好了，而是拿起家裡的多線電話，撥了樓上臥房的號碼。遠處傳來的微弱鈴聲響了又響，但始終沒人接。艾格妮絲走到樓梯口喊凱倫，然後一邊走上樓一邊喊她，但始終沒聽到回應。艾格妮絲走進房間，看到凱倫全身赤裸，一動也不動地躺在衣帽櫃底部。她的雙眼睜著但翻了白眼，躺得很直，不像是摔倒的。「她躺在地上，不動了，」艾格妮絲回憶道。「我扶起她、喊她、抱她，」她尖叫著要哈羅德打電話叫救護車。

「我到的時候她就躺在地上了，」芙洛琳・艾利回憶道，她在艾格妮絲發現凱倫昏迷後不久抵達紐維爾。「那時候快九點了，她躺在地上，我很確定她在屋裡就死了。」

當尼消防局在早上八點五十一分接到哈羅德・卡本特的電話，並立刻派出第六十四號消防分局以及附近的救護人員。「他們來得很快，一把就把我拉開，」艾格妮絲回憶道，她正試圖讓女兒醒過來。

當尼八四一消防小隊的三名消防員和聖塔菲斯普陵（Santa Fe Springs）的亞當救護車服務（Adams Ambulance Service）的兩名醫護人員發現凱倫已失去意識，但仍有微弱脈搏。「現場令人心裡發寒，」醫護人員鮑伯・吉利斯（Bob Gillis）對記者回憶道。「凱倫看起來極度瘦弱，她全身赤裸。」她的頸部檢測到微弱脈搏，心臟每十秒才跳動一次。「這是心臟衰竭的明顯徵兆，」吉利斯說。救護人員將她從衣帽櫃搬到臥室，開始實施心肺復甦術，同時也請哈羅德帶驚慌失措的妻子離開房間。

艾格妮絲衝下樓打電話給理查。和許多音樂人一樣，理查是個夜貓子，八點五十五分電話響起時他還睡得正熟。艾格妮絲語無倫次又激動地哭泣，一開始理查根本聽不懂母親在說什麼。等終於聽出來是凱倫昏迷了，理查隨手抓了件 T 恤和牛仔褲套上，衝出家門。

伊芙琳・華勒斯一如往常來上班，看到門前停著救護車時吃了一驚。她開始擔心起擔心起哈羅德・卡本特。「我第一個想到的是哈羅德，」她說。「他心臟有點問題，要吃好幾種藥。」伊芙琳快步走進屋裡，看到艾格妮絲正緊抓著隔開門口與客廳的扶手啜泣。「艾格妮絲，出了什麼事？」她問。

沒有回應。「艾格妮絲說不出話來，她哭著揮手叫我上樓，我上樓後看到他們把凱倫放在輪床上，看得出來他們在壓她的心臟。」

理查從魯貝克街急駛而來，暗自希望凱倫只是一時昏倒，說不定這樣還能趁機讓凱倫更正視自己的健康狀況。車子彎進紐維爾街的時候，理查正好看到救護人員推著輪床出來，理查的眼淚也跟著掉了下來。救護車載著已無生氣的凱倫和她六神無主、連睡袍都還沒換下的母親，一路鳴笛開往當尼社區醫院（Downey Community Hospital）。理查和哈羅德則被指示小心地跟在車後。

早上九點二十三分抵達醫院，這名身分未明的病患通報時心跳已完全停止跳動，沒有呼吸也沒有脈搏。「我們只知道來的是三十二歲女性，心跳完全停止，」當時在急診室的護理師派特・湯姆林（Pat Tomlin）說。「她被送到時讓我震驚的是她的身材，她看起來非常瘦弱。」

救護人員告訴急診室人員：「這位是北當尼卡本特家的女士，」也許是想在不洩露隱私的情況下，悄悄透露她的身分。救護人員在現場試了幾次都無法成功建立靜脈輸液管路，到院後湯姆林接手繼續努力。艾格妮絲在急診室外的會議室等候，理查和哈羅德不久後也到了，護理長薇薇安・卡爾（Vivian Carr）陪在他們身邊。急診室內的人員也在進一步急救，工作人員各就各位，埃爾・艾德華醫生（Dr. Irv Edwards）伸手去拿喉鏡並開始進行插管。一位年輕的呼吸技師（也是卡本特家的友人）拿著呼吸器走上前，準備固定呼吸袋和面罩。「我的天啊！」她尖叫起來，「是凱倫！」女人的聲音劃破了房間內的緊張氣氛。她開始歇斯底里地抽泣，其他人都被這突如其來的爆發弄得一頭霧水。

「怎麼回事？你怎麼了？」護理師湯姆林問道。

「是凱倫，」她回道，「是凱倫・卡本特！」

包括湯姆林在內的幾位急診室成員都微探過身仔細瞧。「老天爺，」她大叫，「真的是！」她震驚地想到，面前這個人居然是她只在木匠兄妹唱片封面上看過的年輕女郎。木匠兄妹的熱門歌曲湯姆林幾乎都會唱，這時其中一首歌的歌詞立刻浮現她腦海：「眼前還有大好人生……是的，我們才剛開始。」湯姆林立刻讓其中一人去通知醫院主管，「我們知道這件事會成為公關方面的地獄級惡夢。」

艾德華醫生沒那麼擔心不久後就會抵達的媒體大軍，他記得當時他只想到卡本特家的人。「她還那麼年輕，實在是不應該啊，」他說。「她的家人一定非常非常非常難過。他們家在當尼很受愛戴，她是住在本地的名人。」

當尼社區醫院的醫療團隊花了二十八分鐘搶救凱倫。「我們搶救了好一陣子，但最後還是沒能成功，」湯姆林說。早上九點五十一分，凱倫・安・卡本特宣告不治。

艾德華醫生出了急診室，走進哈羅德、艾格妮絲和理查焦急等待著的小房間。令人遺憾的字句慢慢從他口中吐出：「很遺憾，凱倫已經走了。」身為醫師，這不是他第一次向家屬這麼說，但每一次都感到揪心。「要當面告訴家屬，他們所愛的人已經離世，從來不是一件容易的事，」他說。「理查相當鎮定，雖然不願相信，但還算鎮定。她的父母則是完全不能相信。」

「你確定她真的已經走了嗎？」他們問道。「你們不能想辦法救回她嗎？」

「我們花了一些時間向她的父母解釋，」艾德華回憶道，「和家屬一同悲痛。」理查很憤怒。艾格妮絲和哈羅德則處於麻木狀態。他們的臉上布滿淚水，然後問：「我們能看看她嗎？」

當尼市警局的巡警傑・萊斯（J. Rice），在早上九點五十五分獲派到當尼社區醫院，記錄「可能是用藥過量」的死亡案件。萊斯和艾德華醫生及其他醫護人員談話。醫護人員告訴萊斯，凱倫有神經性厭食症和憂鬱症病史。「她非常瘦，我會用瘦骨嶙峋形容，」艾德華醫生回憶道。「的確是神經性厭食症患者的典型症狀。我們在為凱倫做檢查時測了她的血糖，數值非常非常高。」檢測結果顯示，凱倫的血糖濃度是一一一〇，是正常值的將近十倍。依艾德華醫生的判斷，直接死因是「高滲壓糖尿病性昏迷」（hyperosmolar diabetic coma）。

萊斯巡警在醫院詢問過凱倫的父母後就護送他們回家。在回紐維爾的五公里路程中，這家人失去凱倫的悲痛溢於言表。哈羅德、艾格妮絲和理查到家的時候，當局已經封鎖了街道，相關人員也駐守在街角，協助正深陷悲痛中的一家人保留一些隱私。全國和地方媒體蜂擁而至，發出新聞報導：「將抒情搖滾送上排行榜冠軍的歌手凱倫・卡本特，因心臟病逝世，得年三十二歲。」木匠兄妹的歌迷聞訊既心痛又不敢置信，傷心地趕來擠在警方的封鎖線後。

佛蘭達・萊夫勒正在比佛利山莊的棕櫚路（Palm Drive）上開車，打算先辦些事情，中午再和凱倫會合。就在此時，她聽到廣播的插播報導。「我差點撞上路樹，」她回憶道。「我當然不相信，回到家後我還渾渾噩噩的。我打開後門看到艾迪，他從來不會提早回家……他看著我說：『她走了。』雖然我們早該有心理準備，但你就是不願意相信真的會出事，你以為你那麼關愛她，她就不會有事。但這樁婚姻的最後一擊，還是讓她瘦弱的身體負荷不了。」

奧莉薇亞・紐頓強也是在開車時從廣播聽到消息，那時她正開在洛杉磯高速公路上。「心痛又震驚，」她說。「那天我是要到梅爾羅斯大街上的熔爐（Melting Pot），和一個根本不認識的人談合作。我恍恍惚惚的，一坐下來眼淚就止不住……太可怕、太意外了，可憐的女孩，她受了很多苦。我們本來說好隔天中午要一起吃飯的。」

一氏・拉蒙那天在開會，一回家就聽到電話鈴聲和說話聲。有一群朋友聚在他們家客廳，她丈夫坐在中間。「你早上聽廣播了嗎？」他問。

「沒有，我剛才在開會，才出來。怎麼了？」整個房間突然靜了下來，她心裡一驚。「發生什麼事了？」她問。

「是凱倫。」菲爾小心翼翼地說。

「真是的，她又做了什麼？」她笑著說，但菲爾還是一臉嚴肅。

「怎麼了？菲爾，出了什麼事？她病了嗎？是不是進了醫院？她到底怎麼了？」

「她的心臟出了問題，」他說。

「心臟？她死了嗎？她死了？」

正如凱倫所預期的，菲爾和一氏在隔週的二月七日，迎接了兒子畢傑・拉蒙（B. J. Romone）的誕生。

在加州州立大學長堤分校，法蘭克・普勒正在排練，是他的助理在廣播上聽到了新聞報導。「走吧，我們到辦公室一下，」助理告訴他，「有個令人難過的消息，凱倫過世了。」

普勒試著聯絡理查，但他不願和外界接觸。「那天晚上我就去了他們家，但都被警察圍住了。我請他們幫我轉交一封信給理查，說如果在追悼會上需要合唱團或什麼的，我可以幫忙。」

約翰‧貝帝斯在納士維（Nashville）寫歌。「這種事你不會當下反應過來，」他回憶道，「而是好像在看電視一樣，有種不真實的感覺。」他立刻打電話給理查，沒想到居然打通了。「我不知道你怎麼想，但我氣瘋了，」他這麼告訴理查，說完才後悔說出這麼自我中心的話。「我的第一反應是那麼自私，這讓我很過意不去，因為我真的覺得凱倫帶走了我不願失去的東西。我的第一反應是『你真自私』，是不是很奇怪？之後其他情緒才浮出來，我覺得被騙了。」

理查也有同樣感受。「我當下的反應是生氣，」他在一九八三年告訴《時人週刊》。「氣她沒了大好人生，氣她浪費了才華，然後才是悲痛。我真的無比震驚，我知道她病了，但不知道有那麼嚴重。」他也承認很氣自己、氣治療師、氣醫生、氣醫院。

在康乃迪克州，西傑‧庫提塞洛忙不迭地聯絡妻子黛比。「先別開廣播或電視，事情是這樣的，」他說。

西傑吐露的消息讓黛比震驚又痛心，她那一整天都在回想和凱倫之間的特殊回憶。「不敢相信，」她說，「那天真的很難過，很難熬。」隔天她打開信箱發現了凱倫答應寄來的照片，心中苦樂交織，沒想到前幾天的通話居然成了永別。

西傑也通知了法蘭克‧博尼托。博尼托當時是醫院的社工，他回到辦公室時櫃檯人員跟他說：「第八頻道新聞（Channel 8 News）一直在找你。」

「我根本不知道是為什麼，」博尼托說。「西傑聯絡上我，跟我說了這件事。幸好他在新聞記者之前找到我，新聞上不是常會看到記者打電話給某人，說：『你知道誰誰誰死了嗎？』你不會希望是那樣知道的！」

作詞人保羅・威廉斯當時在華盛頓特區。「我在狼陷阱（Wolf Trap）和伊莉莎白・泰勒（Elizabeth Taylor）參加大型慈善演出。當天最大的新聞就是凱倫死了，大家都很震驚。我記得我為所有人難過，為我們、為她、為每個人，」他說。「我想 A&M 大部分的人，或是消息比較靈通的人，大概都知道她病了的事，但傳出來的消息是她好很多了。」在卡普中心（Cap Centre）的狼陷阱之夜（Wolf Trap Gala），威廉斯唱了〈我們才剛開始〉來向凱倫致敬。「有位天使為我唱了這首歌，」他對現場一萬二千多名觀眾這麼說。他努力克制情緒，淚水卻盈滿眼眶，舞臺燈光也暗了下來。

卡蘿・科布這時剛好也在首都。她平時住在巴黎，這次是來看她哥哥邁可，邁可前一個月搬到了華盛頓特區。「那時我正在往機場的路上，要回去洛杉磯看我爸媽，我是從廣播裡聽到消息，」她說。「我記得那時我從車子的後座跌了下去，跌坐在地。」邁可・科布正要前往倫敦，在機場聽到了新聞。「聽到她過世的消息，我非常震驚，思緒頓時一片空白，差點昏倒。我以為她正在好轉，很多人在婚姻失敗後都深受打擊……我還記得最後一次見到她時，她看起來是那麼衰弱，但我妹妹那時也遇到很多同樣的問題。我妹妹到現在還活得好好的，凱倫怎麼就走了呢？」

新聞報導開始暗示，凱倫的死因可能與神經性厭食症有關，但就連報導這則新聞的人，也沒有因為這項消息而少半分驚訝。《橘郡紀事報》（Orange County Register）的西畢．史密斯（C. P. Smith）寫道：「搖滾硬派的早逝其實不令人意外，珍妮絲．賈普林（Janis Joplin）和吉米．亨德利克（Jimi Hendrix）的逝世，以某種令人毛骨悚然的方式來說，甚至是可理解的。就好像他們那從心底吼出的音樂本質，使死亡成了一種職業傷害。但凱倫．卡本特在三十二歲就猝然離世，卻是完完全全令人意想不到。」

當尼警局的調查人員載著女管家芙洛琳．艾利到凱倫在世紀城的住處，搜查是否有任何可疑或不尋常之處。「他們在房子裡四處查看，」她回憶道，「我就坐在旁邊等。」他們收走了幾瓶處方藥和一些艾利不知道的東西，然後把她載回一片肅穆的紐維爾。「他們真的很傷心，」艾利回憶道，「不說話，幾乎什麼事也不做。」

一瓶治療焦慮症的安定文錠（Ativan）被交到調查人員手上。這款藥物是由喬治．莫內醫生（Dr. George Monnet）在一九八三年一月十日開立，在當地的傑可藥局領藥。莫內告訴調查人員，他懷疑凱倫還服用了強效利尿劑來適泄（Lasix），卻沒有依要求服用鉀補充劑。他認為這可能引發心律不整。

二月四日下午，洛杉磯郡法醫羅娜德・科布倫博士（Ronald Kornblum）進行了編號八三之一六一一的相驗解剖，從下午二點三十分開始持續了兩個小時。因為要等實驗室的檢測結果，所以直接死亡原因被標記為「推遲」。位於賓州的臨床毒理學和法醫檢測公司國家醫療服務（National Medical Services）在三月初傳來消息，屍檢報告於三月十一日定案，死亡證明書上的死因改為「源自神經性厭食症或其所導致的吐根素心臟毒性（emetine cardiotoxicity）」。解剖結果將肺水腫和充血（通常由心臟衰竭引起）列為第一，其次是厭食症，第三是惡病質（cachexia），通常代表體重極端下降和明顯缺乏營養。發現吐根素心臟毒性（吐根〔ipecac〕中毒），代表凱倫是吐根糖漿中毒，吐根糖漿是常見的催吐劑，通常用於用藥過量或中毒等緊急情況時催吐。法醫部門在一九八三年三月二十三日撰寫了一封信件，詳細說明國家醫療服務部實驗室的檢測結果。經血液和肝臟檢測後，確定肝臟中存在零點四八微克／公克的吐根素，即「吐根的主要生物鹼成分」。「在本案中，」他們解釋道，「零點五微克吐根素／公克的濃度，與血液中未檢測到等發現，與長期使用後相對短期停用的藥物殘留情況一致。」

官方在發布的新聞稿中說明凱倫的屍檢報告，以及死因是吐根素心臟毒性，但法醫卻沒有直接提到「吐根」。「我根本沒有想到要提到吐根，」科布倫後來接受《時人週刊》的記者喬雅・迪利貝托（Gioia Diliberto）採訪，揭發吐根糖漿的危險性時表示。「在我心裡，吐根素和吐根是一樣的東西。」

凱倫的治療師史蒂芬・雷文克隆宣稱對凱倫濫用吐根糖漿的事一無所知。據說他在得知官方將「吐根素」列入死因時深感震驚。凱倫在一九八二年十一月返回當尼後，雷文克隆和凱倫通話時曾問到她是否仍維持體重和使用瀉藥。凱倫向他保證，她還維持著四十點三公斤的新體重，也完全不再使用瀉藥了。他作夢也想不到，她是改用了更致命的東西。

雖然凱倫瞞著雷文克隆，不過她告訴了謝里・歐奈爾，說她偶爾會使用吐根糖漿。「她提過會用吐根糖漿來催吐，」歐奈爾說。「她說她自己吐不出來，只好用吐根糖漿幫忙。我想她不知道這種急救用藥的危險性，那時候也沒有多少人知道。過度節食、長期使用吐根糖漿所累積的毒性、沒有規律運動強化心臟和體能，可能是這些因素加起來要了她的命。我記得那時有點擔心她用吐根糖漿和瀉藥來排出，那是最危險的方法。我還聽說她回洛杉磯之後又開始服用利尿劑，這些顯然都超出她身體的負荷。」

一氏・拉蒙一直很擔心凱倫會用上吐根糖漿，聽到屍檢報告的結果後，她想起一九八二年感恩節隔天她們倆的通話，那天凱倫的聲音聽起來虛弱又沙啞。「你的聲音怎麼了？」一氏問她。

「噢，我剛吐了，」她說，「可能是有點吃太多了。」

「不會吧，」她心想，「拜託不要是吐根糖漿！」拉蒙夫婦家裡的廚櫃一直備著一瓶吐根糖漿，以防萬一。凱倫在錄製個人專輯期間住在他們家時，從來沒動過那瓶藥水，一氏認為凱倫可能是在一九八〇年末開始偶爾會使用這種藥水。「凱倫最討厭吐了！但我知道她在認識湯姆後不久，就開始有這個習慣，應該是那時候用過吐根糖漿，但不常，瀉藥倒是一直在用。她一九八二年待在紐約的時候沒有用吐根糖漿，可能是回家以後才養成的習慣。我很震驚。」

凱倫過世後不久，雷文克隆接受電臺訪問，討論凱倫的屍檢報告。他說：「據洛杉磯法醫的說法，她發現了吐根……她開始每天服用。有很多女性使用吐根催吐。那會引發痛苦的痙攣、味道苦澀，還有一個一般大眾都不知道的副作用，就是它會慢慢溶解心臟肌肉。如果你每天服用，每服一次就會少一小塊心臟肌肉。凱倫接受過治療，勇敢地對抗了一年，但她回家後似乎決定不拿吐根來減重，而是用它來避免增重。我相信她一定不知道這麼做的危險性，只是不到六十天她就意外丟了性命，讓我們這些治療過她的人非常震驚。」

史蒂芬・雷文克隆在他最新出版的《解剖厭食症》（Anatomy of Anorexia）中誇耀自己治療的飲食失調患者康復率高於一般水準。「過去二十年我治療過近三百位厭食症患者，」他寫道。「我很高興能宣之於眾，這些患者的康復率是百分之九十。但令人遺憾的是，有一例死亡。」就是凱倫・卡本特。

髮型師亞瑟・瓊斯（Arthur Johns）為朋友兼客戶的去世而哀傷。他記得聽到凱倫的死訊時很震驚，但也不全然意外。「我感覺凱倫的生活裡沒有一件事是順遂的，」他說，「從婚姻失敗，到前往紐約，然後住院，事情一件接著一件。」沒多久後瓊斯就接到艾格妮絲的電話，請他幫忙整理凱倫的髮型和遺容讓大眾瞻仰。「她母親很傷心，一直求我，」他回憶道。「我就答應了，還來不及想到這件事對我自己的衝擊會有多大，而這衝擊的確很大。」瓊斯請了一位好朋友陪他到殯儀館，最後一次為凱倫整理髮型。「我那時候還很年輕，從來沒幫人整理過遺容。」

數百名友人和歌迷參加了二月六日星期天晚上舉行的遺容瞻仰，由當尼的 亞特麥金利殯葬社（Utter-McKinley Funeral Home）承辦，在賽普雷斯（Cypress）的森林草地紀念公園殯儀館（Forest Lawn Memorial Park Mortuary）舉行。弔唁者魚貫走過裝飾著紅白玫瑰的白色棺木旁，瞻仰凱倫的遺容。凱倫身著玫瑰色的兩件式套裝，棺木開口上覆著一層薄紗，並安放了一排花卉，讓弔唁者保持一定距離，希望多少能掩蓋凱倫憔悴的身形。整個晚上，艾格妮絲、哈羅德和理查以及其他家庭成員都不斷對來向凱倫致以最後敬意的人致意。當地報紙報導：「大多數人都沒有多做停留，有些人低聲提起美好回憶，有些人則沉默地低頭。」

湯姆・伯利斯也前來弔唁。據凱倫親近的友人說，他還上前表示自己仍是凱倫的丈夫（就法律上來說確實如此，因為凱倫還未簽署最終離婚文件），甚至威脅不把遺體交給卡本特家的人。「凱倫過世後他給我們找了一些麻煩，」佛蘭達・富蘭克林回憶道。伯利斯對《時人》雜誌聲稱，他和凱倫「一直相處愉快」而且「始終關心對方。凱倫要面對厭食症和她的事業，我則要處理房地產事業的問題。我覺得很內疚，真的很希望時光倒流。我試著幫助她，也幫她找了一個醫生，但她拒絕承認自己有進食問題。我們都努力了，只是沒能成功。」

湯姆・伯利斯把他的婚戒拋入棺木，落在凱倫的遺體旁，雷・科爾曼將此舉解釋為出於感情。其他人則對這種作態無動於衷。

伯利斯之後還打電話到紐維爾，向艾格妮絲要凱倫的私人結婚相簿。「把那個包起來寄給他，」她這麼告訴伊芙琳・華勒斯。

「艾格妮絲，你為什麼要寄給他？」她問道。「我想凱倫應該不會想把相簿給他，是我就不會！」

但艾格妮絲「鐵了心，」她說，「她就是要我把那個包好寄給他。想到她把結婚相簿給了那傢伙我就氣，他大概會把它拿去賣個幾千美元。」

一氏在幾個月後和湯姆有過一次衝突。湯姆在凱倫過世後不久突然打給她。「我非常後悔接了電話，」一氏告訴他。「湯姆，我只有一句話要說：萬一有一天我們在同一個地方碰到，最好是你先看到我。」

二月八日星期二，早上十點就開始有歌迷在當尼聯合衛理堂（Downey United Methodist Church）灰色的石牆外排隊，等著參加下午一點凱倫・卡本特的告別式。當尼市警方和修保全（Shaw Security）的私人警衛，指揮著數十輛豪華轎車穿過當尼大街上前來弔唁的人群以及散布的好奇路人。奧莉薇亞・紐頓強身著黑色裙裝、戴著墨鏡，出席了告別式，其他出席的名人還包括約翰・戴維斯和伯特・巴卡拉克。「我們剛錯過了狄昂・華薇克！」一名路人在她朋友收起相機後喊道。因為場地容納不下，座椅被移到可容納二百五十人的大廳室，另外四百人則被領到中庭，可以從音響聽到儀式進行。「太可怕了，」卡蘿・科布回憶道，她身邊坐的就是泰瑞・艾利斯及他的妻子。「我們只能握著手哭泣，」她說。「我們都非常心痛。」艾利斯補充道。

凱倫兒時的牧師——新哈芬的查爾斯・尼爾牧師（Reverend Charles Neal）——頌唸悼文。

「隨著這不幸的消息傳遍地球村的每一個角落，全世界都為之哭泣。因為凱倫用生命、愛和歌聲，恩典了這個世界。」

尼爾回憶初次見到凱倫時，她和理查是衛理堂青年事工的成員，歡迎他搬到新哈芬上耶魯大學。他形容在凱倫的童年中，「牛仔褲、棒球和芭蕾」占據同等地位，接著評價她的成年以及其中的起起伏伏。「凱倫的生活仍持續開展著——一幅獨特而美麗的織錦，交織著所有人生經歷：這幅織錦透著歡樂也透著憤怒；這幅織錦充滿了時間的歡樂，也充滿了時間的暴虐；有成功的喜悅，也有成功的束縛；有生活的喜悅也有生活的暴虐……歡樂與悲傷、歡笑與淚水、聚光燈與孤獨、愛與心痛、健康與疾病、勝利與悲劇、安靜與憤怒。」尼爾最後以約翰・貝帝斯的話作結。

她為所有人的心而唱
太快、太年輕
我們的凱倫已安靜
但她的回聲將永遠縈繞

法蘭克・普勒帶領加州州立大學長堤分校合唱團，獻唱柯西（Corsi）的〈我們敬拜您〉

（Adoramus Te），並配合丹尼斯・希斯獨唱巴哈／古諾的〈聖母頌〉，也是木匠兄妹在《聖誕肖像》中所收錄的曲目。扶靈的是大衛・艾雷、赫伯・阿爾伯特、史提芬・阿爾伯特（Steven Alpert）、約翰・貝帝斯、艾德・萊夫勒、蓋瑞・西姆斯、艾德・蘇爾哲和維爾納・沃芬，他們在告別式結束後將棺木抬出教堂。一小群親近的親友，在賽普雷斯的森林草地再次齊聚，舉行簡短的私人儀式。「太讓人傷心了，」哈羅德・卡本特一遍又一遍地對在場的人說，「實在太讓人傷心了。」

據凱倫的友人說，凱倫很畏懼死亡，尤其害怕死後被埋進土裡。她要求永遠不要被「種下去」，這是她對下葬開玩笑的說法。為了了卻她的願望，凱倫的遺體安置在地面之上，長眠在森林草地升天墓園（Ascension Mausoleum）同心殿（Sanctuary of Compassion）巨大華麗的大理石墓室中。墓室上方以馬克克磚重現西班牙文藝復興藝術家艾爾・葛雷柯（El Greco）的《聖母與聖嬰》（Madonna and Child），不久後大理石上就貼了流光熠熠的金字墓誌銘：地上明星，天上星辰。

後記
給你的歌

一九九六年十月八日，凱倫・卡本特成為獨立歌手的夢想終於實現，只是來得太遲了一些，她已無法體會那份喜悅。從她和菲爾・拉蒙將這張個人專輯遞給 A&M 公司，遭到嚴詞批評後被塵封，已經又過了十六年，而她突然離世也已經十三年了。自從這張唱片在一九八〇年被擱置後，歌迷一直在推動，想讓這張唱片發行，在而凱倫逝世之後這樣的呼聲又更加強烈。歌迷希望這張唱片發行，能讓凱倫在死後得到某種平反。

「為了那張唱片，他們真的要把我逼瘋了。」不久前理查曾這樣告訴拉蒙。

「那你為什麼不乾脆讓它發行呢？」拉蒙說。

除了凱倫的個人專輯，拉蒙製作的唱片從來沒有一張被評定為不值得發行，被這樣拒絕始終是壓在他心中的大石。「整整十六年都沒能發行，這讓我很挫敗，」他解釋道。「有些人覺得那一定是拿不出手，或是瘋狂庸俗。」

在一九九六年之前，理查曾經從凱倫的個人專輯挑了幾首曲目，重新混音後收錄在一九八九年的木匠兄妹專輯中，在一九九一年的套裝專輯裡又收錄了另外兩首。這些混音做得非常好，事前也得到拉蒙的祝福，但他擔心如果整個企畫都經過這樣的音樂拉皮，凱倫對這張個人專輯的期許會就此模糊失去。「我們當然可以輕易地修修改改，讓這些歌更現代化，」拉蒙說，「但我個人認為這就像畫作，是在一個特定的時空，由凱倫親手畫出來的……凱倫非常非常重視這張個人專輯，身為關心她的朋友，我認為我們應該要以她想要的方式推出這張專輯。」

最後推出的同名專輯《凱倫・卡本特》（Karen Carpenter），收錄了凱倫在一九八〇年灌錄的十一首原曲，並額外收錄〈獨自憔悴〉（Last One Singin' the Blues）的未混音版。「我沒有重新混音也沒有對母帶做任何改動，」拉蒙在A&M發布的新聞稿中宣布。「這些混音、素材和風格，都是當初經過凱倫認可的……這麼多年來，理查・卡本特和我都曾懷疑這張專輯究竟有沒有發行的一天。今天我們都很驕傲，因為這張作品對凱倫意義十分重大，完全出於她對音樂的熱愛。」

理查在唱片封套內頁中宣稱：「凱倫與我們同在的時間寶貴而又短暫，她是一位傑出的歌手。這張專輯反映了她在某一時期尋求的改變，所以值得以最初的樣貌完整呈現。」

在專輯發行前，理查打電話給一氏，問她能不能找到原本的獻詞。翻過她為這個企畫保留的眾多筆記後，她回電給理查：「全心全意獻給我的哥哥理查。」據一氏說，理查在電話中失聲痛哭。

雖然理查改變心意讓專輯發行，但他完全沒有代凱倫去推這張唱片。「唱片釋出時，我以為理查會給予支持，」拉蒙說，「所以我才說是『釋出』，也不是要他有多熱愛，只是從一些訪談看來，他好像完全沒改變看法。」

《凱倫・卡本特》獲得的迴響好壞參半。有些評論家拿它和木匠兄妹的經典曲目做不合理的比較，如大衛・布朗（David Brown）在《娛樂週刊》（Entertainment Weekly）給出「C+」評價：「已經習慣她在〈告別愛情〉這類抒情經典中的純淨唱腔，聽到凱倫・卡本特唱著『想愛你，寶貝』只會讓人渾身不對勁。」

有些評論家則比較持平而不帶偏見，像《金礦》（Goldmine）雜誌的蒂爾尼・史密斯（Tierney Smith）就指出凱倫溫暖而極具表達力的歌聲是這張唱片最出色之處：「她讓彼得・塞特拉（Peter Cetera）歡愉輕快的流行歌曲〈午后偷歡〉多了一分甜美，在輕鬆隨意自然的鄉村民謠《都是因為你》（All Because of You）中大放異彩，在極富感染力的柔和流行歌曲《我想我是昏了頭》（Guess I Just Lost My Head）中，聽起來更是游刃有餘。」

羅伯・霍爾伯格在《滾石》雜誌上評論凱倫的專輯，他稱讚拉蒙為凱倫打造的氛圍「更精簡、絲毫不甜膩……她的歌聲極度接近靈魂。聽著這些歌，就不難明白為什麼像 克莉絲·辛德（Chrissie Hynde）、瑪丹娜（Madonna）和葛洛麗雅·伊斯特芬（Gloria Estefan）這些歌手，會『出櫃』承認她們是 凱倫的歌迷。」

保羅·格因認為這張專輯絕非凱倫·卡本特的全貌。「這也絕對不是這張專輯的意圖，」他澄清道，「這是二十九歲的她挑逗性的一面，不管她之後是和理查或其他製作人、音樂人合作，一定都會呈現這個複雜而多角度歌手的更多面向。」

霍爾伯格也持同樣看法。也許這張專輯不足以定義凱倫·卡本特的歌唱生涯，但和當期其他專輯相比毫不遜色。「它足以媲美有類似想法的歌手——例如芭芭拉·史翠珊和奧莉薇亞·紐頓強——在同一時期錄製的唱片，尤其不遜於木匠兄妹在差不多時期所推出的專輯。就算沒有〈我們才剛開始〉等級的歌也沒關係。歌迷最渴望聽到的是歌手最私人的作品，即使不是巔峰之作也不要緊……這名女子從未被允許有片刻抽離自身形象，這是她作品中值得珍藏的紀念。」

一九八三年的世界也沒準備好接受《凱倫·卡本特》這張專輯。也許一九八〇年還可以，但一九八三年不行。凱倫逝世後有好幾年的時間，對她音樂的欣賞轉為地下化。光是提到她的名字，就會有人說：「太可惜了！」或是「她不是那個害死自己的歌手嗎？」這類問題。她去世的悲劇蓋過了她的才華，直到幾年後這種偏頗的看法才開始瓦解。

理查・卡本特在妹妹去世後不到八週，就一頭埋進 A&M 的錄音室，全心製作後來推出的《心聲》（Voice of the Heart），這張專輯裡收錄了之前未選用的歌曲，以及其他還來不及發行的歌曲，包括凱倫一九八二年最後一次錄音的幾首曲目。「其實這樣反而讓我好過一些，」理查接受《滾石》的保羅・格因採訪時說。「我想我若一直待在家，反而會更難熬。我深深覺得這些素材不該被塵封，站在歌迷的角度來想——如果我從來不曾認識凱倫——我會想聽聽看。」

恰好和這張專輯的發行日同一天，木匠兄妹在好萊塢星光大道上的「星星」也在一九八三年十月十二日揭幕。「對我和家人來說，這是令人傷感的一天，也是很特別而美好的一天，」理查對二百五十位前來觀禮的人說。「我唯一遺憾的是凱倫不能親自站在這裡與我們一同分享，但我知道她永遠活在我們心裡。」他們的星星編號一七六九，位在好萊塢大道六九三三號前，離中國戲院（Grauman's Chinese Theatre）只有幾步之遙。

《昨日重現》雙唱片套組在一九八四年發行，收錄了二十四首木匠兄妹的暢銷金曲，在電視廣告的強打下一飛沖天。這組專輯的成功，促使 A&M 隔年出版了一支相關的錄影帶，十四首歌曲的影片分別選錄自電視演出和宣傳影片。

理查在一九八七年發行了他的首張個人專輯《時光》（Time），其中六首歌由他主唱，其他歌曲則邀請到狄昂・華薇克和達斯蒂・斯普林菲爾德獻唱。斯普林菲爾德主唱的〈眼中的神采〉（Something in Your Eyes）打進當代成人單曲榜前二十名，獻給凱倫的阿卡貝拉曲〈當時光是我們所謹有〉（When Time Was All We Had）以多軌錄音方式錄製，並由赫伯・阿爾伯特吹奏富魯格號。

同年，名不見經傳的導演陶德・海恩斯（Todd Haynes）自導自製了《超級巨星：凱倫・卡本特的故事》（Superstar: The Karen Carpenter Story）。這部長四十三分鐘的十六釐米影片在迷你模型造景中以芭比娃娃拍攝。乍看之下像是庸俗的嘲諷作品，但近一步審視就會發現，這部電影其實是以一種正經、時而動人、引人共鳴的方式去述說凱倫的生平。《超級巨星》被影迷戲稱為「芭比娃娃電影」，主要在電影節和美國各地的小影院播放，慢慢聚集了一批地下影迷，二〇〇〇年《娛樂週刊》將這部影片列為「史上五十大邪典電影」（Top 50 Cult Films of All Time）中的第四十五名。

在影片上映之前，海恩斯曾試圖取得影片中所使用的木匠兄妹原創歌曲及其他音樂的授權，但被拒絕了。他逕自使用這些未獲許可的素材，結果理查・卡本特提出法律禁令，導致影片於一九九〇年被禁止傳播。在致理查的公開信中，《娛樂週刊》的歐文・格萊伯曼（Owen

Gleiberman）問道：「可否請你容許大眾看到陶德・海恩斯的《超級巨星：凱倫・卡本特的故事》？」並稱這部影片是「近十年來最令人震驚、大膽、感人的電影。」格萊伯曼主張，這部電影不只是個案研究，更是在向木匠兄妹的音樂傳奇致敬。「陶德・海恩斯將凱倫・卡本特的生平化為藝術作品，就算對從不在乎木匠兄妹音樂的人來說，它也值得被看見（對喜愛木匠兄妹音樂的人來說就更是如此）。」

理查的回應隔月在《娛樂週刊》上刊出，他解釋他不是對這部電影的內容有意見，而是對導演的行為。海恩斯在沒有取得木匠兄妹音樂授權的情況下，逕自讓電影在眾多影院上映，這是不爭的事實。據理查的說法，「他決定在電影中使用這些材料，就構成了對音樂創作者權利的蓄意攻擊，現在格萊伯曼卻說我們應該對海恩斯的電影播映給予祝福。」

凱倫的故事和木匠兄妹的音樂捲土重來的契機出現在一九八九年一月一日。當天CBS電視播映了《凱倫・卡本特的故事》，這股浪潮到今天仍未停歇。因為是在元旦播映，剛好有許多觀眾放假守在家中，最後這部電影的收視率高達百分之四十一，名列當週收視第一。這也是CBS五年內製播的電影中收視率最高的，是一九八九年全年第二熱門的影片，僅次於《我知道我的名字叫史蒂芬》（I Know My First Name Is Steven）。《綜藝》雜誌報導稱，「木匠兄妹電視電影推動唱片熱賣」，據他們的調查，在CBS的電影播映後兩週內，木匠兄妹的唱片銷售量狂漲了四倍。不過架上還缺了電影相關的唱片或原聲帶。電影中採用了兩首之前未發行的歌曲，〈是你〉（You're the One）和〈何去何從〉（Where Do I Go From Here），分別是一九七七和一九七八年未被選用的曲目。後來這兩首歌都收錄在木匠兄妹的新專輯《愛的箴言》（Lovelines），在十個月後於十月發行。

經歷超過二十年的冷嘲熱諷，就連凱倫最好的錄音也被指為平淡無奇、加了糖精般的甜膩。但在這部低成本的電影播映後，對木匠兄妹音樂的這些偏見卻開始淡去，看法也起了極大的變化。凱倫終於能實至名歸地躋身於不朽的歌手之列，與法蘭克・辛納屈、納金高和莎拉・范恩齊名。不僅如此，懷舊甚至成了風尚，喜歡木匠兄妹幾乎被視為一種很酷的事。「也許這是對一位歌手遲來的欣賞，雖然有時會碰上很糟的材料，但她的歌聲始終純粹。」史蒂芬・威提（Stephen Whitty）在《聖荷西信使新聞報》上寫道。「也或許這單純只是對七〇年代的懷舊熱潮，對正值二十年華的嬰兒潮世代來說，〈靠近你〉是他們童年聽廣播的記憶。但總之，木匠兄妹回來了，而一切正要開始，再一次。」

這股復興浪潮一路從美國襲捲到英國。一九九〇年，木匠兄妹的「暢銷金曲」合集《不過昨日》（Only Yesterday），占據排行榜冠軍長達七週。英國也出現許多向木匠兄妹致敬的表演，其中以聲樂家溫蒂・羅勃茲（Wendy Roberts）為號召的演出甚至受到理查・卡本特的讚賞，他很驚訝他們在倫敦守護神劇院舉辦的表演門票銷售一空，就和木匠兄妹在一九七年時（多次）一樣。

之後是授權傳記《木匠兄妹：不為人知的故事》（The Carpenters: The Untold Story，暫譯）出版。這本書由《旋律製造者》前主編雷・科爾曼執筆，科爾曼之前也為艾瑞克・克萊普頓（Eric Clapton）和披頭四等人寫過傳記。和一九八九年木匠兄妹電視電視編劇受到的限制類似，科爾曼對某些議題只能兜圈子，有些則乾脆避而不談，才能讓卡本特家點頭通過。同年，科爾曼在倫敦《星期日泰晤士報》（The Sunday Times）的專題報導中表示，這對音樂雙人組「精采不褪色」。他寫道：「毫無疑問，凱倫對這些騷動一定喜聞樂見，她向來雄心勃勃、專業自豪，一路走來的嘲諷讓她受傷，她應該會把被視為復古酷的諷刺當成樂子。」

木匠兄妹音樂被視為復古酷而受到擁抱，一路走來花了好長一段時間。「這種品味的轉變花了二十年，」蘇・康寧斯（Sue Cummings）在滾石的《搖滾女人書》（Book of Women in Rock）中的《麻煩女孩》（Trouble Girls: The）中寫道，說這是「重新燃起的諷刺性欣賞。〔聽眾〕愛過那層外表，又轉為厭惡，回頭再看一眼，卻覺得裂隙中透著黑暗的複雜性，使它更加吸引人。」

一九九五年《如果我是木匠兄妹》（If I Were a Carpenter）發行，這張紀念專輯略帶爭議但極為成功，參與者都是另類搖滾團體，包括音速青春（Sonic Youth）、雪瑞兒・可洛（Sheryl Crow）和小紅莓（the Cranberries）。這張合輯點燃了另一世代對木匠兄妹音樂的興趣，共同製作人大衛・康喬揚（David Konjoyan）極力保證，這次企畫完全出於誠心，絕對沒有戲弄的意思：「把這些視為怪事當然很簡單，過去平庸的現在被擁戴為傑作——『從前有個人叫布蘭迪』之類的——但似乎不只是如此。」

理查也認同這張紀念專輯，甚至在馬修・史威特（Matthew Sweet）詮釋的〈讓我成為那個人〉中獻聲。他覺得凱倫也會欣賞這個企畫背後的情意。「她會因為和我同樣的理由而喜歡，」他告訴《金曲》（HITS）雜誌。「這些人因為在意我們的音樂或她的才華，才願意撥出時間來參與，而且這麼多年後，還有許多人關注我們的音樂。」

木匠兄妹的復興浪潮在日本於一九九六年達到最高點，《二十二首名曲精選集》（22 Hits of the Carpenters）獲得巨大的成功。這張合輯收錄的其中兩首歌，被日本熱門青少年戲劇《未成年》（Miseinen）選為片頭與片尾曲。〈我需要戀愛〉和〈世界之巔〉的熱播，讓這張合輯的銷售迅速突破三百萬張。「在美國，另類搖滾和頹廢搖滾逐漸成為主流，但在日本，年輕人其實不喜歡沒有旋律的音樂，」日本唱片公司的產品經理岡野俊在《告示牌》雜誌的專題報導中說道，「他們喜歡木匠兄妹歡快的旋律和美妙的和聲，這對他們來說反而顯得新鮮。」

一九九八年，理查的重心移回美國，因為收錄二十二首歌的《情歌》（Love Songs）專輯在美國專輯榜蟬聯了六個月。這張專輯的成功，一半要歸功於一部備受讚譽的記錄片，由公視（PBS）製播的《靠近你：懷念木匠兄妹》（Close to You: Remembering the Carpenters），以及A&E的《傳記》（Biography）及VH1的《音樂背後》（Behind the Music）電視節目。此外，理查也發行了他的第二張個人專輯，《理查・卡本特：鋼琴家、編曲家、作曲家、指揮》（Richard Carpenter: Pianist, Arranger, Composer, Conductor）。這張專輯讓他又開始巡迴，帶著管弦樂團到日本和南加州做了一系列演出。專輯唯一主打的單曲《凱倫的主題曲》（Karen's Theme），在輕音樂電臺的播放率平平。

木匠兄妹是一九七〇年代樂壇舉足輕重的團體中少數沒能進入搖滾名人堂（Rock and Roll Hall of Fame）的組合。外傳這家博物館只憑少數幾名主管的喜好挑選引領潮流的團體，但就連唱片業的重量級人物邁可・科布也認為，木匠兄妹絕對是七〇年代的流行推手，也值得這樣的肯定。「他們的作品是帶著前衛的傑出流出音樂，」他說，「是新奇的流行搖滾，製作精良，但永遠足夠前衛。一點也不過時，而是很新奇。她的歌聲出現在廣播裡的時候，那種熱播的程度讓你知道那不只是流行歌曲，而是流行搖滾，和他們同臺競爭的都是搖滾歌手。」

不管木匠兄妹是否躋身搖滾名人堂，他們音樂的影響力從未消退。二〇〇九年，慶祝木匠兄妹四十週年的《留聲經典四十》（40/40 The Best Selection），收錄了四十首歌曲，發行首週就登上日本排行榜第五名，這是木匠兄妹歷年專輯中，在日本發行首週最好的成績，而且在一個月內就衝上冠軍。「凱倫和理查是過去五年內，第七個登上日本尼爾森（Nielsen/

SoundScan's）排行榜的美國團體，」保羅・格因在他廣受歡迎的〈排行榜觀察〉（Chart Watch）線上專欄中寫道，「之前的六個分別是邦喬飛（Bon Jovi）〔《得意的一天》（Have a Nice Day）和《飛行公路》（Lost Highway）〕、布蘭妮（Britney Spears）〔《妮裳神話》（Greatest Hits）〕、天命真女（Destiny's Child）〔《絕對完美》（#1's）〕、聯合公園（Linkin Park）〔《末日警鐘》（Minutes to Midnight）〕、新好男孩（Backstreet Boys）〔《愛無敵》（Unbreakable）〕和瑪丹娜〔《娜式糖》（Hard Candy）〕……日本是全球第二大音樂市場，僅次於美國。」

「你氣凱倫死去，結束了你的巨星生涯嗎？」一九九〇年一名為《每日鏡報》寫專題報導的記者提出的問題，讓理查・卡本特猝不及防。但他只停頓了片刻就回答道：「不是生氣，應該說是失望吧。沒有比跟凱倫一起做唱片讓我更想做的事了。她走了以後，還有人跟我說我應該再找一個木匠成員。他們說：『這個團名是你的。』我說：『你在開什麼玩笑。』我從來都沒有——哪怕是千分之一秒——想過要這麼做。永遠不可能再有另一個凱倫・卡本特。」

過去二十五年來，理查大部分時間都在陪伴家人，也大力贊助當地的藝術活動。一九八四年五月十九日，理查和瑪麗・伊莉莎白・魯道夫在當尼聯合衛理堂舉行私人結婚儀式，由威斯・雅各擔任伴郎。這兩人斷斷續續交往了八年。「〔理查〕和瑪麗不想讓他們的婚姻商業化，」蘿珊娜・蘇利文寫道，「所以歌迷俱樂部也不會提供照片。」一九八七年八月十七日，他們迎接長女克莉絲蒂・林恩（Kristi Lynn）的誕生，這個名字是多年前她的姑姑凱倫選的，凱倫始終盼望有一天能有自己的孩子。理查和瑪麗後來又生了四個孩子：特蕾西・塔圖姆（Traci Tatum），誕生於一九八九年六月二十五日；明蒂・凱倫（Mindi Karen），誕生於一九九二年七月七日；柯林・帕（Colin Pau），誕生於一九九四年七月二十日；以及泰勒・瑪麗（Taylor Mary），誕生於一九九八年十二月五日。

哈羅德・卡本特長期身體狀況不佳，在一九八八年十月十五日——也是理查生日當天——因心臟衰竭去世，享年七十九歲。艾格妮絲・卡本特在一九九六年十一月十日去世，因長年患病及心臟繞道手術的併發症，在洛杉磯善撒馬利亞人醫院（Good Samaritan Hospital）告別人世。她和先生及女兒一起合葬在賽普雷斯森林草地的家族墓室裡。

湯姆・伯利斯再婚後與妻子及兩人的兒子住在加州林肯（Lincoln），並經營亞伯丁伯利斯承包公司（Aberdeen Burris Contractors）。因為不得自由談論與凱倫的關係，所以他拒絕接受本書採訪。「我和卡本特家有過協議，不能透露任何內情，」他在二〇〇二年說。「主要是關於卡本特家的個人資料、財務狀況等等。」

加州州立大學長堤分校要蓋新音樂廳時，理查・卡本特主動承諾捐贈一百萬美元。這個擁有一〇七四個座位的音樂廳落成後就命名為理查與凱倫卡本特表演藝術中心。一九九四年十月一日的落成典禮上眾星雲集，還請到赫伯・阿爾伯特、麗塔・古利奇和瑪麗蓮・麥克（Marilyn McCoo）登臺演出。二〇〇〇年，這座中心的大廳增設了卡本特展示廳，長年展示各種獎項和紀念物。二〇〇〇年五月二十六日，理查發表畢業典禮演講後，獲校方頒授榮譽博士學位。

理查和瑪麗在當尼一直住到二〇〇〇年，之後舉家搬到加州千橡市（Thousand Oaks）。在承諾為千橡市民藝文廣場（Thousand Oaks Civic Arts Plaza）捐贈三百萬美元後，這對夫婦是藝文活動慷慨支持者的名聲迅速傳出。「我們有這個想法的時候，沒有去想到數額，」理查這麼告訴當地記者，「但我們喜歡這個廣場的外觀設計。」二〇〇七年，他和瑪麗獲評為文士拉郡（Ventura County）年度慈善家。

二〇〇三年，凱倫・卡本特的遺骸和她雙親的遺骸一同從賽普雷斯森林草地的墓室中被起出，重新安葬在加州西湖村市（Westlake Village）皮爾斯兄弟谷橡樹紀念園區（Pierce Brothers Valley Oaks Memorial Park）寧園（Tranquility Gardens）中新的卡本特家族陵墓裡。《今夜娛樂》（Entertainment Tonight）解釋，賽普雷斯的墓室距離理查的住處要一小時車程，而西湖村市距離千橡市不過幾分鐘路程。

當年聖誕節，一些不知情的訪客依舊前往賽普雷斯致意，卻震驚地發現空蕩的墓室。森林草地的員工不能透露內情，只能提供顯而易見的聲明：「卡本特小姐已經不在這裡了。」

「無可取代，」約翰．貝帝斯向來擅於將語言編織為詩意的歌詞，但他對凱倫．卡本特只有這一句概括。「無可取代，不只是歌聲，更是人……她的生命才正要開始綻放，有太多是只有少部分人才看到過的：她的幽默感、對生命的感懷。凱倫有種深邃感，如果你相信老靈魂那一套的話，凱倫總給人一種，她知道的遠超乎她生命經驗的感覺，她對人的深刻理解令人驚訝。」

奧莉薇亞．紐頓強很珍惜與凱倫的回憶和她們的友誼，以及彼此身為流行歌手的惺惺相惜。在她記憶中的凱倫「音準完美、音色優美，對歌詞的詮釋一流，還有簡單而撫慰人心的聲音，」還說凱倫聲音中的情感「學不來的，那是她發自內心的天賦。」

在菲爾．拉蒙的記憶中，凱倫總是散發無比的活力。他很遺憾這麼活潑而充滿生命力的人，始終沒能擺脫束縛，成功建立獨立歌手的地位。「她對家庭和生命的夢想都沒能完成，」

他說，「她生命中最重要的兩件事同等重要，一是音樂，另一是家庭。她有多關心家人，這一點無庸置疑，但關係緊密的家庭還是有傷人的一面。到最後，誰也沒能真正了解她為什麼飲食失調。如果人生能更公平一點，治療方式更早出現就好了，但來不及了。」

一氏・拉蒙沒有一天忘記過凱倫，也總是不經意地想起她。「失去最好朋友的心情能怎麼說？」她問道，一邊努力尋找字眼表達這種空虛。「如果是以聲音和音樂來說，她還在我身邊，但我想念她的人，我想念她的風趣，她真的很風趣！我懷念我們互相取笑的日子。我還能說什麼？她永遠長存在我心裡，她是露西，我是伊塞兒。」

「我覺得生命缺了一塊，我們都一樣，」佛蘭達・富蘭克林說。「凱倫觸碰你的生命，又用笑聲和歡樂擁抱你的生命。她對所有事情的看法，都是那麼的中間偏左，她非常特別。這個詞現在都被用爛了，的確，但她真的是一個獨一無二的人，就跟她的歌聲一樣獨特。我不知道還能怎麼說，就是無可取代。」

謝誌

在撰寫這本傳記的過程中，我受過幾百個人的協助，我認為這本書是眾人合作的成果，包括許多受訪者和眾多以不同方式協助我研究的人。有些人分享文章、訪問、演唱會評論、音檔和影片，有些人提供重要的文件、文稿、照片和其他材料。這些都對凱倫・卡本特生命故事的述說扮演重要角色。

有幾位重要的老師，在我年少時支持了我對木匠兄妹的興趣，並鼓勵我寫出關於他們的生平和音樂：伊萊恩・加文（Elaine Garvin）、佐內爾・雷恩博爾特（Zonelle Rainbolt）、夏儂・坎寧安（Shannon Cunningham）、麗貝卡・吉爾克里斯特（Rebecca Gilchrist）以及比莉・戈奇（Billie Goetsch）。在此也要感謝幾位音樂教育者，和我分享他們對音樂的熱愛：已逝的喬安・卡爾森（JoAnn Carlson）、珍妮佛・韋德爾（Jennifer Wedel）、邁克・普朗克特（Mike Plunkett）、蘇珊娜・艾勒（Suzanne Aylor）以及查爾斯・克林曼（Charles "Skip" Klingman）。

我要感謝芝加哥評論出版社（Chicago Review Press）相信這本書，也要感謝心細如髮的編輯尤瓦爾・泰勒（Yuval Taylor）和麗莎・瑞爾登（Lisa Reardon），他們對這本書的寫作計畫一直充滿熱情，非常感謝他們始終如一的支持，以及對細節一絲不苟的態度。

特別感謝藝術家克里斯・塔辛（Chris Tassin）特別為本書所畫的凱倫肖像畫；感謝狄昂・華薇克誠摯的贈序；感謝佩圖拉・克拉克（Petula Clark）的協助；感謝卡莉・米徹姆（Carrie Mitchum）無意中帶我接觸到凱倫・卡本特的生命故事和音樂；感謝巴利・莫羅提供檔案、多版劇本以及其他重要文件，讓本書走向及時轉彎；感謝辛西亞・吉布（Cynthia Gibb）和米契爾・安德森（Mitchell Anderson）；感謝辛西亞・切爾巴克（Cynthia Cherbak）分享其他的劇本版本及信件。

感謝卡蘿・科布多年來的支持，以及在我隱微但不懈地努力了六或七年後，鼓勵佛蘭達參與這項企畫；感謝邁可・科布身為科布唱片（Curb Records）的創辦人，仍在百忙之中抽空和我談話；感謝瑪麗亞・路易莎・蓋利亞奇提供許多照片，而且提供電話和 e-mail 讓我隨時聯繫；感謝泰瑞・艾利斯及時出面，分享他精闢的見解和故事；感謝謝里・布恩・歐奈爾的回憶和觀察；感謝奧莉薇亞・紐頓強的第一通電話永遠地照亮了我的生命；感謝菲爾・拉蒙精采的談話，以及後續的多次補充；感謝利伯蒂・德維托、鮑布・詹姆斯、羅素・賈沃斯以及羅伯・蒙西（Rob Mounsey），回憶一九七九年到一九八〇年個人專輯錄製時的往事。

感謝記者喬恩・伯林格姆（Jon Burlingame），他在一九八八年十一月十八日採訪過理查

・卡本特。謝謝喬恩願意花時間翻出當時的錄音，也特別感謝他允許我將錄音稿收錄在書中。我也要感謝約翰・托布勒（John Tobler）允許我使用他對赫伯・阿爾伯特、蕭文・巴許以及約翰・貝帝斯等人的深度採訪稿。

衷心感謝以下個人及其機構和組織：A&M唱片前宣傳總監鮑勃・加西亞（Bob Garcia）於一九九六年安排參觀A&M辦公室、工作室和卓別林攝影棚；吉姆・奧格雷迪（Jim O'Grady）在當尼市圖書館進行的研究；瑪里琳・休斯（Marilynn Hughes）在當尼警察局提供記錄協助；德克薩斯醫學中心圖書館休斯頓醫學院歷史研究中心（Historical Research Center at the Houston Academy of Medicine-Texas Medical Center Library）的帕梅拉・康奈爾（Pamela R. Cornell）；洛杉磯郡法醫辦公室（Office of the Los Angeles County Coroner）的瑪莎・格里格斯比（Marsha Grigsby）；米歇爾・戴森（Michelle Dyson）與賓夕法尼亞州國家醫療服務中心（National Medical Services in Pennsylvania）；新哈芬博物館與歷史學會（New Haven Museum and Historical Society）的比爾・霍斯利（Bill Hosley）；理查・尼克森總統圖書館與博物館（Richard Nixon Presidential Library and Museum）的艾倫・賴斯（Allen Rice）；錄音學院（Recording Academy）的大衛・康喬揚（David Konjoyan）和保羅・曼德拉（Paul Madeira）；故事科技文獻咨詢（Storytech Literary Consulting）和布拉德・施賴伯（Brad Schreiber）；當尼歷史學會（Downey Historical Society）的唐娜・霍尼卡特（Donna

Honeycutt）、喬治・雷德福克斯（George Redfox）、約翰・文森（John Vincent）和法蘭克・威廉斯（Frank Williams），克里斯蒂・弗倫奇 (Kristie French) 提供加州州立大學長堤分校的法蘭克・普勒收藏 (Frank Pooler Collection) 相關協助；理查和凱倫・卡本特表演藝術中心的康妮・格里芬（Connie Griffin），蘿倫・布森（Lauren Buisson）提供南加州大學洛杉磯分校的 A&M 唱片收藏（A&M Records Collection）相關協助；以及加州布倫塢（Brentwood）愛心中心（Loving Heart Center）的創辦人兼總監布魯克・梅格達爾（Brooke Megdal）幫助我更了解神經性厭食症和其他飲食失調症。

一九九四年我建立了紐維爾街木匠兄妹郵件名單（Newville Avenue Carpenters Mailing List），這是專屬於木匠兄妹的最早也是最大的線上網絡之一。在這個團體存在的六年期間，眾人分享了許多知識，也建立起許多友誼。這些歌迷都是專家，他們的不吝分享讓我獲益良多，其中兩位慷慨大方的歌迷，林黛・斯科特（Lindeigh Scotte）和辛蒂・沃德（Cindy Ward），不幸年紀輕輕就離開了我們，為紀念他們樂於分享的精神，以及對所有木匠兄妹歌迷的善意，謹將本書獻給他們。

此外也非常感謝我的專業團隊——阿曼達・阿貝特 (Amanda Abbett)、卡羅琳・艾倫 (Carolyn Allen)、唐尼・德默斯 (Donnie Demers)、蘇・古斯汀 (Sue Gustin) 和克里斯・塔辛 (Chris Tassin)——他們花了無數時間細讀我的草稿，進行事實核查，並提供富有洞察力的評論和建議。他們的知識和貢獻非常寶貴，非常感謝他們的耐心。傑佛瑞・德・哈特 (Jeffrey de Hart)、羅伯特・英維斯 (Robert Ingves) 和保羅・斯坦伯格 (Paul Steinberg) 也協助閱讀了不同章節的草稿。米蘭達・巴德韋爾 (Miranda Bardwell)、唐尼・德默斯 (Donnie Demers) 和吉爾・安妮・馬圖塞克 (Jill Anne Matusek) 協助照片方面的研究，特別感謝馬圖塞克和利奧・博納文圖拉 (Leo Bonaventura) 慷慨提供了幾張原本無法取得的重要照片。我也要感謝保羅・亞瑟斯特（Paul Ashurst）分享了凱倫婚禮剪貼簿的影本。

感謝山核桃溪小學（Pecan Creek Elementary）提供了一個富有創意和支持性的工作環境。包括校長阿萊塔・阿特金森（Aleta Atkinson）、副校長艾米麗・麥克拉蒂（Emily McLarty），所有教職員工、學生和家長都是合作且令人深受鼓舞的聽眾。

我還要感謝蘿拉・亞當（Laura Adam）、南希・亞歷山大（Nancy Alexander）、蘭迪・安格林（Randy Anglin）、維夫・阿特金森（Viv Atkinson）、雪莉・雷恩・巴內特（Sherry Rayn Barnett）、尼克・巴拉克拉夫（Nick Barraclough）、彼得・班傑明森（Peter Benjaminson）、傑夫・布萊爾（Jeff Bleiel）、肯・伯特韋爾（Ken Bertwell）、喬・拜恩（Joe Bine）、達納・布里頓 - 斯坦（Dana Britten-Stein）、羅恩・邦特（Ron Bunt）、奇普・科格斯韋爾（Chip Cogswell）、布拉德利・科克（Bradley Coker）、史蒂夫・考克斯（Steve Cox）、馬克・克勞（Mark Crow）、傑森・道格拉斯（Jason Douglas）、派翠克・德里斯

科爾（Patrick Driscoll）、布倫達・埃利（Brenda Ehly）、海蒂・尤因（Heidi Ewing）、鮑勃・芬霍爾姆（Bob Finholm）、朱莉亞・福特（Julia Foot）、艾許莉・富蘭克林（Ashley Franklin）、邁可・格倫（Michael J. Glenn）、大衛・格蘭特（David Grant）、貝基・賈德（Becky Judd）、席尼・朱尼爾（Sydney Junior）、多諾萬・基奧（Donovan Keogh）、卡洛斯・凱耶斯（Carlos Keyes）、英加・克萊因里赫特（Inga Kleinrichert）、喬恩・康喬揚（Jon Konjoyan）、傑伊・倫比（Jay Lumbee）、約書亞・馬恩（Joshua Mahn）、辛蒂・馬丁（Cindy Martin）、朗達・馬丁內斯（Rhonda Martinez）、克里斯・梅（Chris May）、道格・麥科馬斯（Doug McComas）、鮑勃・麥克唐納（Bob McDonald）、邦妮・米勒（Bonnie Miller）、薇琪・米契爾（Vicki Mitchell）、吉娜・莫羅（Jena Morrow）、南希・穆尼奧斯（Nancy Munoz）、小倉由香（Yuka Ogura）、喬納森・歐文（Jonathan Owen）、蘿拉・帕斯科（Laura Pascoe）、馬克・佩爾澤爾（Mark Pelzel）、瑪麗・佩里卡（Mary Perica）、薩曼莎・彼得斯（Samantha Peters）、羅納德・普萊奇（Ronald Pledge）、羅伯特・波爾斯頓（Robert Polston）、秦應（Ying Qin）、帕姆・奎格爾（Pam Quiggle）、馬特・拉蒙（Matt Ramone）、史蒂芬・理查森（Stephen Richardson）、傑米・羅德里格茲（Jaime Rodriguez）、塞爾索・洛佩斯・桑托斯（Celso Lopes Santos）、維多利亞・薩里內利（Victoria Sarinelli）、邦妮・希夫曼（Bonnie Schiffman）、珍妮佛・施密特（Jennifer Schmidt）、諾

瑪・塞加拉（Norma Segarra）、丹尼爾・塞爾比（Daniel Selby）、朱莉・斯坦菲爾德（Julie Stanfield）、傑佛瑞・斯特蘭（Jeffrey Strain）、蒂安娜・蓋爾亞齊・泰勒（Tiana Galeazzi Taylor）、傑畢・托馬斯（J.B. Thomas）、維琪・凡阿茨達倫（Vickie VanArtsdalen）、帕梅拉・維羅納（Pamela Verona）、丹尼斯・瓦格恩（Denise Wagorn）、金伯利・沃爾（Kimberly Wall）、辛蒂・威廉斯（Cindy Williams），以及羅恩・祖雷克（Ron Zurek）。

最後，我想感謝家人一直以來的愛與支持：我的爸媽，琳達・施密特（Linda Schmidt）和榮恩（Ron）與法蘭西絲・施密特（Frances Schmidt）；我的妹妹朗達・莫里森（Rhonda Morrison）；以及我那一對天生麗質、才華洋溢、風趣幽默的女兒，卡姆林（Camryn）和凱莉（Kaylee）。

精選音樂作品

木匠兄妹在一九六九到一九八一年間，一共發行了十張傳統錄音室專輯。這裡提及的精選作品，指的是由美國 A&M 唱片首發的原創概念專輯。專輯中的主打單曲另外附註，並標示專輯和單曲在美國排行榜上的最高名次。凱倫去世後發行的作品中，只選錄了最重要的專輯和合輯（特別是收錄了之前未發行的曲目）。凱倫的個人專輯和其他作品也列在這裡。

CARPENTERS

Offering / Ticket to Ride (A&M 4205) 1969 (#150)

Invocation / Your Wonderful Parade / Someday / Get Together / All of My Life / Turn Away / Ticket to Ride / Don't Be Afraid / What's the Use / All I Can Do / Eve / Nowadays Clancy Can't Even Sing / Benediction

SINGLES:
Ticket to Ride / Your Wonderful Parade (#54)

Close to You (A&M 4271) 1970 (#2)

We've Only Just Begun / Love Is Surrender / Maybe It's You / Reason to Believe / Help / (They Long to Be) Close to You / Baby It's You / I'll Never Fall in Love Again / Crescent Noon / Mr. Guder / I Kept on Loving You / Another Song

SINGLES:

(They Long to Be) Close to You / I Kept on Loving You (#1)
We've Only Just Begun / All of My Life (#2)

Carpenters (A&M 3502) 1971 (#2)

Rainy Days and Mondays / Saturday / Let Me Be the One / (A Place to) Hideaway / For All We Know / Superstar / Druscilla Penny / One Love / Bacharach-David Medley: Knowing When to Leave, Make It Easy on Yourself, (There's) Always Something There to Remind Me, I'll Never Fall in Love Again, Walk On By, Do You Know the Way to San Jose / Sometimes

SINGLES:

For All We Know / Don't Be Afraid (#3)
Rainy Days and Mondays / Saturday (#2)
Superstar / Bless the Beasts and Children (#2 / 67)

A Song for You (A&M 3511) 1972 (#4)

A Song for You / Top of the World / Hurting Each Other / It's Going to Take Some Time / Goodbye to Love / Intermission / Bless the Beasts and Children / Flat Baroque / Piano Picker / I Won't Last a Day Without You / Crystal Lullaby / Road Ode / A Song for You—Reprise

SINGLES:

Hurting Each Other / Maybe It's You (#2)
It's Going to Take Some Time / Flat Baroque (#12)
Goodbye to Love / Crystal Lullaby (#7)
I Won't Last a Day Without You / One Love (#11)

Now & Then (A&M 3519) 1973 (#2)

Sing / This Masquerade / Heather / Jambalaya (On the Bayou) / I Can't Make Music / Yesterday Once More / Oldies Medley: Fun, Fun, Fun, The End of the World, Da Doo Ron Ron, Deadman's Curve,

Johnny Angel, The Night Has a Thousand Eyes, Our Day Will Come, One Fine Day / Yesterday Once More—Reprise

SINGLES:
Sing / Druscilla Penny (#3)
Yesterday Once More / Road Ode (#2)

The Singles: 1969–1973 (A&M 3601) 1973 (#1)

We've Only Just Begun / Top of the World / Ticket to Ride / Superstar / Rainy Days and Mondays / Goodbye to Love / Yesterday Once More / It's Going to Take Some Time / Sing / For All We Know / Hurting Each Other / (They Long to Be) Close to You

SINGLES:
Top of the World / Heather (#1)

Horizon (A&M 4530) 1975 (#13)

Aurora / Only Yesterday / Desperado / Please Mr. Postman / I Can Dream, Can't I? / Solitaire / Happy / (I'm Caught Between) Goodbye and I Love You / Love Me for What I Am / Eventide

SINGLES:
Please Mr. Postman / This Masquerade (#1)
Only Yesterday / Happy (#4)
Solitaire / Love Me for What I Am (#17)

A Kind of Hush (A&M 4581) 1976 (#33)

There's a Kind of Hush (All Over the World) / You / Sandy / Goofus / Can't Smile Without You / I Need to Be in Love / One More Time / Boat to Sail / I Have You / Breaking Up Is Hard to Do

SINGLES:
There's a Kind of Hush (All Over the World) / (I'm Caught Between) Goodbye and I Love You (#12)

I Need to Be in Love / Sandy (#25)
Goofus / Boat to Sail (#56)

Passage (A&M 4703) 1977 (#49)

B'wana She No Home / All You Get from Love Is a Love Song / I Just Fall in Love Again / On the Balcony of Casa Rosada / Don't Cry for Me, Argentina / Sweet, Sweet Smile / Two Sides / Man Smart, Woman Smarter / Calling Occupants of Interplanetary Craft (The Recognized Anthem of World Contact Day)

SINGLES:
All You Get from Love Is a Love Song / I Have You (#35)
Calling Occupants of Interplanetary Craft / Can't Smile Without You (#32)
Sweet, Sweet Smile / I Have You (#44)

Christmas Portrait (A&M 4726) 1978 (#145)

O Come, O Come Emmanuel / Overture: Deck the Halls, I Saw Three Ships, Have Yourself a Merry Little Christmas, God Rest Ye Merry Gentlemen, Away in a Manger, What Child Is This (Greensleeves), Carol of the Bells, O Come All Ye Faithful / The Christmas Waltz / Sleigh Ride / It's Christmas Time / Sleep Well, Little Children / Have Yourself a Merry Little Christmas / Santa Claus Is Coming to Town / The Christmas Song / Silent Night / Jingle Bells / The First Snowfall / Let It Snow / Carol of the Bells / Merry Christmas, Darling / I'll Be Home for Christmas / Christ Is Born / Medley: Winter Wonderland, Silver Bells, White Christmas / Ave Maria

SINGLES:
Christmas Song / Merry Christmas, Darling

Made in America (A&M 3723) 1981 (#52)

Those Good Old Dreams / Strength of a Woman / (Want You) Back in My Life Again / When You've Got What It Takes / Somebody's Been Lyin' / I Believe You / Touch Me When We're Dancing / When It's Gone (It's Just Gone) / Beechwood 4-5789 / Because We Are in Love (The Wedding Song)

SINGLES:

I Believe You / B'wana She No Home (#68)
Touch Me When We're Dancing / Because We Are in Love (#16)
(Want You) Back in My Life Again / Somebody's Been Lyin' (#72)
Those Good Old Dreams / When It's Gone (It's Just Gone) (#63)
Beechwood 4-5789 / Two Sides (#74)

Voice of the Heart **(A&M 4954)** **1983 (#46)**

Now / Sailing on the Tide / You're Enough / Make Believe It's Your First Time / Two Lives / At the End of a Song / Ordinary Fool / Prime Time Love / Your Baby Doesn't Love You Anymore / Look to Your Dreams

SINGLES:

Make Believe It's Your First Time / Look to Your Dreams
Your Baby Doesn't Love You Anymore / Sailing on the Tide

An Old-Fashioned Christmas **(A&M 3270)** **1984 (#190)**

It Came Upon a Midnight Clear / Overture: Happy Holiday, The First Noel, March of the Toys, Little Jesus, I Saw Mommy Kissing Santa Claus, O Little Town of Bethlehem, In Dulci Jubilo, Gesu Bambino, Angels We Have Heard on High / An Old-Fashioned Christmas / O Holy Night / (There's No Place Like) Home for the Holidays / Medley: Here Comes Santa Claus, Frosty the Snowman, Rudolph the Red-Nosed Reindeer, Good King Wenceslas / Little Altar Boy / Do You Hear What I Hear? / My Favorite Things / He Came Here for Me / Santa Claus Is Comin' to Town / What Are You Doing New Year's Eve? / Selections from "The Nutcracker" / I Heard the Bells on Christmas Day

SINGLES:

Little Altar Boy / Do You Hear What I Hear? (promo)

Lovelines (A&M 3931) 1989

Lovelines / Where Do I Go from Here? / The Uninvited Guest / If We Try / When I Fall in Love / Kiss Me the Way You Did Last Night / Remember When Lovin' Took All Night / You're the One / Honolulu City Lights / Slow Dance / If I Had You / Little Girl Blue

SINGLES:

Honolulu City Lights / I Just Fall in Love Again

If I Had You / The Uninvited Guest (promo)

Interpretations: A 25th Anniversary Celebration (A&M 3145403122) 1994

Without a Song (a cappella version) / Superstar / Rainy Days and Mondays / Bless the Beasts and Children / This Masquerade / Solitaire / When I Fall in Love / From This Moment On / Tryin' to Get the Feeling Again / When It's Gone / I Believe You / Reason to Believe / (They Long to Be) Close to You / Calling Occupants of Interplanetary Craft / Little Girl Blue / We've Only Just Begun

The Essential Collection: 1965–1997 (A&M 0694934162) 2002

Disc 1: Caravan / The Parting of Our Ways / Looking for Love / I'll Be Yours / Iced Tea / You'll Love Me / All I Can Do / Don't Be Afraid / Invocation / Your Wonderful Parade / All of My Life / Eve / Ticket to Ride / Get Together / Interview / Love Is Surrender / Maybe It's You / (They Long to Be) Close to You / Mr. Guder / We've Only Just Begun / Merry Christmas, Darling / For All We Know

Disc 2: Rainy Days and Mondays / Superstar / Let Me Be the One / Bless the Beasts and Children / Hurting Each Other / It's Going to Take Some Time / I Won't Last a Day Without You / A Song for You / Top of the World / Goodbye to Love / This Masquerade / Sing / Jambalaya (On the Bayou) / Yesterday Once More / Oldies Medley: Fun, Fun, Fun, The End of the World, Da Doo Ron Ron, Deadman's Curve,

Johnny Angel, The Night Has a Thousand Eyes, Our Day Will Come, One Fine Day / Yesterday Once More—Reprise / Radio Contest Outtakes

Disc 3: Morinaga Hi-Crown Chocolate Commercial / Please Mr. Postman / Santa Claus Is Coming to Town / Only Yesterday / Solitaire / Tryin' to Get the Feeling Again / Good Friends Are for Keeps / Ordinary Fool / Sandy / There's a Kind Of Hush (All Over the World) / I Need to Be in Love / From This Moment On / Suntory Pop Jingle #1 / Suntory Pop Jingle #2 / All You Get from Love Is a Love Song / Calling Occupants of Interplanetary Craft / Sweet, Sweet Smile / Christ Is Born / White Christmas / Little Altar Boy / Ave Maria

Disc 4: Where Do I Go From Here? / Little Girl Blue / I Believe You / If I Had You / Karen-Ella Medley: This Masquerade, My Funny Valentine, I'll Be Seeing You, Someone to Watch over Me, As Time Goes By, Don't Get Around Much Any More, I Let a Song Go out of My Heart / 1980 Medley: Sing, Knowing When to Leave, Make It Easy on Yourself, Someday, We've Only Just Begun / Make Believe It's Your First Time / Touch Me When We're Dancing / When It's Gone (It's Just Gone) / Because We Are in Love (The Wedding Song) / Those Good Old Dreams / Now / Karen's Theme

As Time Goes By (A&M 0694931122) 2004

Without a Song / Medley: Superstar, Rainy Days and Mondays / Nowhere Man / I Got Rhythm Medley / Dancing in the Street / Dizzy Fingers / You're Just in Love / Karen-Ella Fitzgerald Medley: This Masquerade, My Funny Valentine, I'll Be Seeing You, Someone to Watch Over Me, As Time Goes By, Don't Get Around Much Anymore, I Let a Song Go Out of My Heart / Medley: Close Encounters, Star Wars / Leave Yesterday Behind / Carpenters-Perry Como Medley: Yesterday Once More, Magic Moments, Sing, Catch a Falling Star, Close to You, It's Impossible, We've Only Just Begun, And I Love You So, Don't Let the Stars Get in Your Eyes, Till the End of Time, No Other Love Have I / California Dreamin' / The Rainbow Connection / '76 Hits Medley: Sing, Close to You, For All We Know, Ticket to Ride, Only Yesterday, I Won't Last a Day Without You, Goodbye to Love / And When He Smiles

KAREN CARPENTER

Looking for Love / I'll Be Yours (single) (Magic Lamp ML704) 1966

Karen Carpenter (A&M 3145405882) 1996

Lovelines / All Because of You / If I Had You / Making Love in the Afternoon / If We Try / Remember When Lovin' Took All Night / Still in Love with You / My Body Keeps Changing My Mind / Make Believe It's Your First Time / Guess I Just Lost My Head / Still Crazy After All These Years / Last One Singin' the Blues

RICHARD CARPENTER TRIO

Battle of the Bands (Custom Fidelity 1533) 1966

Includes: The Girl from Ipanema / Iced Tea

精選電視演出

這裡列出凱倫・卡本特在世時參與過的所有美國電視演出。因為許多節目都是聯合播出，所以播映日期偶爾會有些許差異。過往的刊物〔特別是木匠兄妹歌迷俱樂部於一九七九年出版的《十年》（Decade）〕常出現日期不一致的狀況，多是因為混淆了錄製和播映日期。這裡也盡可能勘正，並標示已知最早的播映日期。

1966

07/03 *Battle of the Bands! (Richard Carpenter Trio, KNBC-TV, Los Angeles)*

1968

06/22 *Your All-American College Show (Richard Carpenter Trio)*
06/29 *Your All-American College Show (Richard Carpenter Trio)*

1969

09/09 *Your All-American College Show (Karen Carpenter)*

11/23 *Your All-American College Show (Karen Carpenter)*
12/01 *Your All-American College Show (Carpenters)*
12/04 *The Della Reese Show*

1970

01/18 *Lohman & Barkley's Name Droppers*
06/24 *The Virginia Graham Show*
07/20 *The Dating Game*
09/15 *The Don Knotts Show*
09/18 *The Tonight Show*
10/02 *The David Frost Show*
10/18 *The Ed Sullivan Show*
11/08 *The Ed Sullivan Show*
11/13 *The Tonight Show*
11/14 *American Bandstand*

1971

01/24 *Peggy Fleming at Sun Valley*
02/13 *The Andy Williams Show*
02/18 *This Is Your Life*
03/16 *The Grammy Awards*
03/24 *The Johnny Cash Show*
06/30 *The Tonight Show*
07/13 *Make Your Own Kind of Music*

07/20 *Make Your Own Kind of Music*
07/27 *Make Your Own Kind of Music*
07/29 *The Mike Douglas Show*
08/03 *Make Your Own Kind of Music*
08/10 *Make Your Own Kind of Music*
08/17 *Make Your Own Kind of Music*
08/18 *The 5th Dimension Traveling Sunshine Show*
08/24 *Make Your Own Kind of Music*
08/31 *Make Your Own Kind of Music*
09/22 *The Carol Burnett Show*
11/05 *The Tonight Show*

1972

01/14 *The Ed Sullivan Show*
01/19 *The Carol Burnett Show*
02/21 *Jerry Visits (Jerry Dunphy)*
03/14 *The Grammy Awards*
04/10 *The Academy Awards*
05/07 *The Special London Bridge Special*
10/05 *The Bob Hope Special*

1973

06/01 *Robert Young with the Young*
11/05 *The Tonight Show*

11/13 *The Bob Hope Special*

1974

03/02 *The Grammy Awards*
08/04 *Evening at Pops*
12/17 *The Perry Como Christmas Show*

1975

02/18 *The American Music Awards*

1976

05/22 *The Midnight Special*
12/08 *The Carpenters' Very First Television Special*

1977

01/27 *The Tonight Show (Steve Martin, host)*
03/02 *The Dorothy Hamill Special*
12/09 *The Carpenters at Christmas*

1978

02/05 *The ABC Silver Anniversary Celebration*
03/16 *Thank You, Rock and Roll*
05/17 *The Carpenters: Space Encounters*
06/27 *The Tonight Show (John Davidson, host)*

11/19 *Wonderful World of Disney: Mickey's 50*
12/19 *The Carpenters: A Christmas Portrait*

1980

03/13 *20/20*
04/14 *Olivia Newton-John: Hollywood Nights*
05/16 *The Carpenters: Music, Music, Music*

1981

07/11 *America's Top Ten*
10/02 *The Merv Griffin Show*
10/12 *Good Morning America*

1983

01/11 *Entertainment Tonight*

註記

這本書中最主要的採訪都是作者在2001到2009年之間進行的。有些重要採訪是透過記者喬恩・伯林格姆（李查・卡本特的部分）和約翰・托布勒（赫伯・阿爾伯特、蕭文・巴許、約翰・貝帝斯的部分）取得。凱倫・卡本特和其他一些人的訪談是從各種不同的刊物以及電視電台檔案庫中蒐羅而來的，詳列於下文。作者親身採訪的有以下人士：

John "Softly" Adrian, Mitchell Anderson, Carolyn Arzac, Tom Bähler, Lou Beach, Max Bennett, Ken Bertwell, Dick Biondi, Hal Blaine, Frank Bonito, David Brenner, Denny Brooks, Bill Catalde, Frankie Chavez, Cynthia Cherbak, Petula Clark, Marion Connellan, Carole Curb, Mike Curb, C.J. Cuticello, Debbie Cuticello, Liberty DeVitto, Digby Diehl, Gioia Diliberto, Veta Dixon, Irv Edwards, Florine Elie, Terry Ellis, Allyn Ferguson, Frenda Franklin, Wanda Freeman, Dan Friberg, Maria Luisa Galeazzi, Dave Gelly, Cynthia Gibb, Victor Guder, Walt Harrah, Bill Hosley, Bob James, Jerry Jaskulski, Russell Javors, Leslie Johnston, Mickey Jones, Arthur Johns, Pete Jolly, Michael Lansing, Gayle Levant, Art LeVasseur, Charlene McAlis-ter, Tex McAlister, Brooke

Megdal, Ollie Mitchell, Barry Morrow, Claude Mougin, Rob Mounsey, Maxine Mundt, Nancy Naglin, Olivia Newton-John, Roger Nichols, Cherry Boone O'Neill, Glen Pace, John Pisano, David Pomerantz, Frank Pooler, Karen "Itchie" Ramone, Phil Ramone, David Robson, Evie Sands, Bonnie Schiffman, Brad Schreiber, Randy Sparks, Stephanie Spruill, Linda Stewart, John Tobler, Pat Tomlin, Charlie Tuna, Teresa Vaiuso, Evelyn Wallace, Dionne Warwick, Paul Williams

楔子　雨天・《雨人》

The first draft just　RC to Burlingame, 1988.
You don't know the first　Morrow, September 30, 1987.
What would possess　Carpenter, 1988.
genetic, the same way　Littwin, 1988.
Have you told her　Morrow and Cherbak, December 24, 1987.
If there's an arch-villain　Miller, 1989.

1　加州夢

Mom was known for　Dosti, 1971.
I did everything　KC to Moore, 1981.
I was a tremendous　Oppenheimer, 1972.
It was slightly embarrassing　Gautschy, 1971.
She can take care　Oppenheimer, 1972.

2 筷子鼓棒和高腳椅鼓

Head down the Santa Ana Charlesworth, 1973.
He'd been playing the drums Hardwick, 1973.
I used to march Hardwick, 1973.
I finally had to Hardwick, 1973.
All I ever heard KC to Tuna, 1976.
We met in theory class Cameron, 2009.
I can't really remember Coleman, 1975.
It's kind of corny Coleman, November 8, 1975.
He heard this voice Coleman, November 8, 1975.
I remember when Coleman, November 8, 1975.
The musical surprise Feather, 1966.
It was really great playing Cameron, 2009.
She didn't strike me McGreevy, February 5, 1983.

3 力爭上游

They had very strict regiments Bettis to Tobler, 1993.
We got all the way Bettis to Tobler, 1993.
He used to perform Bettis to Tobler, 1993.
I was heavier Hardwick, 1973.
All the guys Hardwick, 1973.
People hear what we accomplished "John Bettis Interview 2007," 2007.
You had to wait Thegze, 1972.
The customers sat Tatham, 1976: 12.

At first, the audience Tatham, 1976: 12.
Since Richard did all KC to Radio Clyde, 1978.
Wow, we couldn't believe Diehl, 1971.
What good is biology KC to Biondi, 1970.

4 撒下月塵

I had it for about Lees, 1972.
I put on the tape Alpert to Tobler, 1994.
encouraging them to reach Pfenninger, 2001.
It doesn't matter Alpert to Tobler, 1994.
couldn't keep enough albums Goldsmith, 1970.
Offering *tends toward* Nolan, 1975.
fresh and original concepts *Billboard*, 1970.
The first album did Alpert to Tobler, 1994.
Thank God it didn't fit KC to Roberts.
It was about borrowing money KC to Biondi, 1970.

5 成功之路

[Richard] called me, and Cameron, 2009.
The five-member group is Hilburn, 1970.
Everything seems to be going Kraus, 1970.
Looking back, it's a bit Tobler, 1998: 26.
Every direction we could have KC to Nite, 1977.
The vocal harmonies, the construction Bash to Tobler, 1990.

I'd never seen anything Nolan, 1974.
suburban dream home *Forbes*, 1973.
They all have names MacDougall, 1971.
We can live Small, 1972.
library full of bank books Bash to Tobler, 1990.
It took some doing Bash to Tobler, 1990.
I've seen enough groupies Gautschy, 1972.
We got along fine Haber, 1974.
Karen Carpenter has one of Erlich, 1971.
Each number is introduced Miller, 1971.
like dressing Karen Carpenter Heckman, 1971.
violently mishandled KC to Goldman, 1978.

6 無處可躲

There are only three kits Henshaw, 1974.
There is no balance Bangs, 1971.
Hire a drummer Bresette, 1971.
Richard and I tried desperately Bash to Tobler, 1990.
A lot of people think Kraus, 1970.
I said to Richard Coleman, November 8, 1975.
In the middle of KC to Douglas, 1971.
Petrified KC to Tuna, 1976.
I didn't know KC to Moore, 1981.
I understood her reluctance Bash to Tobler, 1990.

Richard didn't have Pogoda, 1994.
When I got the record Bettis to Tobler, 1993.
That was the first ballad Bettis to Tobler, 1993.
When I got in Bettis to Tobler, 1993.
Far and away Holden, 1972.
Nothing. That's why Legge, 1974.
The man who produced Daugherty, 1994.
Karen is in some ways Nolan, 1974.
a very strong attempt Bash to Tobler, 1990.
Being the only girl MacDougall, 1971.
They are quite gracious Nolan, 1974.

7 美國表率？

About 10,000 pounds Associated Press, 1972.
I want to talk Nixon, 1974.
We were afraid KC to Blackburn, 1974.
Well, are you going to Bettis to Tobler, 1993.
The Carpenters have gone awry Bangs, 1973.
We were told Coleman, November 8, 1975.
Real nice American kids Pleasants, 1972.
Karen may eat Rosenfeld, 1973.
They were not rock Hoerburger, 2008.
I would say Bangs, 1971.
It's not enough Alpert to Tobler, 1994.

A number of people　Tobler, 1974.
the worst case of　Smucker, 1975.
When 'We've Only Just Begun'　Hoerburger, 1996.
Contrary to what they write　Haber, 1974.
At one point　KC to Aspel, 1981.
It's no good when　Haber, 1974.

8 搬出家門

Whereas Richard may not　Van Valkenburg, 1973.
I'm sure in her own　Bash to Tobler, 1990.
Their inability to develop　Bash to Tobler, 1990.
Cooking is an art　A&M Press Release, 1971.
The expectation was that　Bash to Tobler, 1990.
If we don't see　KC to Aspel, 1981.
There were lots of suggestions　Southall, 2004.
I remember once　Short, 1977.
Maybe it would have been　Short, 1976.
It's been a hell　Short, 1976.
We might as well　Nolan, 1974.
We've made it a rule　Short, 1976.
Richard can have his girl　Haber, 1974.
All of a sudden　Bettis to Tobler, 1993.
A&M took a little　Bettis to Tobler, 1993.
I don't think he　Bash to Tobler, 1990.

Karen was on an edge Southall, 2004.
Not much showmanship *Variety*, 1974.

9 病倒

If anorexia has Hoerburger, 1996.
When you're on the road Hardwick, 1973.
With their success Bash to Tobler, 1990.
most musically sophisticated Holden, 1975.
Oh boy, here we go Bettis to Tobler, 1993.
such a gem Holden, 1975.
She sings very close Gelly, 1990.
soft-rock Nirvana Barnes, 1975.
I talked her into Bash to Tobler, 1990.
She is terribly thin *Variety*, August 24, 1975.
[Harold] was beside himself Vaiuso, 2004.
Anorexia nervosa was so new Bettis to Tobler, 1993.
a tremendous amount of Bash to Tobler, 1990.
In contrast to my Sedaka, 1982.
I don't know what happened Bash to Tobler, 1990.
When I left the stage Sedaka, 1982.
I got a phone call Bash to Tobler, 1990.
It wasn't Karen Bash to Tobler, 1990.
the first time McNally, 1976.
It often happens Wallace, October 1975.

Current fortnight with Neil Sedaka *Variety*, September 3, 1975.
I kept telling myself Coleman, November 1, 1975.
I felt bad for Richard Short, 1976.
When Richard returned Short, 1976.
My mother thought Coleman, November 1, 1975.
People never think Coleman, November 1, 1975.

10 我需要戀愛

We had a thing Short, 1976.
It was sickening Windeler, 1976.
an overdose of pretty McNally, 1976.
a little ball of twine Bettis to Tobler, 1993.
When he wrote the lyrics KC to Tuna, 1976.
'I Need to Be in Love' Bettis to Tobler, 1993.
My mind starts going Coleman, November 8, 1975.
It's really hard Windeler, 1976.
Well, I have my list KC to Tuna, 1976.
I want a husband Short, 1976.
It really hits me KC to Tuna, 1976.
When we first KC to Leonard, 1976.
It is just drums KC to Tuna, 1976.
He's so talented Coleman, November 8, 1975.
Karen is the star Lieberman, 1973.
We're hams Coleman, 1976.

They pretend for a Coleman, 1976.
polite plastic pop Evans, 1976.
They were not only Sinor, 1976.
I've discussed this KC to Radio Clyde, 1978.
I never had a boyfriend Coleman, November 8, 1975.
I want desperately to St. John, 1977.
I don't know anyone Bash to Tobler, 1990.
You see, I so much Short, 1976.

11 告訴我們問題在哪裡！

a streak that nobody Feldman, 2000: 140.
Each time you get KC to Nite, 1977.
The image we have Nolan, 1974.
It's no worse Windeler, 1976.
When he said 'yes,' Coleman, November 8, 1975.
It had to be done Short, 1976.
For the last three years Moran, 1978.
most boldly innovative *Billboard*, 1977.
We thought it was Theroux, 1978.
[He] wanted to do that KC to Goldman, 1978.
experimental touches that Hilburn, February 13, 1983.
This is the first time Grein, 1978.
We always try Naglin, 1978.
After all these years Coleman, 1977.

Too many artists forget Bash to Tobler, 1990.
In this business Short, 1977.
We just don't know Moran, 1978.
We're very dedicated Coleman, November 8, 1975.
You are the Perry Comos Coleman, 1994: 214.
We stayed away from television KC to Goldman, 1978.
Each one, in our opinion KC to Goldman, 1978.
The Carpenters should have Grein, March 8, 1991.
It's something I would Moran, 1978.
Streisand just floors me KC to Tuna, 1976.
There was one album KC to Radio Clyde, 1978.
To sing these songs KC to Sky, 1978.
They've synthesized everything Parade, 1978.
Christmas Portrait *is really* "Carpenters Biography," 2005.

12 鳥兒終於飛離囚籠

I was up RC to Burlingame, 1988.
Taken properly they were RC to Burlingame, 1988.
One side of me Carpenter, 1988.
That's it Coleman, 1994: 239.
My hands were shaking Carpenter, 1988.
The Carpenters finally arrived Carney, 1978.
You get pretty devious Carpenter, 1988.
Karen wants everyone Ewbank, 1978.

It was OK Grein, 1981.
Confrontation about album Coleman, 1994: 244.
That is the ultimate compliment Coleman, November 8, 1975.
Everybody is trying new things KC to Radio Clyde, 1978.
We have often thought KC to Radio Clyde, 1978.
the Quincy Jones of Hoerburger, 1990.
It was never planned Grein, 1981.

13 | 片好意

The laughs and silliness Ramone, 2007.
If he hadn't been Grein, 1981.
Was Billy's group perfect Ramone, 2007.

14 婚姻美夢破滅

He really didn't know KC to Moore, 1981.
He gets along fabulously Mackay, 1980.
shelved at her request Grein, 1980.
Karen thought about it Grein, 1980.
I get the blame Carpenter, 1993.
To everybody's credit Coleman, 1994: 271.
I don't exactly *remember* Alpert, 1996.
We didn't think it Moss, 2007.
It's a good album Grein, 1981.
Pisceans have marriage Jillson, 1980.

We were planning on KC to Aspel, 1981.
I invited everybody KC to Aspel, 1981.

15 結束的開端

I love it KC to *Japanese All-American Top 40 Show*, 1981.
When all the ingredients gelled Tobler, 1998: 94.
Innocuous ditties like Grein, July 25, 1981.
Richard, I realize Carpenter, 1983.

16 黑暗中跳舞

the day she walked Levenkron, 1993.
The therapist must develop Levenkron, 1982: 21.
She would never call me Bash to Tobler, 1990.
You are the victim Levenkron, 1982: 191.
The victims must learn Levenkron, 1982: 193.
I did everything Carpenter, 1993.
Failure of the family Levenkron, 1982: 173.
I gotta sing. Coleman, 1976.
A lot of people KC to Roberts, 1981.
less-than-perfect treatment Coleman, 1994: 303.
What I find interesting Levenkron, 1993.
sophisticated form of suicide O'Neill, 1982: ix.
When are you going to O'Neill, 1982: 157.
I did it O'Neill, 1982: 157.

They say I have anorexia Vaiuso, 2004.
Karen, this is crap Carpenter, 2007.
The extent of her bravery Levin, 1983.
She was a little anxious Levin, 1983.

17 太少、太遲、太早

Hey, look at me Alpert to Tobler, 1994.
She was full of energy Wallace, July 1983.
I want you to know Carpenter, 1993.
It's not that I Carpenter, 1993.
Well, did you Coleman, 1994: 25.
She had just laid down Agnes Carpenter, 1983.
It was a chilling scene *National Enquirer*, 1983.
Those things don't hit you Bettis to Tobler, 1993.
My immediate reaction Carpenter, 1983.
It's hardly surprising Smith, 1983.
It never occurred to me Diliberto, 1985.
According to the L.A. Coroner Levenkron, 1983.
In the last twenty years Levenkron, 2001: 12.
Most kept their visits short Pickney, 1983.
always got along Levin, 1983.

後記 給你的歌

For anyone accustomed to Browne, 1996.

She brings a sweetness Smith, 1996.
leaner, decidedly unsaccharine Hoerburger, 1990.
nor was it intended Grein, 1996.
It holds up with Hoerburger, 1996.
It actually made Grein, 1983.
Will you please allow Gleiberman, 1991.
His decision to make Carpenter, 1991.
Maybe it's just Whitty, 1990.
too good to be through Coleman, 1994.
It was a transformation Cummings, 1997.
While it's easy to dismiss Konjoyan, September 11, 1994.
She'd like it Konjoyan, October 3, 1994.
In the U.S., alternative McClure, 1996.
Karen and Richard are Grein, 2009.
Were you angry Appleyard, January 3, 1990.
[Richard] and Mary do not Wallace, July 1984.
We weren't thinking Barlow, 2004.
With room for six *Entertainment Tonight/ETonline.com*, 2004.
Irreplaceable Bettis to Tobler, 1993.

參考書目

Alpert, Herb. Interview by John Tobler. 1994.

———. *Yesterday Once More*. BBC-TV. 1996.

Appleyard, Christena. "How I Learned to Live Without Karen." *Daily Mirror*, January 3, 1990.

———. "My Tragic Karen: Richard Carpenter's Own Story of the Superstar Sister He Couldn't Save." *Daily Mirror*, January 2, 1990.

Armstrong, Dan. "Why They're on Top?" *Southeast News*, December 9, 1971.

Autopsy Report # 83-1611. County of Los Angeles. February 4, 1983.

Bangs, Lester. "Carpenters: *Now and Then*." *Let It Rock*, November 1973.

———. "The Carpenters and the Creeps." *Rolling Stone*, March 4, 1971.

Barlow, Zeke. "Singer Carpenter Donates $3 Million to Thousand Oaks Civic Arts Plaza." *Ventura County Star*, October 24, 2004.

Barnes, Ken. "Carpenters: *Horizon*." *Phonograph Record*, July 1975.

Barrios, Greg. "Carpenter: 'This Album is Karen's.'" *Los Angeles Times*, October 23, 1983.

Bash, Sherwin. Interview by John Tobler. 1990.

Bauer, Stephen. *At Ease in the White House*. Lanham, MD: Taylor Trade Publishing, 2004.

Bego, Mark. *Billy Joel: The Biography*. New York: Thunder's Mouth Press, 2007.

Beller, Miles. "Last Respects Paid to Karen Carpenter." *Herald Examiner*, February 8, 1983.

Bettis, John. Interview by John Tobler. 1993.

"A Billboard Pick: Carpenters—*Offering*." *Billboard*, 1970.

Blanche, Tony and Brad Schreiber. *Death in Paradise: An Illustrated History of the Los Angeles County Department of Coroner*. New York: Running Press, 2001.

Booth, Amy L. "Carpenters: A Song for You." *DISCoveries*, December 1991.

Boskind-White, Marlene and William C. White. *Bulimia/Anorexia: The Binge/Purge Cycle and Self-Starvation*. New York: W.W. Norton, 2000.

Bresette, James. "Bring Karen from Behind Those Drums." *Omaha World-Herald*, May 22, 1971.

______. "Carpenters' Fortune is in Karen's Voice." *Omaha World-Herald*, October 14, 1972.

"Bride-to-Be Karen Carpenter Feted with Pre-Nuptial Party." Unknown Publication, 1980.

Bronson, Fred. *The Billboard Book of Number One Hits*. New York: Billboard Books, 1988.

______. *Billboard's Hottest Hot 100 Hits*. New York: Billboard Books, 2007.

Browne, David. "…And Oh So Far Away." *Entertainment Weekly*, October 11, 1996.

______. "Magic Carpenter Ride." *Entertainment Weekly*, September 16, 1994.

Bruch, Hilde. "Anorexia Nervosa." Manuscript for *Reader's Digest*, 1977.

______. *The Golden Cage: The Enigma of Anorexia Nervosa*. Cambridge, MA: Harvard, 1978.

"Builder Burris to Wed Karen Carpenter." *Corona Independent*, July 8, 1980.

"Burris, Carpenter Have Only Just Begun." *Corona Independent*, July 9, 1980.

Butler, Patricia. *Barry Manilow: The Biography*. London: Omnibus Press, 2002.

Calio, Jim. "Four Years After His Sister Karen's Death, Singer Richard Carpenter Makes His Debut as a Solo Act." *People*, October 26, 1987.

Cameron, Jacob. "Wesley Jacobs: The Career of a Lifetime." *International Tuba Euphonium Association Journal* 36, no. 2 (2009).

Carney, Charles. "Winter Festival Joins Campus Choirs and Orchestra." *The 49er*, December 1978.

"Carpenter Funeral Today." *Associated Press*, February 7, 1983.

Carpenter, Agnes. By David Hartman. *Good Morning America*. ABC-TV, November 3, 1983.

Carpenter, Karen and Richard Carpenter. *Carpenters: Decade*. Downey, CA: Carpenters Fan Club Publication, 1979.

———. By Sue Lawley. *Nationwide*. BBC-TV, October 22, 1981.

Carpenter, Karen. By Bob Sky. KIQQ Radio, December 1978.

———. By Carl Goldman. FM100 Radio, 1978.

———. By Charlie Tuna. October 8, 1976.

———. By Dick Biondi. WCFL Radio, 1970.

———. By Michael Aspel. Capital Radio, 1981.

———. By Norm Nite. WNBC Radio, February 20, 1977.

———. By Radio Clyde, December 1978.

———. By Roy Leonard. WGN Radio, August 1, 1976.

———. By Tony Blackburn. BBC Radio, 1974.

———. Interviewer unknown. *Japanese All-American Top 40 Show*. July 11, 1981.

———. By Mike Douglas. *Mike Douglas Show*. July 29, 1971.

———. By Dave Roberts. *Music Star Weekend Special*. RKO Radio, 1981.

Carpenter, Richard. "A Brother Remembers." *People*, November 21, 1983.

———. "Carpenter Responds." *Entertainment Weekly*, May 31, 1991.

———. "Karen Was Wasting Away… I Had A Drug Problem… And We Couldn't Help Each Other." *TV Guide*, December 31, 1988.

———. "My Sorrow at Karen's Long Battle with Death." *Mail on Sunday*, November 20, 1983.

———. Interview by Jon Burlingame. November 18, 1988.

———. *Only Yesterday: The Carpenters Story*. BBC-TV, 2007.

———. *Superstar: The Karen Carpenter Story*. BBC Radio, February 4, 1993.

"'Carpenter': No. 1 Hit for CBS." *USA Today*, January 5, 1989.
"The Carpenters: An Interview." *A&M Compendium*, July 1975.
"Carpenters at Greek Theatre." *Southeast News*, July 10, 1970.
"Carpenters Biography." http://www.richardandkarencarpenter.com (accessed 2008).
"Carpenters Coming." *Melody Maker*, December 8, 1973.
"Carpenters Get Their Star: Downey Duo Given Salute." *Downey Herald American*, October 15, 1983.
"The Carpenters 'Nail' Neil Sedaka." *Rona Barrett's Hollywood*, January 1976.
"Carpenters Serenade Brandt at White House." *Variety*, May 9, 1973.
"Carpenters Telepic Boosts Record Sales." *Variety*, February 8, 1989.
"Carpenters Tour Downey, Hospitals." *Southeast News*, December 7, 1971.
"Carpenters: Concerts Off." *Melody Maker*, November 1, 1975.
"Carpenters: *Passage*." *Billboard*, October 8, 1977.
Certificate of Death: Karen Anne Carpenter. State of California. 1983.
Certificate of Registry of Marriage: Thomas James Burris and Karen Anne Carpenter. County of Los Angeles. Issued August 7, 1980.
Charlesworth, Chris. "Carpenters: It's Plane Sailing!" *Melody Maker*, September 29, 1973.
Coleman, Ray. "Carpenters Über Alles!" *Melody Maker*, November 20, 1976.
———. "Carpenters: Good, Clean, All-American Aggro!" *Melody Maker*, November 8, 1975.
———. *The Carpenters: The Untold Story*. New York: HarperCollins, 1994.
———. "Karen: Why I Collapsed." *Melody Maker*, November 1, 1975.
———. "*Passage*." *Melody Maker*, October 15, 1977.
———. "Too Good to Be Through." *Sunday Times*, September 11, 1994.
Corliss, Richard. "Yesterday Once More." *Time*, November 4, 1996.
Crowe, Jerry. "Karen Carpenter's 'Lost' LP." *Los Angeles Times*, August 31, 1996.

Cummings, Sue. *The* Rolling Stone *Book of Women in Rock: Trouble Girls*, edited by Barbara O'Dair. New York: Random House, 1997.
Daugherty, Michael. "Calendar Desk: Carpenters' Tools." *Los Angeles Times*, October 16, 1994.
Diehl, Digby. "They Put Romance into Rock." *TV Guide*, August 14, 1971.
Diliberto, Gioia. "Karen Carpenter Was Killed by an Over-the-Counter Drug Some Doctors Say May Be Killing Many Others." *People*, May 13, 1985.
Dosti, Rose. "Karen Carpenter Feels Close to Mom, Culinarily Speaking." *Los Angeles Times*, February 11, 1971.
"Downey Youths on 'Your Life.'" *Southeast News*, February 10, 1971.
"Editorial: TV Writers Faked Review." *Billboard*, January 28, 1989.
Erlich, Nancy. "Carpenters: Carnegie Hall, New York." *Billboard*, May 29, 1971.
Evans, Mike. "Carpenters' Tinsel Circus." Unknown Publication, 1976.
Ewbank, Tim. "An Unkind Cut for the Carpenters." *The Sun*, December 1978.
Farber, Sheryl. "Karen Carpenter: Getting to the Bare Bones of Todd Haynes' *Superstar: The Karen Carpenter Story*." *Film Threat #20*. 1989.
Feather, Leonard. "Battle of the Bands." *Los Angeles Times*, June 1966.
Feldman, Christopher G. *The Billboard Book of No. 2 Singles*. New York: Billboard Books, 2000.
First Codicil to Last Will and Testament of Karen A. Carpenter. September 1, 1981.
Flans, Robyn. "In Memoriam: Karen Carpenter." *Modern Drummer*, May 1983.
Fleming, Peggy. *The Long Program: Skating Toward Life's Victories*. New York: Pocket Books, 1999.
Fox-Cumming, Ray. "Carpentry." *Disc*, September 1, 1973.
"Friends, Family Mourn Agnes Reuwer Carpenter." *Downey Eagle*, November 14, 1996.
Gaar, Gillian. *She's a Rebel: The History of Women in Rock & Roll*. New York: Seal Press, 1992.
Gautschy, Dean. "The Carpenters: They've Only Just Begun." *TV/Radio Mirror*, August, 1971.

Gautschy, Jan. "The Carpenters: Two Superstars' Young Dreams Come True." *Words and Music*, March 1972.
Gelly, Dave. *Appraisal of Karen Carpenter's Career.* BBC Radio, June 1990.
Gleiberman, Owen. "Dear Richard Carpenter." *Entertainment Weekly*, April 26, 1991.
Goldsmith, Len. "Carpenters Find Winning Number." *The Southeast News*, January 30, 1970.
Grein, Paul. "Album Recalls Karen Carpenter." *Billboard*, 1983.
_______. "An Essay." *Carpenters International Fan Club Newsletter*, June 1991.
_______. "Carpenters Cracking Country Chart Without Nashville Push." *Billboard*, April 1, 1978.
_______. "Carpenters: Building on Experience." *Los Angeles Times*, August 23, 1981.
_______. "Carpenters' Hits Resurfacing." *Billboard*, May 18, 1985.
_______. "Chart Watch: Week Ending May 17, 2009." http://new.music.yahoo.com/blogs/chart_watch/33675/week-ending-may-17-2009-three-days-is-plenty-for-green-day/ (accessed 2009).
_______. "Closeup: Carpenters—*Made in America*." *Billboard*, July 25, 1981.
_______. "Karen Carpenter Shelves Solo LP." *Billboard*, June 7, 1980.
_______. "Karen Carpenter: She Had Only Just Begun." *Los Angeles Times*, November 7, 1989.
_______. "Karen Carpenter: The Solo Album." A&M Records Press Release. October 1996.
_______. "The Carpenters: Yesterday Once More: A Critical Reassessment of Their Work." *Goldmine*, March 8, 1991.
_______. "Trust Us, This Is Real." *Los Angeles Times*, September 11, 1994.
Haber, Joyce. "Carpenters Nail Down a Spot in Pop Pantheon." *Los Angeles Times*, August 4, 1974.
Haithman, Diane. "A TV Movie He Didn't Want: Brother Guides CBS' *Karen Carpenter Story*." *Los Angeles Times*, July 25, 1988.
Hall, John. "Kids Next Door." *Los Angeles Times*, March 7, 1972.
Hamill, Dorothy. *A Skating Life: My Story*. New York: Hyperion, 2007.
Hardwick, Nancy. "Karen Carpenter: When I Was 16." *Star*, March 1973.

"Hard-Working Carpenters." *Teen*, March 1975.

Harrigan, Brian. "Carpentry." *Melody Maker*, September 6, 1975.

Harrison, Ed. "'Surprise' by the Carpenters." *Billboard*, September 17, 1977.

Haynes, Todd. *Far From Heaven, Safe and Superstar: The Karen Carpenter Story: Three Screenplays*. New York: Grove Press, 2003.

Heckman, Don. "Riffs." *Village Voice*, August 26, 1971.

Henshaw, Laurie and Steve Lake. "Carpenters' Hammer." *Melody Maker*, February 16, 1974.

Hilburn, Robert and Dennis Hunt. "Behind Carpenters' Girl-Next-Door Image." *Los Angeles Times*, February 7, 1983.

Hilburn, Robert. "Bacharach Plays Pop Fare at Greek." *Los Angeles Times*, July 8, 1970.

———. "The Carpenters Come Home." *Los Angeles Times*, August 11, 1972.

———. "A Lesson in Art of Emotion." *Los Angeles Times*, February 13, 1983.

Hinckley, David. "Richard Carpenter Remembers His Sister Karen." *New York Daily News*, November 20, 1983.

Hoerburger, Rob. *Carpenters: Inside the Music: The Ultimate Critical Review*. DVD. 2008.

———. "The Carpenters: *Lovelines*." *Rolling Stone*, February 8, 1990.

———. "Karen Carpenter's Second Life." *New York Times Magazine*, October 6, 1996.

Holden, Stephen. "Carpenters: *A Song for You*." *Rolling Stone*, October 12, 1972.

———. "Carpenters: *Horizon*." *Rolling Stone*, August 28, 1975.

"House Review: London Palladium." *Variety*, December 1, 1976.

"Hundreds Attend Karen Carpenter Rites." *Southeast News*, February 9, 1983.

Hyatt, Wesley. *The Billboard Book of Number One Adult Contemporary Hits*. New York: Watson-Guptill, 1999.

"Inside Track." *Billboard*, October 4, 1975.

Jacobs, Jody. "It Won't Be Your Average Garage Sale." *Los Angeles Times*, July 9, 1981.

Jillson, Joyce. "Astrology." Syndicated Column. May 21, 1980.
"John Bettis Interview 2007." http://www.drownedmadonna.com/modules.php?name=john_bettis (accessed 2008).
Jones, Peter. "Talent in Action: Carpenters: London Palladium." *Billboard*, December 18, 1976.
"Karen Carpenter and Tom Burris Marry." *Beverly Hills People*, September 3, 1980.
"Karen Carpenter Anorexia Death." *National Enquirer*, March 15, 1983.
"Karen Carpenter Wed in Beverly Hills Rites." *Southeast News*, September 3, 1980.
"Karen in the Kitchen: Who Says a Young Female Superstar Can't Be a Top-Notch Cook?" A&M Records Press Release. 1971.
Kinnersley, Simon. "A Death Too Cruel." *Daily Mail*, November 1983.
Knappman, Edward W. *Watergate and the White House: June 1972–July 1973, Volume 1*. New York: Facts on File, 1973.
Konjoyan, David. "That Whitebread Inspiration Came with a Dark Side." *Orange County Register*, September 11, 1994.
______. "Yesterday Once More: An Exclusive *HITS* Interview with Richard Carpenter." *HITS*, October 3, 1994.
Kraus, Bill and Jan Grimm. "Hammer and Nails: A Carpenters Interview." *Rock Spectacular*, Summer 1970.
Landau, John. "Carpenters: *Carpenters*." *Rolling Stone*, June 24, 1971.
Last Will and Testament of Karen A. Carpenter. May 2, 1972.
Leaf, Earl. "The Carpenters: They Nail a New Sound." *Teen*, January 1971.
Lees, Gene. "Success Comes to Jack Daugherty." *High Fidelity Magazine*, January 1972.
Legge, Beverly. "'I Mean Nobody Could Be That Clean.'" *Disc*, March 2, 1974.
Levenkron, Steven. *Anatomy of Anorexia*. New York: W.W. Norton, 2001.
______. *The Best Little Girl in the World*. New York: Warner Books, 1978.

———. *A Current Affair*, February 5, 1993.

———. Radio interview, source unknown, 1983.

———. *Treating and Understanding Anorexia Nervosa*. New York: Warner Books, 1982.

Levin, Eric. "A Sweet Surface Hid a Troubled Soul in the Late Karen Carpenter, a Victim of Anorexia Nervosa." *People*, February 21, 1983.

Levitin, Daniel. "Pop Charts: How Richard Carpenter's Lush Arrangements Turned Hit Songs into Pop Classics." *Electronic Musician*, May 1995.

Lieberman, Frank H. "The Carpenters: A Talented Brother and Sister Act Which Represents Clean, Wholesome Entertainment." *Billboard*, November 17, 1973.

———. "The Carpenters: Soft Rock and 14 Gold Records." *Saturday Evening Post*. October 1974.

Liebovich, Louis W. *Richard Nixon, Watergate, and the Press*. Westport, CT: Praeger Publishers, 2003.

Littwin, Susan. "Artistic Differences: The Family's Memories vs. Hollywood's Version." *TV Guide*, December 31, 1988.

"Local Coed Performs Sunday." *Southeast News*, November 21, 1969.

MacDougall, Fiona. "The Carpenters: Nailing Down Success." *Teen*, October 1971.

Mackay, Kathy. "A Carpenter Ties the Knot and Finally That Song's for Karen." *People*, September 15, 1980.

McAfee, Paul. "A City in Mourning." *Southeast News*, February 8, 1983.

McCardle, Dorothy. "A Pair of Experts at Coming Back." *Washington Post*, May 2, 1973.

McClure, Steve. "The Carpenters Are a Hit Among Young Japanese." *Billboard*, February 10, 1996.

McFadden, Ian. "Carpenters: It's Only Just Begun." *Melody Maker*, February 23, 1974.

McGreevy, Pat. "Downey is 'Stunned' by Death of Artist." *Southeast News*, February 7, 1983.

———. "Karen Carpenter Dies in Downey." *Downey Herald American*, February 5, 1983.

———. "Thirty Minutes with Richard Carpenter." *Southeast News*, October 17, 1983.

———. "Walk of Fame Star Dedicated to History's Top-Selling Duo." *Southeast News*, October 13, 1983.

McNally, Joel. "It's an Overdose of Pretty." *Milwaukee Journal*, 1976.

McQuay, Dave. "Like TV Dinner for the Ears." *Columbia Flier*, August 1975.

Medigovich, Lori B. "It Still Hurts: Richard Carpenter Remembers His Sister Karen." *Los Angeles Times Syndicate*, April 1988.

Michaels, Ken. "Rainy Days and Carpenters Always Get Me Down." *Chicago Tribune Magazine*, November 21, 1971.

Miller, Merle. "Review: 'Make Your Own Kind of Music.'" *TV Guide*, September 4, 1971.

Miller, Ron. "She'd Only Just Begun: Fine CBS Movie Tells Sad Story of Karen Carpenter." *San Jose Mercury News*, January 1, 1989.

Millman, Joyce. "The Troubled World of Karen Carpenter." *San Francisco Examiner*, January 1, 1989.

Moran, Bill. "'If Somebody Would Just Let Us Know What the Problem Is.'" *Radio Report*, May 29, 1978.

Morgan, Lael. "The Carpenters: They've Only Just Begun." *Los Angeles Times*, January 8, 1971.

Morrow, Barry, and Cynthia A. Cherbak. *A Song for You: The Karen Carpenter Story*. Draft. December 24, 1987.

———. *A Song for You: The Karen Carpenter Story*. Shooting Draft. February 12, 1988.

Morrow, Barry. *A Song for You: The Karen Carpenter Story*. Draft. September 30, 1987.

Moss, Jerry. *Only Yesterday: The Carpenters Story*. BBC-TV, 2007.

Naglin, Nancy. "The Carpenters Go Country?" *Country Music*, August 1978.

"A New Resting Place for Karen Carpenter?" *Entertainment Tonight/ETonline.com*. http://www.etonline.com/music/2004/02/33452/ (accessed 2004).

"Nixon Thanks Carpenters for Fight Against Cancer." *Associated Press*, August 1972.

Nixon, Richard M. *The Presidential Transcripts*. New York: Dell, 1974.

Nolan, Tom. "The Carpenters: An Appraisal." *A&M Compendium*, July 1975.

———. "Up from Downey." *Rolling Stone*, July 4, 1974.

O'Brien, Lucy. *She Bop: The Definitive History of Women in Rock, Pop and Soul*. New York: Penguin Books, 1996.

O'Dair, Barbara. *Trouble Girls: The* Rolling Stone *Book of Women in Rock*. New York: Random House, 1997.

O'Neill, Cherry Boone. *Starving for Attention*. New York: Continuum, 1982.

Oppenheimer, Peer J. "The Carpenters: Our Whole Life Is Caught Between Two Cultures." *Family Weekly*, May 7, 1972.

Parade, James. "Carpenters: *Christmas Portrait*." *Record Mirror*, 1978.

Paytress, Mark. "The Carpenters." *Record Collector*, January, 1990.

Petition for Dissolution of Marriage: Karen Carpenter Burris (Petitioner) and Thomas J. Burris (Respondent). County of Los Angeles. Filed November 9, 1982.

Pfenninger, Leslie J. *From Brass to Gold, Volume I: Discography of A&M Records and Affiliates in the United States*. Westport, CT: Greenwood Press, 2001.

———. *From Brass to Gold, Volume II: Discography of A&M Records and Affiliates Around the World*. Westport, CT: Greenwood Press, 2001.

Pinckney, Judy. "Friends Bid Farewell to Karen Carpenter." *Southeast News*, February 7, 1983.

Pleasants, Henry. "The Carpenters: Nice Guys Don't Always Finish Last." *Stereo Review*, February 1972.

Pogoda, Gordon. Interview with John Bettis. *SongTalk*, 1994.

Pool, Bob. "Fans Love Carpenters but Not carpenters." *Los Angeles Times*, February 26, 2008.

Pooler, Frank. "The Choral Sound of the Carpenters." *Choral Journal*, April 1973.

President Richard Nixon's Daily Diary. April 29, 1973.

———. April 30, 1973.

———. August 25, 1972.

———. May 1, 1973.

Ragogna, Mike. "The 40th Anniversary of Carpenters: Interview with Richard Carpenter." *Huffington Post*, May 11, 2009. http://www.huffingtonpost.com/mike-ragogna/emhuffpost-exclusiveem-th_b_201408.html.

Ramone, Phil, and Charles L. Granata. *Making Records: The Scenes Behind the Music*. New York: Hyperion, 2007.

Ramone, Phil. CompuServe Chat Transcript. October 18, 1996.

Rees, Dafydd and Luke Crampton. *Rock Movers and Shakers: An A–Z of People Who Made Rock Happen*. Oxford UK: ABC-CLIO, 1991.

Reitwiesner, William Addams, and Robert Battle. "Ancestry of Richard and Karen Carpenter." www.wargs.com/other/carpenter.html (accessed 2008).

"Remembering Karen Carpenter." *Southeast News*, June 24, 1983.

"Richard Carpenter Has Seen 'Every Single Minute of Filming' of 'The Karen Carpenter Story.'" *San Jose Mercury News*, March 6, 1988.

"Riviera-Las Vegas." *Variety*, September 3, 1975.

"The Rockers Are Rolling in It." *Forbes*, April 15, 1973.

Rosenfeld, Megan. "The Carpenters: 'Young America at Its Very Best.'" *Washington Post*, May 6, 1973.

"Sahara-Tahoe." *Variety*, August 21, 1974.

Schmidt, Randy L. *Yesterday Once More: Memories of the Carpenters and Their Music*. Cranberry Township, PA: Tiny Ripple Books, 2000.

Sedaka, Neil. *Laughter in the Rain: My Own Story*. New York: Putnam, 1982.

Seligmann, Jean A. "A Deadly Feast and Famine." *Newsweek*, March 7, 1983.

______. "Starvation by Intention." *Reader's Digest*, January 1975.

Short, Don. "The Carpenters: 'Too Shocking to Be Untrue.'" *Sunday Mirror*, November 21, 1976.

______. "I Need to Be Loved." *Woman*, April 16, 1977.

Simmons, Gene. *Kiss and Make-up*. New York: Crown, 2001.

Sinor, Brad, "Theatrics Overshadow Carpenters' Music." *Oklahoma Daily*, October 26, 1976.

Small, Linda. "Carpenters Are Building an Empire." *Free-Lance Star*, April 1, 1972.

Smith, C.P. "Karen Carpenter: Her Serene Voice Sold 60 Million LPs." *Orange County Register*, February 5, 1983.

Smith, Tierney. "Album Review: Karen Carpenter." *Goldmine*, January 31, 1997.

Smucker, Tom. "The Carpenters: Forbidden Fruit." *Village Voice*, June 2, 1975.

Southall, Brian. *The A–Z of Record Labels*. London: Sanctuary, 2000.

———. *Yesterday Once More: The Karen Carpenter Story*. BBC Radio, 2004.

St. John, Michael. "The Carpenters: Million Dollar Misfits Set the Record Straight." *Super Rock*, June 1977.

Strong, Martin C. *The Great Rock Discography*. Edinburgh, Scotland: Canongate, 2002.

Summons: Karen Carpenter Burris (Petitioner) and Thomas J. Burris (Respondent). County of Los Angeles. Filed November 24, 1982.

Superstar: The Karen Carpenter Story. London: Wallflowers Press, 2008.

Tatham, Dick. *Carpenters: Sweet Sound of Success*. London: Phoebus, 1976.

"Television Reviews: *The Karen Carpenter Story*." *Variety*, January 18, 1989.

Thegze, Chuck. "Carpenters Have Transformed the Laughter into Bravos." *Los Angeles Times*, August 6, 1972.

"Therapist: Anorexia Not Karen Carpenter's Killer." *USA Today*, February 4, 1993.

Theroux, Gary. "The Carpenters Story." *L.A. Music & Art Review*, December 1978.

Tobler, John. "It Happens in the Middle of the Road: Confessions of a Carpenters Fan." Unknown Publication, 1974.

———. *The Complete Guide to the Music of the Carpenters*. London: Omnibus Press, 1998.

Vaiuso, Teresa. *Yesterday Once More: The Karen Carpenter Story*. BBC Radio, 2004.

Van Valkenburg, Carol. "Carpenters Perform for Middle Missoula." *The Missoulian*, May 19. 1973.

Wallace, Evelyn, and Rosina Sullivan. Carpenters Fan Club Newsletters. 1971–1989.
Wallace, Evelyn. "Carpenters—Superstars." 1975.
"Welcome to A&M Records, Former Home of the Charlie Chaplin Movie Lot." A&M Records Map and History. Revised June 20, 1991.
Whitburn, Joel. *Top Adult Contemporary Singles 1961–2001*. Menomonee Falls, WI: Record Research, Inc., 2002.
Whitty, Stephen. "Yesterday, Once More." *San Jose Mercury News*, October 18, 1990.
Wild, David. *And the Grammy Goes To . . . : The Official Story of Music's Most Coveted Award*. Brockport, NY: State Street Press, 2007.
Windeler, Robert. "Karen and Richard Carpenter Aren't at the Top of the World: They Need to Be in Love." *People*, August 2, 1976.
Wyatt, Justin. "Cinematic/Sexual Transgression: An Interview with Todd Haynes." *Film Quarterly* 46, no. 3. (1993).

延伸閱讀

若想更了解凱倫・卡本特和她的音樂，下列書籍與文章是首選。其中某些已經絕版，但仍有流通，可以在圖書館或網路上找到。歌迷俱樂部的通訊已經沒有紙本，但許多網頁的檔案庫中仍有留存，包括 www.karencarpenter.com/newsletter_index.html and www.whizzo.ca/carpenter/newsletters.html.

Carpenter, Richard. "A Brother Remembers." *People*, November 21, 1983.

———. "Karen Was Wasting Away. . . . I Had A Drug Problem. . . . And We Couldn't Help Each Other." *TV Guide*, December 31, 1988.

Coleman, Ray. "Carpenters: Good, Clean, All-American Aggro!" *Melody Maker*, November 8, 1975.

———. *The Carpenters: The Untold Story*. New York: HarperCollins, 1994.

Grein, Paul. "The Carpenters: Yesterday Once More: A Critical Reassessment of Their Work." *Goldmine*, March 8, 1991.

Hoerburger, Rob. "Karen Carpenter's Second Life." *New York Times Magazine*, October 6, 1996.

Levin, Eric. "A Sweet Surface Hid a Troubled Soul in the Late Karen Carpenter, a Victim of Anorexia Nervosa." *People*, February 21, 1983.

Mackay, Kathy. "A Carpenter Ties the Knot and Finally That Song's for Karen." *People*, September 15, 1980.

Nolan, Tom. "Up from Downey." *Rolling Stone*, July 4, 1974.

Schmidt, Randy L. *Yesterday Once More: Memories of the Carpenters and Their Music*. Cranberry Township, PA: Tiny Ripple Books, 2000.

Tobler, John. *The Complete Guide to the Music of the Carpenters*. London: Omnibus Press, 1998.

Wallace, Evelyn, and Rosina Sullivan. Carpenters Fan Club Newsletters. 1971–1989.

Windeler, Robert. "Karen and Richard Carpenter Aren't at the Top of the World: They Need to Be in Love." *People*, August 2, 1976.

木匠兄妹的青春輓歌——凱倫・卡本特傳

作　　者：藍迪・施密特
翻　　譯：蔡丹婷
主　　編：黃正綱
資深編輯：魏靖儀
美術編輯：吳立新
圖書版權：吳怡慧

發 行 人：熊曉鴿
總 編 輯：李永適
發行副總：鄭允娟
印務經理：蔡佩欣
圖書企畫：林祐世

出 版 者：大石國際文化有限公司
地　　址：新北市汐止區新台五路一段97號14樓之10
電　　話：（02）2697-1600
傳　　真：（02）2697-1736

印　　刷：群鋒企業有限公司
2024年（民113）2月初版
定價：新臺幣 660 元／港幣 220 元

ISBN：978-626-98271-3-8（平裝）
＊本書如有破損、缺頁、裝訂錯誤，請寄回本公司更換

總代理：大和書報圖書股份有限公司
地址：新北市新莊區五工五路2號
電話：（02）8990-2588
傳真：（02）2299-7900

國家圖書館出版品預行編目（CIP）資料

木匠兄妹的青春輓歌 - 凱倫・卡本特傳
藍迪・施密特 作；蔡丹婷 翻譯. -- 初版. -- 新北市：大石國際文化, 民113.2　頁；14.8 x 21.5公分
譯自: Little girl blue : the life of Karen Carpenter.
ISBN 978-626-98271-3-8 (平裝)

1.CST: 卡本特(Carpenter, Karen, 1950-1983) 2.CST: 樂團
3.CST: 流行音樂 4.CST: 傳記 5.CST: 美國

785.28　　113000260

LITTLE GIRL BLUE: THE LIFE OF KAREN CARPENTER
by RANDY L. SCHMIDT AND FOREWORD BY DIONNE WARWICK